职业教育教师能力提升丛书
ZHIYE JIAOYU JIAOSHI NENGLI TISHENG CONGSHU

中等职业学校专业教师教学能力提升

ZHONGDENG ZHIYE XUEXIAO
ZHUANYE JIAOSHI
JIAOXUE NENGLI TISHENG

河南省职业技术教育教学研究室 组编

图书在版编目(CIP)数据

中等职业学校专业教师教学能力提升 / 河南省职业技术教育教学研究室组编．—北京：北京师范大学出版社，2018.4（2022.8 重印）
（职业教育教师能力提升丛书）
ISBN 978-7-303-23374-8

Ⅰ.①中… Ⅱ.①河… Ⅲ.①中等专业学校—师资培养—研究 Ⅳ.①G718.3

中国版本图书馆 CIP 数据核字（2018）第 013622 号

营销中心电话　010-58802755　58800035
北师大出版社职业教育教材网　http://zjfs.bnup.com
电　子　信　箱　zhijiao@bnupg.com

出版发行：北京师范大学出版社　http://www.bnup.com
　　　　　北京市西城区新街口外大街 12-3 号
　　　　　邮政编码：100088
印　　刷：北京玺诚印务有限公司
经　　销：全国新华书店
开　　本：787 mm×1092 mm　1/16
印　　张：17
字　　数：370 千字
版　　次：2018 年 4 月第 1 版
印　　次：2022 年 8 月第 6 次印刷
定　　价：37.80 元

策划编辑：王云英　　　　　　　责任编辑：薛　萌
美术编辑：高　霞　　　　　　　装帧设计：高　霞
责任校对：陈　民　　　　　　　责任印制：陈　涛

版权所有　侵权必究
反盗版、侵权举报电话：010－58800697
北京读者服务部电话：010－58808104
外埠邮购电话：010－58808083
本书如有印装质量问题，请与印制管理部联系调换。
印制管理部电话：010－58808284

前　言

当前，我国已形成了制度性的国培、省培、市培三级中等职业学校教师培训体系，是落实教育部中等职业学校教师素质提高计划的重要保障措施之一。因为在三级培训体系中几乎涵盖了中等职业学校的所有专业，所涉及的课程种类众多。所以，培训主要是分专业来实施，实施过程中也不同程度地倾向于专业理论与专业技能的提升和加强，如何提高教师基本的教学能力也成为培训过程中一个需要重视的问题。在此背景下，河南科技学院教育科学研究所受河南省职业技术教育教学研究室的委托，编写一本旨在提高中等职业学校教师基本教学能力的培训教材，以期对中等职业学校教师的基本教学能力提高有所帮助。

由于中等职业学校专业繁杂、课程众多，教材难以基于某个专业来进行编写，但无论是什么专业或什么课程，总会有一些基本的、核心的教学基本技能。因此，我们按照教师工作过程来对教师的基本教学能力进行了划分，也尽可能体现中等职业学校的教育教学特点、尽可能满足中等职业学校教师的需求进行编写。按照此思路，我们把教材分为十一章，即专业岗位分析与课程设计、学情分析与授课计划制订、教案设计与教学策略选择、教学资源选择与场景设计、教学实施与过程管理、课后反思与教学评价、教学经验交流与指导、教育教学研究与应用、教学改革与实施、专业发展规划与建设、沟通能力与团队合作。以期能为中等职业学校教师提供一个教学基本能力的组成结构，以便教师在培训后的工作中能有一个清晰的方向。

本书由申家龙、赵丽英主编并负责全书的统稿工作，周启担任副主编，本书各章节编写分工如下：第一章、第十章由周启编写；第二章、第三章由冯丽编写；第四章、第八章、第九章由于洪姣编写；第五章、第六章由高佳编写；第七章、第十一章由崔丽娟编写。

本书在编写过程中得到了河南科技学院郎群秀教授、马清学教授的大力支持和帮助，谨此深表感谢和敬意！本书在编写过程中参考、借鉴、引用了大量文献和资料，在此也一并向所有参考书和论文的作者致谢！

当然，毕竟我们的能力和水平有限，本书编写时间仓促，难免有谬误、疏漏之处，恳请有关专家、同行和广大中等职业学校教师予以批评指正，以便进一步修改、完善。

编者
2018 年 3 月

目　　录

第一章　专业岗位分析与课程设计
　　第一节　分析岗位 ………………………………………………………… 1
　　第二节　分析专业职业资格标准 ………………………………………… 9
　　第三节　设计职业教育课程 ……………………………………………… 23

第二章　学情分析与授课计划制订
　　第一节　分析学情 ………………………………………………………… 43
　　第二节　解读教学标准 …………………………………………………… 53
　　第三节　分析教材 ………………………………………………………… 56
　　第四节　选择分析专业教学资源 ………………………………………… 58
　　第五节　确定教学进度计划 ……………………………………………… 61

第三章　教案设计与教学策略选择
　　第一节　明确专业教学目标 ……………………………………………… 63
　　第二节　确定专业教学重点、难点 ……………………………………… 67
　　第三节　确定专业教学策略 ……………………………………………… 69
　　第四节　确定专业教学原则和教学方法 ………………………………… 80
　　第五节　设计专业教学反馈 ……………………………………………… 87

第四章　教学资源选择与场景设计
　　第一节　准备教学资源 …………………………………………………… 90
　　第二节　准备教辅资料 …………………………………………………… 92
　　第三节　布置教学场景 …………………………………………………… 94
　　第四节　落实中职专业学生企业教学 …………………………………… 98

第五章　教学实施与过程管理
　　第一节　导入新课 ………………………………………………………… 101
　　第二节　呈现新课内容 …………………………………………………… 105

第三节　调控课堂教学情境 …………………………………… 108
　　第四节　开展课堂学习指导 …………………………………… 115
　　第五节　巩固新课 ……………………………………………… 119
第六章　课后反思与教学评价
　　第一节　教学反思 ……………………………………………… 122
　　第二节　确定评价内容 ………………………………………… 125
　　第三节　确定评价标准 ………………………………………… 133
　　第四节　确定评价方式、方法 ………………………………… 138
　　第五节　评价组织与实施 ……………………………………… 144
第七章　教学经验交流与指导
　　第一节　示范课 ………………………………………………… 147
　　第二节　说　课 ………………………………………………… 151
　　第三节　评　课 ………………………………………………… 157
　　第四节　指导青年教师参加教学竞赛 ………………………… 168
　　第五节　主持精品课程建设 …………………………………… 173
　　第六节　组织实习实训活动 …………………………………… 178
第八章　教育教学研究与应用
　　第一节　科研项目级别、来源及申报要求 …………………… 185
　　第二节　提出、论证、申报教研课题 ………………………… 189
　　第三节　组织开展教研活动 …………………………………… 195
　　第四节　撰写研究报告 ………………………………………… 203
　　第五节　应用研究成果 ………………………………………… 207
　　第六节　撰写论文 ……………………………………………… 211
第九章　教学改革与实施
　　第一节　调研与评价教学改革现状 …………………………… 213
　　第二节　提出教改方案 ………………………………………… 215
　　第三节　组织实施教改方案 …………………………………… 216
　　第四节　评价教改效果 ………………………………………… 223
第十章　专业发展规划与建设
　　第一节　制订和实施专业建设规划 …………………………… 227
　　第二节　制订专业培养方案 …………………………………… 230
　　第三节　师资队伍建设 ………………………………………… 235
　　第四节　课程建设 ……………………………………………… 238
　　第五节　实训基地建设 ………………………………………… 250

第十一章　沟通能力与团队合作
　　第一节　实现有效沟通的能力 …………………………………… 254
　　第二节　进行团队合作的能力 …………………………………… 259

第一章 专业岗位分析与课程设计

职业学校教师要提升自身的教学能力，必须懂得如何进行课程设计。因为课程是一个学校建设的基础，人才的培养需要通过课程与教学来实施。如果没有高质量的课程体系，教学很难有好的效果，教育质量也很难有大的提升。所以说，提升职业学校教师的教学能力，必须首先提升教师课程设计的能力。

第一节 分析岗位

职业教育是面向工作体系的教育，中等职业学校（以下简称"中职学校"）是为地方经济发展培养具有综合职业能力，在生产、服务一线工作的高素质劳动者和技能型人才。所以，要想提高教学的质量，增强人才培养的针对性，必须要调研本专业人才所面对的行业、企业、工作岗位的发展变化和具体要求，调查本专业毕业生的具体就业岗位和现行教学问题，以此作为课程设计的基础。

岗位分析又称为职位分析或工作分析，是对岗位承担的全部工作采用科学的方法进行全面调查与研究的过程。

通过岗位分析，我们主要了解岗位的工作任务、职责和权利，以及工作环境和工作条件，怎样才能完成这些工作任务，需要从业者具备什么从业资格，具备什么知识、技能和相应的素质要求等。

一、与岗位有关的几个概念

(一)行业

行业是从人们从业的角度提出的，是职业的上位概念。行业是劳动者在从事社会劳动过程中形成的一种社会分工的集合概念，是许多性质比较接近的职业的集合。例如，医疗行业包括了医生和护理人员，如医生、护士、理疗师、麻醉师等；计算机行业包括了各种与计算机相关的职业，如软件工程师、网络开发师、计算机维护员等。

2011年6月教育部下发的《关于充分发挥行业指导作用　推进职业教育改革发展的意见》中明确指出："行业是连接教育与产业的桥梁和纽带，在促进产、教结合，密切教育与产业的联系，确保职业教育发展规划、教育内容、培养规格、人才供给适应产业发展实际需求等方面，发挥着不可替代的作用。"[①]

行业主管部门或行业组织是本行业政策、标准、规范的制定者，管理和监督行业内的企业活动，指导企业的健康发展。行业是企业与职业学校连接的纽带，是职业教育课程设计的监督者和评价者。

2011年我国颁布的《国民经济行业分类》(GB/T 4754—2011)采用经济活动的同质性原则把国民经济行业划分为20个门类、96个大类、432个中类和1094个小类。

(二)职业

对于职业的概念，不同的人有不同的理解。常见的一些定义，如"职业是人们在社会中所从事的、作为谋生手段的工作"，"职业是指不同性质、不同内容、不同形式、不同操作的专门劳动岗位"。总而言之，职业是指人们从事的相对稳定的、有收入的专门类别的工作，是对人们生活方式、经济状况、文化水平、行为模式等的综合反映，也是一个人的权利、义务、职责及社会地位的一般性表征，体现了一个人的社会角色。一般具有目的性、社会性、稳定性、规范性、群体性等特征。[②]

随着科技的进步和社会的发展，职业的活动也不断发生变化，新的职业不断产生，旧的职业不断消亡。2015年7月我国颁布的《中华人民共和国职业分类大典》，将我国的职业归为8个大类、75个中类、434个小类、1481个细类(职业)。[③]

(三)岗位

我们通常所说的岗位，一般指某一单位中的某一职位。而这里所说的岗位，是指不同组织共同设置的工作范围较为接近的职位。如护士岗位，每个医院都设立了这个职位，其工作范围、工作任务和核心能力都比较接近。医生和护士的工作范围、工作任务和核心能力均不相同，所以二者是不同的岗位。

在现实社会中，由于社会的发展，有些岗位具有一定的稳定性，我们容易分析。而有些岗位变换较快，我们不容易进行分析，只能把工作任务比较相似的职位综合起来进行分析。

---

① 《关于充分发挥行业指导作用　推进职业教育改革发展的意见》，http://www.moe.edu.cn/publicfiles/business/htmlfiles/moe/s7055/201407/xxkg_171567.html，2016-10-08。
② 曲丽娜、王伟：《职业教育课程开发》，45页，北京，高等教育出版社，2016。
③ 中华人民共和国职业分类大典，http://baike.so.com/doc/5569693-5784892.html，2016-10-08。

(四)工作任务

这里的工作任务是指岗位的工作职责。这种工作职责不因单位不同、个体不一而有所区别。如护士岗位，无论在哪个医院工作，也无论是谁在这个岗位工作，其工作职责大同小异。我们所说的岗位分析，不是分析一个人在某一具体职位的具体工作，而是分析岗位一般意义的职责和工作任务，是对这些具体任务进行抽象和概括的结果，是一种共性分析。

实际上，真实情境中的工作任务是非常繁杂的，只有对其进行梳理和概括，获得清晰的工作任务结构，才能获得职业教育课程体系的结构。所以，工作任务分析法是职业教育课程设计的核心技术。

(五)典型工作任务

在劳动科学和职业教育领域，人们从不同角度、用不同方法对工作任务进行研究和分析，其研究目的不同。岗位任务分析可以制订岗位规范，开发岗位培训课程。[①] 典型工作任务分析，可以体现典型的工作过程，反映一个岗位的基本框架，描述职业教育中的一个学习领域，从而可以构建起职业教育的课程体系。

典型工作任务，又称为职业行动领域，是一个岗位的具体工作领域，是工作过程结构完整的综合性任务，反映了该岗位典型的工作内容和工作方式。每个岗位通常有10~20个典型工作任务，一般包含一个岗位的多种等级。[②]

二、岗位分析的内容

(一)了解企业的组织结构

进行岗位分析，首先要了解企业的组织结构，了解企业内部部门设置的情况及其各部门之间的关系。

组织结构是指组织的基本架构，是对完成组织目标的人员、工作、技术和信息所做的制度性安排。组织结构是维持组织存在所必需的，若无一定的结构，组织本身也就不复存在；但仅有结构而不具有共同目标的人也构不成完整的组织。组织结构可以用复杂性、规范性和集权性三种特性来描述。[③]

组织结构可用组织结构图表示。组织结构图描述的是一个组织内部部门的设置情况及各部门之间的关系。常见的企业组织结构[④]见图1-1。与其相对应的是部门职能说

[①] 李爱香：《高职财务管理专业基于"岗证课一体化"职业资格分析》，载《新课程(教育学术)》，2010(3)。
[②] 赵志群：《职业教育工学结合一体化课程开发指南》，33页，北京，清华大学出版社，2016。
[③] 管理学，http://www.chinadmd.com/file/r6rucscpeatoc3w3xpproxpz_29.html，2016-10-10。
[④] 企业组织结构图，http://image.so.com/i?src=360pic_strong&q=，2016-10-15。

明书①,见图 1-2。

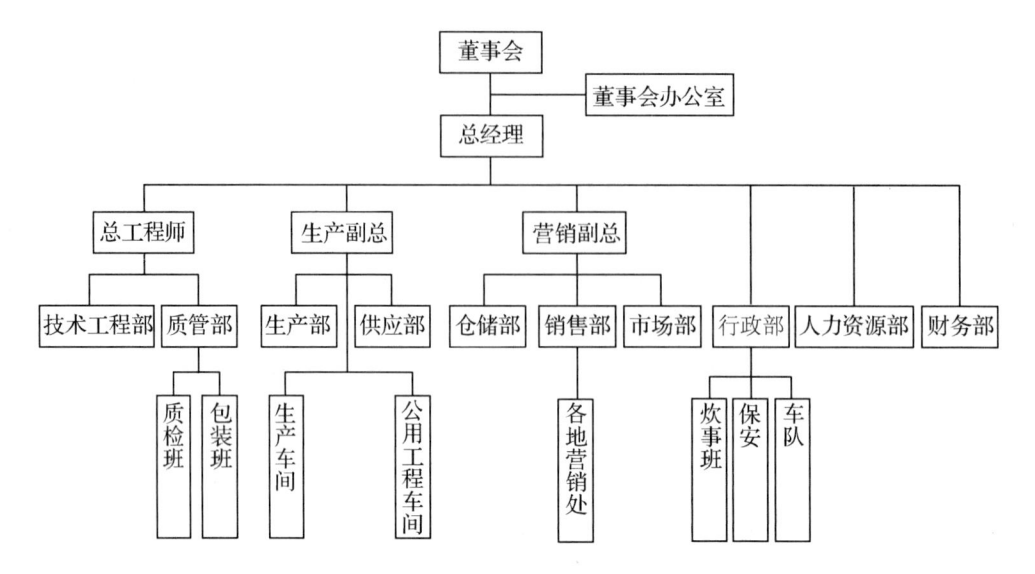

图 1-1　企业的组织结构

部门职能说明书	部门基本信息	分管上级 下属部室	对部门进行定位,明确它在组织中所处的位置,以及部门工作的汇报关系
		部门本职	描述部门"做什么",概括主要的工作
		部门宗旨	阐明设置该部门的目的,描述部门"为什么"做这些工作,以及要实现的最终目标
	部门职能描述		根据公司现状及未来的发展战略,可将部门的职能分为主要职能和一般职能。与公司发展战略密切相关、对公司业务发展起重要作用的职能归入主要职能;具有操作性、维持公司日常运作的职能划分为一般职能
	部门主要责任		主要责任是部门的具体表现,对完成该部门主要职能后所产生结果的要求
	部门主要权力		合理的职权体系应当做到责、权对等。为完成各项职能,部门应当享有相应的权力
	部门岗位设置		部门内的岗位设置与定编方案

图 1-2　企业的部门职能说明书

在一个组织中,人与人之间的关系主要表现为权力关系。权力来自组织授予,与职责相关联,表明的是成员间的协作关系。

有多少个组织,就有多少种组织结构形式。由于每一个组织的目标、所处的环境、

---

① 管理学——组织结构设计, http://www.docin.com/p-573945791.html, 2016-10-20。

所拥有的资源不同，其组织结构也必然会有所区别。但各种组织结构之间会有很大的相似性，也就是说，它们的基本构成形式是差不多的。

常见的组织结构形式有：直线—职能制、事业部制、模拟分权制、矩阵制、项目组、委员会等。

我们进行岗位分析，就是先了解企业的组织结构，为岗位分析奠定基础。

（二）了解岗位的基本信息

一是岗位名称。就是承担工作责任的任职者所对应的工作身份的名称。重点强调岗位工作身份，反映了岗位工作的内容和岗位等级。

二是工作身份。就是岗位在组织结构中所处的位置，反映了岗位所属的业务系统和所在的部门。需要了解本岗位所属上下级岗位的名称，以及本岗位的编制人数和管辖人数。

三是岗位关系。包含三层意思：(1)指岗位的上下级管理和汇报关系；(2)指本岗位与其他岗位的相互关系，如跨部门的沟通与协作关系；(3)指岗位晋升、降职和轮换之间的关系。

四是工作环境和工作条件。工作环境指岗位所处的自然环境和空间环境。如工作是在室外还是室内，空间的高、低、宽、窄，温度、湿度要求，有无有毒、有害气体和物质，照明条件和粉尘、噪声等环境特征等。工作条件是指劳动工具、仪器仪表、设备、工作时间和工作班次及班次的轮换等。

（三）了解岗位职责和工作内容

一是岗位职责。岗位职责是指岗位的工作责任，就是这个岗位经常要做的工作内容。一般地，对岗位职责的描述不超过6～8项具体工作。

二是工作数量和质量要求。工作数量指在一定时间内，任职者需要完成工作的最低数量标准。工作质量指完成的工作成果是否符合相关的规定、标准和要求。有些规定、标准和要求还需参考国际、国家、行业和企业的通用标准或产品专用标准。

三是岗位权限。岗位权限主要描述任职者在工作过程中对所需的人、财、物管理和处置的权力。大多企业都明确了权限的种类和适用范围。

四是工作行为。工作行为是对工作职责的进一步分析。将岗位职责视为不同的工作单元，并对每一个工作单元所需要执行的任务进行分析，找出核心工作要素，然后对完成核心要素的成功行为进行研究。

（四）了解岗位任职条件

一是知识要求。知识是为完成岗位工作所必需的事实型和经验型信息。岗位所需要的知识既包括员工任职前具有的基础知识，也包括任职后继续学习和积累的知识。

二是技能要求。技能是运用一定的知识和经验执行任务的能力。技能是动作性的行为方式，是外在肌肉运动的过程。如会操作机床、能快速地录入文字等。

三是素质和能力要求。素质和能力是一个人的个性心理特征，是岗位工作者完成工作任务所应必备的。

四是工作经验的要求。工作经验是指完成同类或近似岗位工作，解决同类或相似问题的实践经历。有些岗位有工作经验的要求。

五是其他特定要求。如有些岗位有学历要求、资格证书要求、身体条件要求等。

三、选择岗位分析方法

选择适宜的分析方法是岗位分析阶段的重要工作。岗位分析的方法有多种，职业学校和企业可以根据具体情况选择使用。

(一)岗位分析方法分类

一般地，岗位分析方法有两类[①]：一类是以岗位分析发展的时间维度为依据，见表1-1；另一类是以人或工作维度为研究基础，见表1-2。

表1-1 岗位分析方法类别(时间维度)

传统岗位分析方法	常用/通用岗位分析方法	现代岗位分析方法
动作研究法	观察法	工作要素法
时间研究法	工作日志法	功能性职务分析法
标杆工作法	访谈法	职位分析问卷
工作负荷分析与人事规划法	问卷调查法	管理职位描述问卷
其他相关方法	关键事件法	临界特质分析系统
	文献分析法	任务清单分析系统
	主题专家法	通用工作分析问卷
	交叉反馈法	能力要求法

表1-2 岗位分析方法类别(人或工作维度)

通用岗位分析方法	以人为研究基础的方法	以工作为研究基础的方法
观察法	工作要素法	工作日志法
访谈法	职位分析问卷	关键事件法
文献分析法	功能性职务分析法	交叉反馈法
主题专家法	能力要求法	任务清单分析系统
问卷调查法		通用工作分析问卷

---

① 杨岗松：《岗位分析和评价从入门到精通》，189—190页，北京，清华大学出版社，2016。

(二)几种常用岗位分析法优缺点的比较

表1-3是几种常用岗位分析法优缺点的比较,为我们选择岗位分析方法提供了依据。

表1-3 岗位分析方法优缺点的比较

岗位分析方法	优点	缺点
观察法	简单、快捷,节约成本	适用于简单、重复性劳动的岗位
工作日志法	信息详尽,节约成本	信息单项获取,易受填写者的主观影响
访谈法	适用范围广,信息收集全面、准确	占用大量人力和时间,影响受访者工作,对访谈者有较高的素质要求
问卷调查法	节省人力,不受时间、空间限制,信息真实、可信度高	问卷质量难以保证,问卷回收率不稳定,常需与其他方法配合使用
关键事件法	对行为进行观测,信息准确	信息挖掘、提炼难度大,耗费大量的人力和时间
工作要素法	开放程度高,实用性强,人才甄选和培训效果好	初始要素多,评价复杂,依赖主题专家小组
功能性职务分析法	对工作内容描述彻底	费时费力,实施烦琐
职位分析问卷	便于岗位等级划分,标准化、结构化问卷	复杂性高,不适用于分析特殊工作,适用范围受限
任务清单分析系统	信息全面,可靠性高,工作难度小、费用少	适用范围小,信息量大,任务难以定义

四、典型工作任务分析

(一)确定典型工作任务

确定典型工作任务就是确定一个岗位(岗位群)的典型工作任务有哪些,其逻辑顺序,从中还可以看出典型工作任务的难度类别,从而为教学过程设计确定这些任务的难度等级和教学顺序。

具体的职业工作是确定教育目标和内容的基本点。对典型工作任务的描述,实际上就确定了职业教育的培养目标,即能够独立完成一个岗位的工作任务。[①]

1. 确定典型工作任务的形式

典型工作任务一般是聘请相应职业岗位(群)的一线实践专家通过召开研讨会的形式确定的。

具体实施过程是:第一,请每位专家写出自己在成为"实践专家"的过程中最重要的阶段(最多 5 个);第二,为每一阶段列出 3~4 个自己实际从事过的具有代表性的任务实例;第三,对每位实践专家的任务实例进行汇总归类;第四,经大家商议,得出具有典型代表意义的工作任务。

2. 确定典型工作任务的难度

工作难度一般按照职业成长的四个阶段即初学者、有能力者、熟练者和专家划分,分别用 1、2、3、4 代表。

工作难度确认可通过表 1-4 的形式进行确认。可以以小组为单位,对每项工作任务,按照竖向内容进行选择,跟工作任务相符的画"＋",不相符的画"－",如果无法作出明确的判断,则画"○"。

表 1-4 典型工作任务分析表

难度描述	典型工作任务							
1. 仅凭一般性技术工作规则不足以完成工作任务	1	2	3	4	5	6	7	…	N
2. 在完成工作任务的过程中能对职业概括和了解									
3. 完成工作任务的步骤常常是事先无法预见的									
4. 完成工作任务需要基本技能和知识									
5. 在完成工作任务过程中能对技术工作的细节有良好的认知									
6. 只有经过较长时间的熟悉过程后才能完成工作任务									
7. 在完成工作任务的时候可以很好地识别职业的关联性									
8. 会把工作任务交给刚进入本部门的初学者去做									

每个小组都应对任务难度进行归类,最后经实践专家一致认同后可以确定典型工作任务的难度级别,实际上也表明了典型工作任务的逻辑顺序。

(二)典型工作任务分析的实施

1. 典型工作任务分析的准备

典型工作任务分析就是到行业工作一线对实践专家研讨会确定的典型工作任务进行实地调研分析,了解典型工作任务的内涵,包括工作过程、工作对象、工具、方法

[①] 姜义林:《高职教育课程开发理论与实践》,38—42 页,北京,高等教育出版社,2010。

手段、劳动组织、工作要求等。具体实施由实践专家、企业一线技术人员、学校教师和企业兼职教师组成调研小组完成。主要关注以下几方面的问题。

（1）工作与经营过程：关注在哪些工作过程中涉及该工作任务？生产哪些产品或提供哪些服务？生产原料如何获得？怎样接受任务？如何交付已完成的工作任务？产品如何得到再加工？客户有哪些？

（2）工作对象：工作任务的内容是什么？如技术产品或技术过程、服务、文献整理、控制程序等。该工作对象在工作过程中的作用是什么？操作设备还是维修设备？

（3）使用工具或者器材：完成该工作任务要用到哪些工具或者器材？如何使用这些工具？

（4）工作方法：如何完成工作任务？如怎样查找故障，采用什么样的加工方法等内容。

（5）劳动组织：如何组织安排工作，是独立工作，还是团队工作，或是部门配合？这些组织对工作产生了什么影响？如何确定与其他部门工作的分界？

（6）工作要求：完成该任务必须满足企业的哪些要求？客户有哪些要求？社会有哪些要求？必须达到哪些质量标准？必须遵守哪些法律法规？

（7）与其他典型工作任务的区别：与其他典型工作任务有什么联系？与企业其他工作岗位有何异同之处？该岗位是否进行职业培训？

2. 典型工作任务的分解

典型工作任务的实质也是一个项目。典型工作任务的分解是指用 WBS 理论方法对典型工作任务逐级分解细化，并按一定顺序排列起来。

WBS，即 Work Breakdown Structure，被译为工作分解结构。它跟因数分解的原理一样，就是把一个项目分解为任务，再把任务分解为一项项具体的工作，进而再把这些具体的工作分配到每个人的日常活动中，直到不能分解为止。

采用 WBS 方法分解典型工作任务有三种分解方式：一是按实施过程分解；二是按项目的目标分解；三是按产品的物理结构分解。分解原则是"横向到边、纵向到底"。"横向到边"是指分解不能出现漏项，且均是在项目范围之内的任何产品或者活动，类似于评估中的"一级指标、二级指标、三级指标"。"纵向到底"是指分解要足够细，以满足任务分配、检测及控制的要求。分解完成后，形成典型工作任务分解表。

第二节　分析专业职业资格标准

职业资格是对从事某一职业所必备的学识、技术和能力的基本要求，反映了劳动者为适应职业劳动需要而运用特定的知识、技术和技能的能力。职业资格分析可以了解某一职业的概况、职业道德、基础知识和技能要求，为课程设计做好准备。[①]

一、职业资格

目前，大多数职业都有明确的职业资格标准和就业准入制度。

职业资格包括从业资格和执业资格。从业资格是指从事某一专业（工种）学识、技术和能力的起点标准。执业资格是指政府对某些责任较大、社会通用性强、关系公共利益的专业（工种）实行准入控制，是依法独立开展或从事某一特定专业（工种）学识、技术和能力的必备标准。

职业资格分别由国务院劳动、人事行政部门通过学历认定、资格考试、专家评定、职业技能鉴定等方式进行评价，对合格者授予国家职业资格证书。从业资格通过学历认定或考试取得。执业资格通过考试取得。

根据人力资源和社会保障部规定，国家职业资格分为五个等级，从高到低依次为高级技师、技师、高级技能、中级技能和初级技能。

国家职业资格五级（初级技能）：能够运用基本技能独立完成本职业的常规工作。

国家职业资格四级（中级技能）：能够熟练运用基本技能独立完成本职业的常规工作；并在特定情况下，能够运用专门技能完成较为复杂的工作；能够与他人进行合作。

国家职业资格三级（高级技能）：能够熟练运用基本技能和专门技能完成较为复杂的工作；包括完成部分非常规性工作；能够独立处理工作中出现的问题；能指导他人进行工作或协助培训一般操作人员。

国家职业资格二级（技师）：能够熟练运用基本技能和专门技能完成较为复杂的、非常规性的工作；掌握本职业的关键操作技能技术；能够独立处理和解决技术或工艺问题；在操作技能技术方面有创新；能组织指导他人进行工作；能培训一般操作人员；具有一定的管理能力。

国家职业资格一级（高级技师）：能够熟练运用基本技能和特殊技能在本职业的各个领域完成复杂的、非常规性的工作；熟练掌握本职业的关键操作技能技术；能够独立处理和解决高难度的技术或工艺问题；在技术攻关、工艺革新和技术改革方面有创新；能组织开展技术改造、技术革新和进行专业技术培训；具有管理能力。

二、职业标准

国家职业标准属于工作标准。国家职业标准是在职业分类的基础上，根据职业（工种）的活动内容，对从业人员工作能力水平的规范性要求。它是从业人员从事职业活

---

① 《职业资格证书制度和就业准入制度基本知识讲座》，http://www.docin.com/p-421312534.html，2016-10-15。

动,接受职业教育培训和职业技能鉴定,以及用人单位录用、使用人员的基本依据。国家职业标准由劳动和社会保障部组织制定并统一颁布。

国家职业技能标准包括职业概况、基本要求、工作要求和比重表四个部分,其中工作要求为国家职业技能标准的主体部分。①

(一)职业概况

职业概况是对本职业基本情况的描述,包括职业名称、职业定义、职业等级、职业环境条件、职业能力特征、培训要求、鉴定要求等内容。

(二)基本要求

基本要求包括职业道德和基础知识,其中职业道德是指从事本职业工作应具备的基本观念、意识、品质和行为的要求,一般包括职业道德知识、职业态度、行为规范;基础知识是指本职业各等级从业人员都必须掌握的通用基础知识,主要是与本职业密切相关并贯穿于整个职业的基本理论知识、有关法律知识和安全卫生、环境保护知识。

(三)工作要求

工作要求是在对职业活动内容进行分解和细化的基础上,从技能和知识两个方面对完成各项具体工作所需职业能力的描述,包括职业功能、工作内容、技能要求、相关知识。其中职业功能是指一个职业所要实现的活动目标,或是一个职业活动的主要方面(活动项目)。根据不同职业的性质和特点,可按工作领域、项目或工作程序来划分。工作内容是指完成职业功能所应做的工作,可以按种类划分,也可以按照程序划分。每项职业功能一般包含两个或两个以上的工作内容。技能要求是指完成每一项工作内容应达到的结果或应具备的技能。相关知识是指完成每项操作技能应具备的知识,主要指与技能要求相对应的技术要求、有关法规、操作规程、安全知识和理论知识等。

(四)比重表

比重表包括理论知识比重表和技能比重表。其中,理论知识比重表反映基础知识和每一项工作内容的相关知识在培训考核中应占的比重;技能比重表反映各项工作内容在培训考核中所占的比重。

1996年颁布的《中华人民共和国职业教育法》指出:职业教育应当根据实际需要同国家制定的职业分类和职业等级标准相适应,实行学历证书、培训证书和职业资格证书制度。目前,有些职业已经制定了国家职业标准,相关专业可以参照职业标准制定相应的课程标准。②

---

① 《职业资格证书制度和就业准入制度基本知识讲座》,http://www.docin.com/p-421312534.html,2016-10-15。

② 中华人民共和国职业教育法,http://www.law-lib.com/law/law_view.asp?id=298,2016-10-20。

下面是《中式面点师国家职业标准》①，从中可以看出中式面点师应具备的知识、技能和基本素质，为我们设计课程目标、选择课程内容提供依据。

<h2 style="text-align:center">中式面点师国家职业标准</h2>

1 职业概况

1.1 职业名称

中式面点师。

1.2 职业定义

运用中国传统的或现代的成型技术和成熟方法，对面点的主料和辅料进行加工，制成具有中国风味的面食或小吃的人员。

1.3 职业等级

本职业共设五个等级，分别为：初级（国家职业资格五级）、中级（国家职业资格四级）、高级（国家职业资格三级）、技师（国家职业资格二级）、高级技师（国家职业资格一级）。

1.4 职业环境

室内、常温。

1.5 职业能力特征

手指、手臂灵活，色、味、嗅等感官灵敏，形体感强。

1.6 基本文化程度

初中毕业。

1.7 培训要求

1.7.1 培训期限

全日制职业学校教育，根据其培养目标和教学计划确定。晋级培训期限：初级不少于300标准学时；中级不少于240标准学时；高级不少于180标准学时；技师不少于120标准学时；高级技师不少于80标准学时。

1.7.2 培训教师

培训教师应具备一定的中式面点专业知识、实际操作经验和教学经验，具有良好的语言表达能力和知识传授能力。培训初级人员的教师应具有本职业高级职业资格证书或本专业助理讲师资格；培训中级人员的教师应具有本职业高级以上职业资格证书或本专业助理讲师以上资格；培训高级人员的教师应具有本职业技师职业资格证书或本专业讲师以上资格；技师和高级技师的培训教师应具有本职业高级技师职业资格证书并具有本专业讲师以上资格。

---

① 中式面点师国家职业标准，http://www.hebjxw.com/ShowInfo_zxzk.asp?id=3983，2016-11-02。

1.7.3 培训场地设备

有可容纳20名以上学员的标准教室，有必要的教学设备及供学员练习的设备、设施，室内卫生、光线、通风条件良好，符合国家安全、卫生标准。

1.8 鉴定要求

1.8.1 适用对象

从事或准备从事本职业的人员。

1.8.2 申报条件

——初级(具备下列条件之一者)

(1)经本职业初级正规培训达规定标准学时数，并取得毕(结)业证书。

(2)在本职业连续见习工作2年以上。

(3)本职业学徒期满。

——中级(具备下列条件之一者)

(1)取得本职业初级职业资格证书后，连续从事本职业工作3年以上，经本职业中级正规培训达规定标准学时数，并取得毕(结)业证书。

(2)取得本职业初级职业资格证书后，连续从事本职业工作5年以上。

(3)取得经劳动和社会保障行政部门审核认定的，以中级技能为培养目标的中等以上职业学校本职业毕业证书。

——高级(具备下列条件之一者)

(1)取得本职业中级职业资格证书后，连续从事本职业工作4年以上，经本职业高级正规培训达规定标准学时数，并取得毕(结)业证书。

(2)取得本职业中级职业资格证书后，连续从事本职业工作7年以上。

(3)取得高级技工学校或经劳动和社会保障行政部门审核认可，以高级技能为培养目标的高等职业学校本职业毕业证书。

(4)取得本职业中级职业资格证书的大专以上毕业生，连续从事本职业工作2年以上。

——技师(具备下列条件之一者)

(1)取得本职业高级职业资格证书后，连续从事本职业工作5年以上，经本职业技师正规培训达规定标准学时数，并取得毕(结)业证书。

(2)取得本职业高级职业资格证书后，连续从事本职业工作8年以上。

(3)高级技工学校本专业毕业生取得本职业高级职业资格证书后，连续从事本职业工作2年以上。

——高级技师(具备下列条件之一者)

(1)取得本职业技师职业资格证书后，连续从事本职业工作3年以上，经本职业高级技师正规培训达规定学时数，并取得毕(结)业证书。

(2)取得本职业技师职业资格证书后,连续从事本职业工作5年以上。

1.8.3 鉴定方式

分为理论知识考试和技能操作考核。理论知识考试采用笔试方式,技能操作考核采用现场实际操作方式进行,成绩均实行百分制,两项皆达60分及以上者为合格。技师、高级技师还须进行综合评审。

1.8.4 考评人员与考生配比

理论知识考评员与考生的配比为1∶15,技能操作考核考评员与考生的配比为1∶5。

1.8.5 鉴定时间

理论知识考试为90分钟。技能操作考核初级为120分钟,中级为150分钟,高级为180分钟,技师、高级技师为210分钟。

1.8.6 鉴定场所设备

理论知识考试在标准教室进行。技能操作考场要求有不小于40平方米的面点操作间,并配有相应的燃料、水、电源,并有4个以上灶眼和相应的大小蒸锅、分层调温烤箱、炸锅、烙铛,有小型压面机、打蛋机,有大木案板、各种擀面杖、称量衡器,有2个以上冰箱,有良好的照明、通风设备,有防火安全设备。

2 基本要求

2.1 职业道德

2.1.1 职业道德基本知识

2.1.2 职业守则

(1)忠于职守,爱岗敬业。

(2)讲究质量,注重信誉。

(3)尊师爱徒,团结协作。

(4)积极进取,开拓创新。

(5)遵纪守法,讲究公德。

2.2 基础知识

2.2.1 饮食卫生知识

(1)食品污染。

(2)食物中毒。

(3)各类烹饪原料的卫生。

(4)烹饪工艺卫生。

(5)饮食卫生要求。

(6)食品卫生法规及卫生管理制度。

2.2.2 饮食营养知识

(1)人体必需的营养素和能量。

(2)各类烹饪原料的营养。

(3)营养平衡和科学膳食。

(4)中国宝塔形食物结构。

2.2.3 饮食成本核算知识

(1)饮食业的成本概念。

(2)出材率的基本知识。

(3)净料成本的计算。

(4)成品成本的计算。

2.2.4 安全生产知识

(1)厨房安全操作知识。

(2)安全用电知识。

(3)防火防爆安全知识。

(4)手动工具与机械设备的安全使用知识。

3 工作要求

本标准对初级、中级、高级、技师、高级技师的技能要求依次递进,高级别包括低级别的要求。

3.1 初级

职业功能	工作内容	技能要求	相关知识
一、操作前的准备	(一)操作间的整理	能清理工作台、地面、带手布	环境卫生知识
	(二)个人的仪表仪容	能保持工作服、围裙、帽子等个人卫生	个人卫生知识
	(三)工具、设备准备	能使用、保养常用工具、设备	面点机械、设备常识
	(四)原料准备	1. 能够正确识别面点主要原料 2. 能够正确识别常用杂粮	1. 面点原料知识 2. 面点制作基本技术动作知识
二、制馅	(一)准备制馅原料	能用摘洗、去皮、去核、去杂质等方法进行原料的初加工	原料初加工知识
	(二)调制馅心	能制作常见的咸馅	常见咸馅制作工艺

续表

职业功能	工作内容	技能要求	相关知识
三、调制面坯	(一)调制水调面坯	1. 能调制水调面坯 2. 能根据水调面坯特性制作一般品种	1. 水调面的基本知识 2. 水调面坯工艺注意事项
	(二)调制化学膨松面坯	1. 能用发酵粉调制膨松主坯 2. 能用矾、碱、盐调制膨松主坯	1. 化学膨松面坯基本知识 2. 化学膨松面坯工艺及注意事项
	(三)调制杂粮面坯	1. 能用玉米面等杂粮制作常见的面食品 2. 能用高粱、小米、莜麦等杂粮制作面食品	1. 玉米面食品制作工艺及注意事项 2. 高粱、小米、莜麦食品制作工艺及注意事项
四、成型	(一)搓	能运用搓的方法搓条及搓型	搓的要点及要求
	(二)切	能运用切的方法成型	切的要点及要求
	(三)卷	能运用单卷法和双卷法成型	卷的要点及要求
	(四)包	能运用包的方法成型	包的要点及要求
	(五)擀	能使用单手仗、双手仗和走槌成型	擀的要点及要求
	(六)模具成型	能用印模、盒模成型	印模操作要点及要求
五、熟制	(一)烤	能合理选择炉温烤制食品	烤的基本方法及要求
	(二)煮	能用煮的工艺方法煮制食品	煮的基本方法及要求
	(三)烙	能用烙的工艺方法烙制食品	烙的基本方法及要求
六、装饰	码盘	1. 能将制品摆放整齐 2. 能用几何图形法合理装盘	1. 装盘的基本方法和注意事项 2. 几何构图的基本方法和注意事项

3.2 中级

职业功能	工作内容	技能要求	相关知识
一、操作前的准备	选择原料	1. 能根据工作内容正确选用制馅原料 2. 能根据工作内容正确选用辅助原料 3. 能根据工作内容正确选用调味原料	面点原料知识
二、制馅	(一)制馅原料的加工	能运用正确的加工方法制馅	常用面点原料的加工、使用方法
	(二)调制馅心	能制作常见的甜馅	常见甜馅制作工艺

续表

职业功能	工作内容	技能要求	相关知识
三、调制面坯	（一）调制生化膨松面坯	1. 能用面肥或酵母调制发酵面团，能兑碱 2. 能制作生化膨松面坯无馅类点心制品	1. 生化膨松面坯工艺方法 2. 生化膨松面坯工艺注意事项
	（二）调制层酥面坯	1. 能正确调制水油面、干油酥 2. 能用大包酥的开酥方法制作暗酥类点心	1. 层酥面坯分类 2. 层酥面坯工艺方法
	（三）调制物理膨松面坯	能用适量的原料、正确的方法，调制蛋糕面坯	物理膨胀面坯工艺及注意事项
	（四）调制米及米粉面坯	1. 能用大米制作面食品 2. 能用米粉制作面食品	1. 饭皮制作工艺 2. 米粉面坯工艺
	（五）调制杂粮面坯	1. 能用薯类制作点心 2. 能用豆类制作点心	1. 薯类面坯工艺及注意事项 2. 豆类面坯工艺及注意事项
四、成型	（一）叠	能用叠的方法成型	叠制的要求及操作要点
	（二）摊	掌握半成品及成品的摊制方法	摊制的要求及操作要点
	（三）按	能用按的方法成型	按的要求及操作要点
	（四）剪	能用剪的方法成型	剪的要求及操作要点
	（五）滚、沾	能用滚、沾的方法成型	滚、沾的要求及操作要点
	（六）拧	能用拧的方法成型	拧的要求及操作要点
	（七）捏	能用捏的方法成型	捏的要求及操作要点
	（八）镶嵌	能合理利用原料的色泽、口味镶嵌	烹饪美学知识
五、熟制	（一）蒸	能用蒸的方法熟制，做到熟不沾屉、不互相粘连、不掉底	蒸的基本方法及要求
	（二）烤	能用烤的方法熟制，并达到成品的一般质感要求	1. 烤的温度 2. 烤制注意事项
	（三）烙	能用水烙的方法烙制	1. 烙制工艺分类 2. 烙制注意事项
六、装饰	装盘	1. 能将制品整理、摆放得整齐、美观 2. 能用沾、撒、挤、拼摆等简单方法点缀装饰制品	1. 沾、撒、挤、拼摆等一般装饰法的基本内容和注意事项 2. 色彩基础知识

3.3 高级

职业功能	工作内容	技能要求	相关知识
一、操作前的准备	（一）原料的选择与保管	能正确选择和保管原料，减少浪费	原料知识
	（二）原料的合理使用	能采用正确方法使用原料，减少营养损失	营养知识
	（三）计算面点价格	能计算面点价格	成本核算知识
二、制馅	（一）调制馅心	1. 能根据所做点心品种配备合适的馅心	馅心常识
	（二）馅心的质量鉴定	2. 能正确鉴定馅心的色泽、口味、质感	
三、调制面坯	（一）调制生化膨松面坯	1. 能制作生化膨松面坯有馅类点心制品 2. 能在不同外因条件下，制作生化膨松面坯	1. 生化膨松面坯的基本原理 2. 影响生化膨胀面坯的诸因素
	（二）调制层酥面坯	1. 能运用小包酥的开酥方法制作明酥类点心 2. 能制作擘酥类点心	1. 层酥面坯的基本原理 2. 明酥、擘酥工艺及注意事项
	（三）澄粉面坯	能制作澄粉类点心	澄粉面坯工艺及注意事项
	（四）果蔬面坯	能制作果蔬类点心	果蔬面坯工艺及注意事项
	（五）鱼虾面坯	能制作鱼虾类点心	鱼虾面坯工艺及注意事项
四、成型	（一）抻	能溜面，掌握出条工艺	抻的操作方法及工艺要求
	（二）削	能用削的方法成型	削的操作方法及工艺要求
	（三）拨	能用拨的方法成型	拨的操作方法及工艺要求
	（四）钳花	能运用各种钳花工具钳花	钳花的操作方法及工艺要求
	（五）挤	能用挤、拉、带、收的挤注技巧成型	挤注的操作方法及工艺要求
五、熟制	（一）炸	能采用热油炸的方法炸制食品	炸的操作方法及工艺要求
	（二）煎	能采用油煎和水油煎的方法煎制食品	煎的操作方法及工艺要求
	（三）复合成熟	1. 能运用两种以上复合的熟制方法使制品成熟 2. 能评估面点制品成熟质量	1. 复合成熟方法 2. 成熟方法在不同制品中的运用

续表

职业功能	工作内容	技能要求	相关知识
六、装饰	盘饰	1. 能用挤、捏、搓、撒等方法做简单的盘饰 2. 能用简单的裱花方法装饰蛋糕	1. 常用的装饰方法和注意事项 2. 装饰蛋糕的工艺方法和注意事项
七、膳食营养	合理制作	能够对不同原料进行合理的面点制作加工	1. 加工中营养素损失的原因 2. 加工中保护营养素的措施

3.4 技师

职业功能	工作内容	技能要求	相关知识
一、操作前的准备	（一）确定工作内容	能根据服务对象的民族特点及要求确定点心品种	1. 我国各民族饮食文化习俗 2. 面点常识 3. 成本核算知识
	（二）准备原料	1. 能根据点心品种的特点及原料的性质配备原料 2. 能根据宴会性质配备点心	
	（三）计算售价	能计算点心的售价	
二、成型	成型	根据成型要求，合理选用主料原料和熟制方法	1. 原料知识 2. 熟制知识
三、熟制	熟制	能根据制品的色、香、味、质，选用不同的熟制方法	1. 熟制的基本原理 2. 食品色、香、味形成的基本原理
四、装饰	制作盘饰	1. 能综合运用本地区和其他地区的成型手法成型 2. 能依据制品的主题要求装饰制品 3. 能用澄面做装饰物	1. 食品造型与布局的一般知识 2. 装饰工艺常识
五、技术与指导	指导工作	1. 能够在技术上指导初级、中级、高级面点师工作 2. 能够撰写简单教案，并讲授专业基础知识和技能知识 3. 能撰写面点工艺方面的论文	1. 面点制作工艺原理 2. 教学教法常识 3. 教案的编写方法 4. 论文写作知识
六、厨房管理	生产管理	1. 能合理安排工作岗位 2. 能管理好各种物品	厨房管理知识
七、膳食营养	营养配餐	能够为不同客人设计营养膳食	营养知识

3.5 高级技师

职业功能	工作内容	技能要求	相关知识
一、成型	成型	能根据成型要求，选用辅料原料和熟制方法	1. 原料知识 2. 熟制知识
二、熟制	熟制	懂得原料中的化学成分在食品中的变化	主要化学成分在食品加工中的变化
三、装饰	制作盘饰	能做立体装饰物	装饰工艺知识
四、培训与指导	（一）讲授知识	1. 能够制订各级面点师知识、技能培训大纲及实施计划 2. 能根据教学大纲和计划进行培训 3. 能编写各等级的考卷和评定标准	教育学、心理学一般知识
	（二）操作指导演示		
五、厨房管理	（一）技术管理	1. 能制订生产计划 2. 能科学配置各工种的技术力量，并给予技术指导	1. 现代管理基本知识 2. 成本管理与控制基本知识
	（二）质量管理	能全面管理食品制作的质量	
	（三）成本管理与控制	能全面管理与控制食品成本	
六、膳食营养	营养配餐	1. 能科学配置宴席点心 2. 能根据不同客人配备不同膳食	营养知识
七、技术创新	研究、创新	1. 能结合本地区的实际情况，使用新原料、新工艺 2. 能撰写面点方面较高水平的论文和书籍 3. 能与本行业其他专家进行技术交流 4. 能借助工具书阅读古代面点的一般文献资料 5. 能利用新老原料进行工艺创新	论文和书籍的撰写方法

4. 比重表
4.1 理论知识

项目			初级(%)	中级(%)	高级(%)	技师(%)	高级技师(%)
基本要求		职业道德	5	5	5	5	5
		基本知识	35	35	35	20	20
相关知识	操作前的准备	卫生知识	5	—	—	—	—
		面点机械设备知识	5	—	—	—	—
		面点基本操作知识	5	—	—	—	—
		东西方饮食文化习俗知识	—	—	—	2	3
		中式面点风味特色分类	—	—	—	3	—
	辅助原料的准备	面点原料知识	10	10	10	10	10
		馅心工艺	5	5	5	—	—
	调制面坯	面坯原理	—	—	—	2	—
		水调面坯	5	—	—	2	—
		生化膨松面坯	—	5	5	—	—
		化学膨松面坯	5	—	—	2	—
		物理膨松面坯	—	7	—	2	—
		层酥面坯工艺	—	5	7	—	—
		米粉面坯工艺	—	8	—	2	—
		其他面坯	5	5	8	—	—
	成型	成型方法	5	5	5	—	—
		影响面点成型的一般因素	—	—	5	—	—
		原料对造型与色彩的影响	—	—	—	5	—
		熟制方法对造型与色彩的影响	—	—	—	—	7
	熟制	成熟方法	5	5	5	—	—
		成熟的基本原理	—	—	—	5	—
		面点色、香、味形成的基本原理	—	—	—	5	—
		主要化学成分在热加工中的作用	—	—	—	—	10
	装饰	烹饪美术知识	5	5	5	5	5

续表

项目			初级(%)	中级(%)	高级(%)	技师(%)	高级技师(%)
相关知识	培训与指导	教育教学基本知识	—	—	—	5	5
		心理学基本知识	—	—	—	—	5
	厨房管理	厨房管理知识	—	—	—	5	10
		宴席知识	—	—	—	5	—
	膳食营养	合理烹饪	—	—	5	—	—
		营养配餐	—	—	—	10	—
		特殊人群的营养	—	—	—	—	10
	技术创新	论文撰写一般要求	—	—	—	5	5
		书籍撰写一般要求	—	—	—	—	5
合计			100	100	100	100	100

4.2 技能操作

项目			初级(%)	中级(%)	高级(%)	技师(%)	高级技师(%)
技能要求	操作前的准备	环境卫生	10	10	10	5	5
		个人卫生	10	10	5	5	5
		面点工具、设备的使用	5	5	5	5	5
	辅助原料的准备	面点原料的选择、运用	5	10	10	10	10
	制馅	馅心制作	20	20	15	15	10
	调制面坯	调制面坯	20	20	15	15	10
	成型	成型方法	15	10	10	5	5
	熟制	熟制方法	15	15	10	5	5
		热能的合理运用	—	—	5	10	10
	装饰	色彩	—	—	10	10	5
		造型、布局	—	—	5	15	10
	技术创新	创新	—	—	—	—	20
合计			100	100	100	100	100

分析职业资格标准，可以明确职业资格对基本知识的要求，对基本技术与技能的要求，对岗位综合能力的要求，还可以明确职业资格的鉴定要求。接下来的工作就是依据每个子任务的能力要求和职业资格标准分析，编制职业能力标准。

第三节 设计职业教育课程

在前面岗位分析、工作任务分析、职业资格标准分析的基础上设计职业教育课程，可以强化职业教育的针对性和技能性，加强理论知识和实践的紧密结合，实现学生知识、技能与就业岗位的无缝对接。

一、课程设计

(一)课程的词源学分析

在我国，课程一词早已出现，《诗经·小雅·巧言》中有"奕奕寝庙，君子作之。秩秩大猷，圣人莫之"。唐代孔颖达注解道："以教护课程，必君子监之，乃得依法制也。大道，治国礼法，圣人谋之，若周公之制礼乐也。"[1]不过，这里的"课程"主要指的是章程、法度，与现代的课程的概念相去甚远。南宋朱熹的《朱子全书·论学》中有"宽著期限，紧著课程""小立课程，大作功夫"的论述。这里的"课程"有了功课和进程的含义。到了近代，由于赫尔巴特学派"五段教学法"的引入，人们开始关注教学的程序和设计，更多地从学程的角度理解课程。中华人民共和国成立后，由于受苏联教育学影响，课程研究并没有得到应有的重视，直到 20 世纪 80 年代末，课程研究才开始成为我国日益关注的研究领域。

在西方教育史上，课程(curriculum)一词最早出现在英国教育家斯宾塞《什么知识最有价值》(1859 年)一文中，它是从拉丁语"currere"一词派生出来的，意为"跑道"。根据这个词源，课程可理解为"学习的进程"，有引导学生继续学习并达到预期培养目标的含义。这一解释出现在英国牛津字典、美国韦伯字典、国际教育字典等英文词典中，它们大都将课程定义为一门学程或者学校提供的所有学程。[2]

(二)课程的概念

我国学者施良方归纳出课程的六种定义，即：(1)课程即教学科目；(2)课程是有计划的教学活动；(3)课程即预期的学习结果；(4)课程是学习经验；(5)课程是社会文化的再生产；(6)课程是社会改造。当然，这几种定义都不能完全反映出课程的本质。

美国课程专家古德莱德提出五种不同层次、具有不同意义的课程。(1)理想的课程：指的是由一些研究机构、学术团体和课程专家提出应该开设的课程。其影响取决

---

[1] 张华：《课程与教学论》，66 页，上海，上海教育出版社，2000。
[2] 施良方：《课程理论——课程的基础、原理与问题》，3 页，北京，教育科学出版社，1996。

于课程是否被官方采纳。(2)正式的课程：指的是由教育行政部门规定的课程计划、课程标准和教材。(3)领悟的课程：指的是教育实践者所理解的课程。不同的教师对正式课程的理解不同，因此正式的课程与领悟的课程之间是有差距的。(4)运作的课程：指的是教师在课堂上实施的课程。实际教学中，由于受到学生、教学环境等多种因素的影响，教师领悟的课程与实际运作的课程之间也会有一定的差距。(5)经验的课程：指的是学生体验到的课程，也就是说学生实际学到了什么。

通过对课程定义的分析，我们可以得出两点认识。第一，课程是一个使用广泛而含义十分复杂的概念，人们从不同角度、不同层次对课程下的定义各不相同。我们对课程的理解，即要明确各种定义背后的立场、观点，以便根据实践的要求做出有效的课程决策。第二，已有的课程定义大都强调和重视正规的或者说是显著的课程，却忽视了非预期的课程，即"隐性课程"或者说是"潜在课程"。

靳玉乐认为，课程就是学生通过学校教育环境获得的旨在促进其身心全面发展的教育性经验。课程具有经验性、统整性、目的性、综合性、系统性等特点。[①]

我们可以从广义和狭义的层面上理解课程。从广义来看，课程是指学生在学校获得的全部经验。从狭义来看，课程是指学校为实现培养目标而开设的学科及其目的、内容、范围、活动、进程等的总和，主要体现为课程计划、课程标准和教科书。

(三)课程设计的概念

到目前为止，学者们对课程设计给予了不同的界定。综合来看，这些概念都揭示出课程设计的某些重要特征。既可以把课程设计理解为有计划、有组织地安排课程要素的活动的过程，也可以把课程设计看作对课程要素做出安排后的实体形态，强调课程设计作为产品或者结果；既可以把课程设计看作探讨如何设计有效的课程形式或结构的理论研究过程，又可以把课程设计看作技术的具体运用过程；既可以从深度上理解，即重新制订新的课程方案，也可以从广度上理解，就是为制订某个学程的具体过程或者囊括所有形式的课程变化的实践活动。

靳玉乐把课程设计界定为：课程设计是一种活动，即课程设计主体以既有的课程理论或者通过专门研究而建构的理论为基础，采用一定的实践模式，使用一些具体的方法和技术，有计划、有组织、有系统地对课程目标、课程内容、课程实施和课程评价等课程领域内的要素做出某种安排或不同程度的变革，从而为学校教育提供实现教育目标所需要的课程产品。[②]

[①] 靳玉乐：《课程论》，47 页，北京，人民教育出版社，2013。
[②] 靳玉乐：《课程论》，138 页，北京，人民教育出版社，2013。

二、职业教育课程设计

(一)职业教育课程

由以上课程的概念可以推导出职业教育课程的概念,即在职业学校教育环境中,促进学生综合职业能力等方面全面发展的教育性经验。[①] 它具有以下特性。

第一,岗位定向性。因为职业教育课程是面向工作岗位的教育载体,明确了学生今后的工作方向。

第二,实用性。注重知识的实际运用,不但要懂得最基本的理论知识的学习,更强调知识运用的条件、方法、手段等,注重职业技能的学习和掌握,注重职业态度的形成。

第三,实践性。在课程设计中,突出实践性课程,强调实习、实验、企业实践、社会调查、毕业设计等。

第四,灵活性。一般为适应快速变化的职业岗位,通常把职业教育课程设置成模块,以便根据情况加以变换。

(二)职业教育课程设计的概念

由以上课程设计的概念,可以引申出职业教育课程设计的概念,即包括从课程文本的获得到实施和评价的整个过程。它不仅指一门门具体的课程设计,而是指这些课程门类按照一定的结构所组成的整个课程计划。要设计一个专业的课程计划,必须确定这个专业是否符合市场需求。因此,广义的职业教育课程设计还包括专业的开发。

一般来说,每一个环节的职业教育课程设计都必须回答三个基本问题,即开发什么、由谁开发和怎样开发。开发什么涉及开发出什么样的产品,由谁开发涉及开发的主体问题,怎样开发涉及开发的技术和方法。

(三)职业教育课程设计的一般步骤

职业教育的特性决定了课程设计应以市场人才需求调研为起点,以典型工作任务分析为依据,以校企合作开发为关键。一般课程设计的步骤如下。

第一,由专业指导委员会、专业教师组成调研组到企业做实地调研,掌握企业人才需求状况并对职业岗位群进行分析,提交调研报告。

第二,聘请企业及课程专家,以召开工作任务分析会的形式对岗位群的典型工作任务及所需的职业能力做出正确的分析,提交典型工作任务分析表。

第三,课程专家、学校教师从专业发展和自身特点出发,结合典型工作任务分析结果,确定人才培养的目标、结构、内容、实施、评价等内容,提交人才培养方案。

[①] 曲丽娜、王伟:《职业教育课程开发》,6页,北京,高等教育出版社,2016。

第四，课程专家、学校教师根据学习领域，确定各门课程的设置依据、目标定位、课程内容、课程结构、课程实施等内容，提交各门课程的课程标准。

第五，专业教师针对学生及课程特点对学生学习情境、学习任务进行设计，提交学习情境方案。

第六，专业教师在实施过程中，通过教学实践、专家评价和学生反馈等方式，提出进一步改进课程设计的意见和建议，提出课程改革方案。[1]

三、职业能力标准编制

(一)职业能力

职业能力是普通能力在具体任务中的行为体现，是人们胜任工作岗位的现实能力。职业能力是确定课程的基本依据，是职业教育课程设计的重要步骤。

能力和任务既有区别，又有联系。任务属于岗位要素，描述这个岗位上要完成什么工作。而能力属于人的要素，要完成岗位任务人需要具备什么样的条件。人的能力不一样，完成岗位任务的程度就不一样。

能力和技能一般都采用"能(会)做什么"来描述，但二者也有区别。若"能(会)"所指的是任务，则表述的是能力；若指向动作或者技能，则表述的是技能。比较典型的例子是"能驾驶汽车"描述的是能力，"能操控离合器"所描述的是技能。

职业能力一般包括知识要求、技能要求和态度要求。

(二)职业能力编制过程

编制职业能力标准需要组建编制委员会，可由典型工作任务调研与分解小组成员和专业教师组成。

学校要先与行业企业专家沟通，把工作分析程序及要求通报给专家，还需把相关国家职业标准发送给每个成员。实施中，每个成员针对典型工作任务分解的每项子任务写出职业能力要求。之后经过合并、删除、整合，并经行业企业专家同意后才能确定职业能力标准。

岗位的典型工作任务一般分为8~12项，以"工作对象＋行为动词"来表述；每项再划分为8~12项具体的子工作任务，也以"工作对象＋行为动词"来表述；完成每项子任务需要若干专项能力，通常以"能(会)操作(使用)……(动作技能)""能(会)分析(判断)……(智慧技能)""知道……(陈述性知识)""理解……(解释性知识)"来表述。

表1-5是计算机应用技术专业职业能力标准式样[2]。

---

[1] 曲丽娜、王伟：《职业教育课程开发》，33页，北京，高等教育出版社，2016。
[2] 姜义林：《高职教育课程开发理论与实践》，9页，北京，高等教育出版社，2010。

表 1-5　计算机应用技术专业部分职业能力标准

典型工作任务	子任务	职业能力要求	能力等级
1. 微机组装与维护	1.1 微机配件识读选购	1.1.1 熟练掌握微机配件的品牌、型号、编号、接口、性能指标和基本工作原理	C
		1.1.2 会识读各种电脑配件，并会按照需求选购各种配件，且搭配合理、性能优越	
		1.1.3 树立客户至上的原则，树立性价比的理念	
	1.2 微机配件组装	1.2.1 熟练掌握微机配件安装的基本知识和要求	A
		1.2.2 会将微机配件组装成电脑，且符合说明书要求，并应达到一定速度要求	
		1.2.3 细心耐心，轻拿轻放，操作规范	

(三) 职业能力等级评定标准

职业能力包括完成该任务需要的知识、技能、态度及所需工具，完成任务所需的时间和质量标准要求。对每一子任务的职业能力都要确定其在岗位中出现的频度、学习掌握的难度及学生毕业时应掌握的程度（等级）。对每一项典型工作任务、子任务和职业能力需要掌握的最低标准进行评定，等级标准一般为 5 个等级，每个等级均有明确要求，见表 1-6。

表 1-6　职业能力等级评定标准

等级	评定标准
A	能高质量、高效率完成此项任务的全部内容，能解决遇到的问题，并能指导他人完成
B	能高质量、高效率完成此项任务的全部内容
C	能圆满完成此项任务的全部内容，不需要任何指导
D	能圆满完成此项任务的全部内容，偶尔需要帮助和指导
E	需要在现场指导下，才能圆满完成此项任务的全部内容

四、学习领域开发设计

(一) 学习领域的内涵

学习领域是以一个职业的典型工作任务为基础的专业教学单元，是从具体的"工作领域"转换而来，表现为理论与实践一体化的综合性学习任务。通过一个学习领域的学习，学生可以完成某个岗位典型的工作任务，处理一种典型的"问题情境"。通过系统化学习领域的学习，学生可以获得某一职业资格。

学习领域是现代职业教育的一种课程模式，是培养综合职业能力的内容载体。学习领域课程含有学科知识内容，但与传统的学科没有一一对应关系。其主要特点如下。

(1)课程目标是培养综合职业能力和素质，在发展专业能力的同时，促进关键能力的发展。

(2)学习的主体是学生，在满足企业岗位要求的同时，获得职业生涯发展能力。

(3)学习的内容是来源于实际岗位典型的工作任务。

(4)学习的过程具有工作过程的整体性，完成从明确任务、制订计划、实施检查到评价反馈的完整过程。

每一个学习领域由若干个学习情境组成，学习情境是学习领域课程中的一个教学单元，常常通过一个学习任务来表示。①

(二)学习领域名称的确定

学习领域名称与典型工作任务的名称基本一致，强调学习领域中的学习与企业工作领域中的工作之间的对应，与工作对象有直接关系。要遵循的原则是：学习领域名称要让人们容易了解和把握典型工作任务的基本内涵。② 也就是说，学习领域名称应表明一个综合性的工作任务及其所包含的完整工作过程。命名方式一般为：工作对象＋动作＋补充或扩展(必要时)。例如，汽车发动机机械维修、销售过程的计划、实施与监督。

1. 学习目标确定

学习领域的学习目标是预期的课程结果，是学生学习本门课程后应达到的状态，包括认知、动作技能和情感三个方面的要求。由于学习领域课程的培养目标是综合职业能力，因此不完全采用传统的行为主义学习目标表述方式，因为综合职业能力包含很多隐性能力和经验性成分，不可能用语言明确表达出来。③

在课程设计实践中，可以首先用一段文字(常常是综合性的学习任务要求)说明课程的综合要求，如果完成了这一任务，就认为其具备了所期望的隐性能力和经验。之后可以附一些具体的显性行为目标，这些行为目标反映了每个学习情境的总体要求。④

例如，广州市交通运输职业学校汽车运用与维修专业学习领域课程"汽车发动机机械维修"⑤学习目标表述如下：

---

① 赵志群：《职业教育工学结合一体化课程开发指南》，32页，北京，清华大学出版社，2016。
② 姜义林：《高职教育课程开发理论与实践》，53页，北京，高等教育出版社，2010。
③ 秦兴顺：《基于工学结合一体化的高职工科类专业课程整体教学设计研究——以〈汽车简单故障诊断与排除〉课程为例》，载《当代职业教育》，2013(6)。
④ 专业课程设计，https://wenku.baidu.com/view/4aa2d6dd50e2524de5187ec6.html，2016-11-10。
⑤ 汽车发动机机械维修课程方案，https://wenku.baidu.com/view/4aa2d6dd50e2524de5187ec6.html，2016-11-10。

学习领域名称：汽车发动机机械维修

教学时间安排：88课时

典型工作任务描述：（略）

学习目标：学生以独立或小组合作的形式，通过教师指导或借助汽车维修手册等资料，制订发动机机械系统的维护、故障诊断和修理作业计划，在规定时间内完成上述计划、实施、检查并进行评价反馈。在实施计划的过程中，学生使用工具、设备、燃料和材料等要符合劳动安全和环境保护规定，对已经完成的任务进行记录、存档和评价反馈。

学习结束后，学生应能够进行汽车发动机机械系统维护、诊断和修理作业，包括：(1)检查和更换发动机传送带；(2)检查与更换发动机正时带；(3)检测与修理发动机配气机构；(4)检测与修理发动机汽缸盖与汽缸体；(5)检测与修理曲柄连杆机构；(6)检测与修理发动机冷却系统；(7)检测与维修发动机润滑系统；(8)更换汽车发电机总成；(9)诊断汽车发动机动力不足的机械故障。

2. 学习内容选择

确定学习内容的过程，是将职业分析的客观结果按照学校教育要求进行主观化教育学处理的过程，学习内容是典型工作任务和课程学习目标从两个方向逐渐靠近并取得协调的结果。其方法是：将从典型工作任务描述中"结晶"出的学习内容与初步确定的学习目标进行比较，当发现有学习内容不能满足学习目标的要求时，可对学习内容加以细化和补充；而当学习目标无法覆盖从典型工作任务中得出的全部学习内容时，要对学习目标进行修订完善。[1]

学习内容一般按照三个维度来说明：工作对象；工具、工作方法和劳动组织方式；工作要求。[2]

(1)工作对象。工作对象是指工作人员在具体工作情景和工作过程中行动的内容，不仅要说明工作对象的事物本身(如机床)，而且要说明具体做什么样的事情(如是操作或是维修)。对工作对象的描述一般按照工作过程的顺序进行。

(2)工具、工作方法和劳动组织方式。对工具、工作方法和劳动组织方式的描述应考虑具体的工作情境和工作过程。当按照生产任务要求在数控机床输入程序时，这时的程序就是工具；当工作任务本身就是编写加工程序时，程序就成为了工作对象。工作方法包括学习层面、组织层面和技术层面的方法。工作方法的学习是一个循序渐进的过程，一般先学习简单的，之后再逐渐学习较复杂的。劳动组织方式不仅涉及岗位间的关系，还包括岗位内容的工作分配和相关责任。通过对劳动组织方式和整个企业

---

[1] 郭祥东：《基于工作过程的高频电子线路分析与应用课程教学改革》，载《科教导刊》，2012(10)。
[2] 赵志群：《职业教育工学结合一体化课程开发指南》，65页，北京，清华大学出版社，2016。

生产经营过程的了解，便于学生养成大局意识、全局意识，培养学生的工作责任心和质量意识。

（3）工作要求。工作要求一般按工作对象的顺序提出，不仅体现了企业的要求，还体现了社会和个人的要求。如：技术标准的要求，劳动安全、环境保护等法律法规要求，顾客要求，从业者职业发展等利益要求，以及职业资格标准的要求等。

(三)学习领域课程方案的确定

在典型工作任务分析的基础上推导出了符合学习场所特性的学习目标，确定了学习内容，至此，一个学习领域的课程方案就可确定。一个学习领域的课程方案主要包括学习领域、时间安排、典型工作任务描述、各学习场所（在学校的理论学习和在企业的实践教学）的学习目标、学习内容等。

把所有学习领域的课程方案按学习难度、开设顺序、开设学期、学时分配等要素整合在一起，就成了一个专业的学习领域课程方案。

五、学习情境设计

(一)学习情境确定

学习情境是在典型工作任务基础上，由教师设计用于学习的"情境"和"环境"，是对典型工作任务进行"教学化"处理的结果。学习情境是根据完成典型工作任务的工作过程要素特性设计的，即这个典型工作任务包括：在哪些不同的工作环境或岗位中进行；有哪些重要的工作情景或服务对象；有几个和什么样的主要部分工作任务；有几个重要的（部分）工作成果或产品类型；采用哪些显著不同的工具、工艺流程、系统或设备；有哪些显著不同的劳动组织方式。[1]

学习情境的设计方法与不同专业的内容特征有很大关系，如可以按照一个典型工作任务生产产品的种类、包含的岗位类型、设备或系统的结构，以及不同的工作对象、生产工艺或操作程序等设计。

一般地，典型工作任务下有几个子任务，就应该设计几个学习情境。

(二)学习情境课时分配

学习情境课时分配是指将学习领域的总课时分配到各个学习情境，具体分配要结合子任务的难度、工作量等特点和一线专家的建议，从实际出发决定。

(三)学习情境结构

学习情境结构一般由学习情境名称、学时、学习目标、学习任务、教学方法、考

---

[1] 赵志群：《职业教育工学结合一体化课程开发指南》，71页，北京，清华大学出版社，2016。

核与评价、教学材料、对学生的要求、对教师的要求等组成[1]，见表1-7。

表1-7 学习情境设计表

学习领域名称	
学习情境名称	
学时	
学习目标	总目标
	具体目标
学习任务	
教学方法	项目教学 情境教学 任务驱动教学 案例教学
考核与评价	
教学材料	
学生知识与能力要求	
教师知识与能力要求	
备注	

学习情境设计表是任课教师组织教学、设计教学方案的直接依据，可以按照该表，结合自己的教学经验，选择合适的教学载体，设计出具体的教案实施教学。

对于课时较多不便于一次课完成的学习情境，可通过设置几个子学习情境即学习单元来实施。

六、课程标准开发

课程标准是职业教育课程开发与设计中非常重要的环节之一，是对职业教育课程的基本规范和质量要求，体现国家对职业学校学生在知识、技能、能力等方面的基本要求。课程标准对职业学校的教材编写、教学实施和评价具有重要指导意义。

(一)课程标准的内涵

课程标准是对课程计划所设置的每一门具体课程进行总体规划和说明的纲要性文件，是教材编写、教学、评估和考试命题的依据，也是管理和评价课程的基础。

课程标准一般由前言、课程目标、课程内容、实施建议和附录五大部分组成，例

---

[1] 崔奎勇：《高职教育课程开发理论与实践》，61页，北京，高等教育出版社，2010。

如：前言一般包括课程定位、课程性质与任务、课程职业面向、课程理念、课程设计思路等。[①] 课程目标包括总体目标和具体目标，具体目标就是对知识、技能、职业能力目标的描述。课程内容包括工作任务、课程单元、教学内容、教学要求、学习情境、学习水平、考核标准等。实施建议包括：(1)教材建议，即教材编写原则和教材使用建议；(2)教学建议，即教学模式、教学方法、学习方式等；(3)教学条件，即教材使用、资料使用、平台使用情况等；(4)课程资源，即课程资源开发与利用的建议；(5)课程评价，即课程考核和评价的方式方法。附录包括国家职业标准、参考书目、网络资源、术语解释等。

(二)学习领域课程标准的开发

学习领域课程是理论与实践一体化课程，是基于工作过程、工作任务的课程，实施过程多为工作任务、案例等，强调以学生为主体，强调过程学习。因此，学习领域课程标准必须体现以上特色。学习领域课程标准的结构一般由课程概念、课程定位与课程目标、课程设计思路、课程方案与课程内容、学习情境设计、课程教学资源、教学组织实施、岗位职业能力标准、常用术语、文献网站等组成。[②]

1. 课程概念

主要包括课程名称、课程编码、适用专业、课程性质、课程学时、课程学分等。

2. 课程定位与课程目标

课程定位就是要厘清该课程在人才培养中的作用。需要回答以下问题：课程是否是基于工作过程的；基于什么典型工作任务；是否是学习领域课程方案；是否是专业的核心课程；先期开设什么样的课程，后续又有什么课程。

课程的总体目标有哪些，具体的知识、能力、素质又有怎样的要求；达到的职业资格是什么；课程目标一般有三个维度，即知识与技能；过程与方法；情感、态度与价值观。也就是说，课程目标要体现三个维度的具体内容。

3. 课程设计思路

课程目标：应坚持能力本位，强调学完该课程会做什么，而不是知道什么。

课程内容选择：应以过程性知识为主、陈述性知识为辅，强调经验性、策略性的知识。

课程内容组织：应以工作过程为标准整合过程性知识和陈述性知识。

职业技能培养：应把职业资格证书考核要求融入课程标准中。

教学载体：应以真实工作任务和产品为载体组织教学，积极探索教、学、做一体化的情境式教学和互动式教学。

[①] 翟云虎：《谈中职数控技术应用专业实施性教学计划的修订》，载《成功(教育版)》，2010(11)。
[②] 姜义林：《高职教育课程开发理论与实践》，83页，北京，高等教育出版社，2016。

学习情境：根据典型工作任务的子任务设计相应的学习情境。

教学资源：借助教学平台逐步开发网络资源，做好教学标准建设。

教学实施：根据学生的特点，积极实施行动导向的教学模式。

学生主体：整个教学过程突出学生的主体地位。

4. 课程方案与课程内容

课程方案就是学习领域课程方案。课程内容的选择要紧密围绕课程目标，实际上，课程内容就是为实现课程目标而确定的职业行为领域，学习领域乃至学习单元、模块或者说项目，就是在典型工作任务分解的基础上确定的每门课程的知识、技能与素质要求。

5. 学习情境设计

要考虑学习领域下设置哪几个学习情境，确定其先后顺序及学时。每个学习情境要考虑学习目标、学习任务、教学方法、考核评价、教学资源等。

6. 课程教学资源

主要包括教材选用、课程相关资源和教材编写要求等。

7. 教学组织实施

主要对教学组织实施提出相关要求，对学习单元设计提出具体要求等。

8. 岗位职业能力标准

列出与课程对应的各项职业能力标准要求和国家职业标准要求。

9. 常用术语、文献网站

列出经常用的专业术语、文献网站等。

举例：上海市中等职业学校现代物流专业《物流成本核算课程标准》[①]。

物流成本核算课程标准

【课程名称】

物流成本核算

【适用专业】

中等职业学校现代物流专业

1　前言

1.1　课程性质

本课程是中等职业学校现代物流专业（物流营销方向）的一门专门化方向课程，是从事物流营销岗位工作的必修课程。其功能在于让学生从整体上对物流成本核算相关岗位的职业要求有基本的认识，掌握相关的操作流程和技能，为学生就业和职业发展

---

① 物流成本核算课程标准，http://www.docin.com/p-790752755.html. 2017-03-15。

奠定基础。

1.2 设计思路

本课程总体设计思路是以现代物流专业相关工作任务和职业能力分析为依据来确定课程目标、设计课程内容，以工作任务为线索来构建任务引领型课程。

课程结构以物流成本核算为线索。包括物流成本概算、运输、仓储、配送、营销、货代服务费用的计算、物流服务项目成本与税费的计算7个项目。课程内容和要求的确定充分考虑了《物流员》(国家职业资格四级)标准的相关要求。

为了充分体现任务引领、实践导向的课程思想，将课程的教学内容设计成若干个工作任务，以工作任务为中心引出相关专业知识，以物流流程为基础，展开物流成本核算教学过程。教学活动设计由易到难，多采用观察、考察、实践、师生互动的课内外活动形式，予师生以创新的空间。本课程要求充分运用现代职教理念与技术，引导学生在学习活动中学会学习，培养兴趣；培养一切从实践而来、尊重科学的理念；在与老师、同学共同讨论中深化对学习内容的理解，形成基本的职业能力。

建议本课程课时为72课时。

2 课程目标

通过本课程的学习，使学生熟悉物流成本核算相关岗位的操作流程和操作要求，掌握物流成本概算、运输、仓储、配送、营销、货代服务费用的计算、物流服务项目成本与税费的计算等相关知识和技能，达到《物流员》(国家职业资格四级)标准的相关要求，并培养学生诚实守信、严谨细致的品质，在此基础上达到以下主要职业能力目标：

- 能按物流作业流程进行成本概算；
- 会编制基本的物流成本计划；
- 能进行基本的仓储、运输、配送、货代、营销等物流服务费用的核算；
- 会计算服务项目的成本；
- 会计算服务项目的税费；
- 能提出降低服务成本的建议。

3 课程内容和要求

序号	工作任务	课程内容与教学要求	活动设计	参考课时
1	物流成本概算	1. 了解物流成本构成及分类 2. 了解物流成本概算的程序和方法 3. 熟悉物流作业流程、费用的构成 4. 能按物流作业流程对物流运输、仓储、配送等的成本进行概算	活动一　物流作业流程体验 如参观物流企业，体验物流作业流程 活动二　运输成本核算 如根据提供的业务资料，进行运输成本概算 活动三　仓储成本概算 如根据提供的业务资料，进行仓储成本概算 活动四　配送成本概算 如根据提供的业务资料，进行配送成本概算 活动五　物流成本概算 如利用教学软件进行物流成本概算	10
2	运输服务费用的计算	1. 认识影响运输服务费用的因素 2. 会计算公路运输服务费用 3. 会计算铁路运输服务费用 4. 会计算水路运输服务费用 5. 会计算航空运输服务费用 6. 能提出降低运输服务费用的建议	活动一　运输服务费用分类 如根据提供的业务资料，对运输服务费用进行分类 活动二　运输服务费用核算 如根据提供的业务资料，分组核算公路、铁路、水路、航空运输服务费用并进行交流 活动三　运输服务成本降低 如根据提供的业务资料进行分析，提出降低运输服务成本的建议	14
3	仓储服务费用的计算	1. 掌握基本的仓储费用管理方法 2. 会计算仓储服务费用 3. 会提出降低仓储费用的建议	活动一　仓储服务费用计算 如根据提供的业务资料，计算仓储服务费用 活动二　仓储费用核算 如利用教学软件进行仓储费用核算 活动三　仓储费用降低 如分析提供的业务资料，提出降低仓储费用的建议	8

续表

序号	工作任务	课程内容与教学要求	活动设计	参考课时
4	配送服务费用的计算	1. 能对配送费用进行简单的分析 2. 会计算配送费用 3. 会计算流通加工费用 4. 能提出降低配送费用的建议	活动一 配送服务费用计算 如根据提供的业务资料，计算配送服务费用 活动二 流通加工服务费用计算 如根据提供的业务资料，计算流通加工服务费用 活动三 配送费用计算 如利用教学软件进行配送费用计算	8
5	国际货代服务费用的计算	1. 会计算国际货代服务费用 2. 能提出降低国际货代费用的建议	活动一 货代服务费用计算 如提供业务资料，计算货代服务费用 活动二 货代风险的规避 如根据案例，分组讨论规避货代风险的方法	8
6	物流营销费用的计算	1. 了解物流营销费用的构成 2. 会计算物流营销费用 3. 会对营销费用构成进行简单的分析 4. 能提出降低物流营销费用的建议	活动一 营销费用分类 如根据提供的业务资料，对营销费用进行分类 活动二 物流营销费用计算 如根据提供的业务资料，计算物流营销费用 活动三 物流营销费用降低 如分析提供的业务资料，提出降低物流营销费用的建议	6
7	物流服务项目成本与税费的计算	1. 了解物流服务项目的分类 2. 掌握基本的税费知识 3. 会计算物流服务项目的成本和税费	活动一 税费相关资料查找 如上网查找税费相关资料(规定、流程等) 活动二 物流服务项目的成本和税费核算 如根据提供的业务资料，核算物流服务项目的成本和税费 活动三 物流服务项目成本和税费计算 如运用软件计算物流服务项目成本和税费	14
	合计			72

4 实施建议

4.1 教材编写

(1)本课程教材编写应打破传统的学科式内容体系，构建以任务引领和职业能力培养及职业标准为依据的课程内容体系。以本课程标准为依据进行编写。

（2）教材编写应以行业专家对现代物流专业所涵盖的工作任务和职业能力分析为依据，体现基础性、趣味性和开拓性相统一的课程思想，激发学生对所学专业课程的热爱、追求与创造性思维活动。并应为教师留有根据实际教学情况进行调整和创新的空间。

（3）教材内容应凸显实践性、应用性和层次性的特征，不求体系的完整性，强调与岗位业务相吻合，并易学、易懂、易接受。同时又要具有前瞻性，应将本专业领域的发展趋势，以及业务操作中的新知识、新技术和新方法及时地纳入其中。

（4）教材提倡图文并茂，增加直观性，有利于初学者引发学习兴趣，提高学习的持续性。

（5）教材的练习设计包括：技能操作练习、思考练习，作为课堂活动设计的拓展、深化和完善。

4.2　教学建议

（1）精讲多练，做学一体。

（2）应针对学生实际职业能力的培养来进行教学，通过案例分析、情景模拟、现场走访等教学方式的应用，培养学生灵活运用物流客户服务技巧的能力。

（3）应以学生为本，注重教与学的互动。通过选用典型活动项目，由教师提出要求或做出示范，组织学生进行活动，让学生在活动中增强客户服务意识，掌握本课程的职业能力。

（4）教学过程中应注重职业情景的创设，应用多媒体课件、案例分析、小组活动、社会实践等形式，培养学生在复杂的工作关系中发现、分析和解决实际问题的综合职业能力。

4.3　教学评价

（1）以学习目标为评价标准，坚持用多元评价方式引导学生形成个性化的学习方式，养成良好的学习习惯。

（2）学习评价宜以过程评价和目标评价相结合，注重实践性引导，过程评价以鼓励为主。

（3）教学效果评价重点评价学习者的职业能力。

4.4　课程资源的开发和利用

（1）利用现代信息技术开发制作各种形式的多媒体教学课件，为学生搭建一个立体的教学平台，激发学生的学习兴趣，调动学生学习的主动性和创造性。

（2）充分利用物流客户服务专题网站、电子书籍、电子期刊、教学图书馆和网上论坛等网络资源，使教学内容从单一走向多元，使学生的知识和能力的拓展成为可能。

（3）应充分利用物流企业资源，进行校企合作，建立实习、实训基地，满足学生参观、调查、实训和实习的需要，并在合作中关注学生职业能力的发展和教学内容的调整。

七、教材开发

(一)教材编写的主要模式[①]

教材编写的主要模式有以下几种。

1. 需求主导模式

这种模式以学生的需求为主要线索，适用于职业学校校本课程的开发，由此开发的教材就是需求主导校本教材。

其开发的基本流程是：设计调查问卷进行学生需求调查；根据问卷调查结果，组织教材开发小组，小组成员主要由教师、学生、家长、行业企业代表、职业教育课程专家、教育专家组成；开发小组开发教材模块；聘请有关专家、教师、学生、家长组成的评委会，评议初步开发的教材模块；根据评委会的意见和建议，开发小组再进行深入详细的修改，直至定稿。

2. 条件主导模式

这种模式以资源条件为主要线索开发校本课程，其开发的流程是：明确人才培养目标；分析学校现有资源；确定学校办学特色；成立教材开发小组；组织开发教材；专家审议教材；定稿。

3. 目标主导模式

这种模式以企业对人才的需求为主要线索进行，主要有任务驱动式教材和模块化教材。任务驱动式教材采用模块、课题、任务的形式编写，以任务为基本单元，以完成工作任务为主线，将知识与技能贯穿其中，强调实用性、可操作性和交互性，注重能力目标和情感目标的实现。模块化教材紧扣能力这条主线，重在知识和技能的灵活应用，模块间相对独立，这样必然会造成知识结构不完整和不系统的情况，有必要增加一些拓展性的内容。

(二)教材编写的步骤

第一，开展问卷调查和专家咨询，了解学生知识与技能需求、劳动力市场情况、就业岗位情况等，以保证教材编写的实用性和适用性，保证课程结构的合理性和科学性。

第二，定位人才培养目标，开发专业教学标准。围绕岗位职责与任务，提炼典型工作任务，据此确定必要的知识与技能。

第三，根据专业教学标准，开发编写课程标准。就是要把完成典型工作任务确定的知识和技能按照单元、项目或模块的要求有机地组织在一起，列出具体的知识要求

[①] 曲丽娜、王伟：《职业教育课程开发》，124页，北京，高等教育出版社，2016。

和技能要求。

第四，确定教材编写方案。根据课程标准制订较为详细的编写方案。

第五，确定教材编写模式。根据课程性质和岗位知识、技能训练来选择合适的编写模式。常见的职业教育教材编写模式有任务驱动型教材、模块化教材、项目教材等。

第六，确定教材编写体例。就是确定教材编写的格式，保证各章节风格一致。

第七，确定教材内容的呈现方式。教材的主要内容已经在课程标准中呈现出来，编写者的主要任务就是确定以怎样的逻辑顺序选择与组织这些内容。

第八，聘请有关专家、教师、学生、家长组成的评委会，评议初步编写的教材。

第九，根据评委会的意见和建议进行深入细致的修改，直至定稿。[1]

八、课程实施

课程实施涉及政府、学校、行业企业、教师、学生等各个主体，是将预期的课程计划付诸实施的过程。课程实施研究的焦点是课程计划实际发生的情况及影响课程实施的种种因素。

课程实施是课程设计的一个重要环节，不论前期课程设计得多么完美，若实施条件不具备、实施流于形式、实施主体不配合等，实施的效果就会大打折扣，也就不可能实现学校的培养目标。

(一)课程实施与教学的区别

课程实施与教学有关系(关于在教学中采用什么样的教学模式、方式方法，以下章节会详细介绍，这里不再赘述)，但课程实施不只是教学，二者的区别主要表现在两个方面。一方面，课程实施涉及的范围比教学更广。课程实施研究的是预期的课程计划在实践中是如何运用的，涉及整个职业教育系统的变化及对职业教育系统提供支持的社会系统的相应变化，如教学过程的改变、校长和教师角色的更新、学生角色的变化等。另一方面，课程实施与教学属于不同的研究领域，研究的侧重点不同。课程实施主要研究的问题是：课程实施的程度有多大、影响课程实施的因素有哪些等。教学研究主要探讨教师的教授行为和学生的学习行为及二者之间的互动机制。总体来看，课程实施贯穿整个教学过程，是一个动态的过程。[2]

(二)课程实施的影响因素

1. 课程计划本身

课程始于计划，有效的课程计划是良好课程实施的必要条件。课程计划本身若具

---

[1] 曲丽娜、王伟：《职业教育课程开发》，127 页，北京，高等教育出版社，2016。
[2] 靳玉乐：《课程论》，329 页，北京，人民教育出版社，2013。

有较强的适切性（能够满足课程实施者的需要）、明确性（能够明确地让课程实施者知道如何去做）、实用性（方便课程实施者操作、师生的反应积极），那么，课程实施就容易进行。

2. 关键人物

关键人物之一是校长。众所周知，职业学校是课程实施的主要机构，校长作为职业学校课程实施的领导者，涉及课程实施的方方面面，对课程实施的效果起关键作用。如果一个校长对课程设计不关心、不支持，不能创设良好的组织环境，那么新的课程计划也很难制订，课程实施更不可能进行。

关键人物之二是教师。教师处于教学工作第一线，是课程实施成功的决定性力量。若任课教师积极参与课程计划的制订，对课程计划持积极态度，并有能力承担课程的教学任务，那么新的课程计划就会得到有效实施。

关键人物之三是学生。课程设计的初衷就是为了提高学生的职业能力，若学生认为新的课程计划能够满足自己的需要，乐于接受新的课程内容和学习方式，那么课程实施也会得以顺利进行。

3. 外部因素的影响

一是政府机构的力量。国家和地方政府的政策、财政和物质资源供给、技术援助情况、组织相关培训情况等，都会对课程实施产生重要影响。

二是社会力量。社会力量如行业企业、社会团体、新闻媒体、学生家长等，尤其是行业企业，对职业教育课程实施产生至关重要的影响。若行业企业不关心、不支持、不参与基于工作过程的课程设计，那么就不可能设计出以学生职业能力为核心的课程计划，课程实施也就无从谈起。

九、课程评价

课程评价是课程设计的一个重要的组成部分，在整个课程系统中占有十分重要的地位。既是课程设计与实施的保证，又是课程设计与实施持续性、科学化发展的不竭动力。课程评价对于整个课程建设来说，发挥着激励、监督、调控、甄别的功能与作用。

(一)课程评价的基本问题

1. 课程评价的内涵

评价是一定事物或对象的价值在人们意识中的反映。离开对价值的反映，就没有什么评价活动可言；离开一定的标准和具体的事实，也不能对价值客体作出肯定或否定的判断。靳玉乐认为，所谓课程评价，是根据一定的标准和课程系统的信息并运用科学的方法对课程产生的效果作出的价值判断。这一界定对课程评价的标准、对象、方法、价值及目的分别作了阐述。

2. 课程评价的主体

课程评价的主体也称评价者，由于职业教育自身的独特性，课程评价的主体呈现多元化的状态，既包括主持和组织职业教育课程开发评价活动的机构、组织或者部门，也包括群体和个人。教师、学生、课程专家、企业专家等都是课程评价的主体。

3. 课程评价的客体

课程评价的客体也称课程评价的对象，是职业教育课程设计中被评价的要素。课程评价不只是对课程产品的评价，还是指对整个课程系统各环节的评价，课程目标、课程内容、课程产品、课程实施过程及其效果等都是课程评价的客体。

4. 课程评价的类型

依据不同的标准和尺度，可以把课程评价划分成不同的类型。当前职业教育课程评价的主要类型有：形成性评价与总结性评价、量化评价与质性评价、外部评价与内部评价等。

形成性评价是在课程设计过程中进行的评价，目的在于及时发现问题，及时修正、完善课程。总结性评价是课程设计结束后进行的评价，侧重于对课程计划实施结果的评价，目的在于对课程设计结果作出整体的判断。

量化评价就是力图把复杂的教育现象和课程现象简化为数量，进而从数量的分析与比较，推断评价对象的成效。在课程评价中，不可避免地会遇到一些难以量化的指标，这时就需要采用质性评价的方法。质性评价是力图通过自然的调查，全面揭示和描述评价对象的各种特质，彰显其意义，如学生素质结构的变化、学校课程理念、教师的教学态度等都可以采用质性评价的方法。

外部评价是由课程设计者之外的人员所进行的评价，主要有两种方式：一是通过测试评价学校教育的成果和学生的学业情况；二是对课程实施过程进行观察，主要用于总结性评价。内部评价是由课程设计人员所进行的评价，主要在于改进和优化课程开发过程，主要用于形成性评价。

(二) 课程评价的程序

1. 评价准备

该阶段主要的工作是确定评价主体、评价目的、评价方案等。评价的主体一般由课程专家、行业企业专家、学校教师等构成。组织者通常还需要对评价主体进行必要的培训，以提高评价的责任意识，做好评价工作的技能准备。最重要的工作就是评价方案的研制，这是一个重头戏。评价方案一般包括评价对象、评价目的、评价方式、评价指标体系、评价时间、评价程序等几部分。尤其是如何确定评价指标、权重系数、评价标准等，需要经过科学的论证。

2. 评价实施

该阶段最主要的工作是如何获取准确、全面、客观的信息，以及如何分析、评价这些信息。一般地，获取评价信息的主要方式有访谈、听证、观察、查阅、问卷、测量等。对收集的信息需要进行分析处理，以便对评价对象做出科学、准确、客观的评价结论和有关建议。

3. 评价结果的处理和反馈

该阶段首先要检查评价程序的各个步骤，看评价实施的准确性和全面性如何。之后反馈评价结果，以便修正改进，并建立评价档案。

至此，评价的程序基本结束。实际上，课程评价还需要进行元评价。元评价就是对评价本身的评价，评价程序同上，这里不再赘述。

第二章 学情分析与授课计划制订

学情分析是教学活动的基本环节，也是教学研究的基本内容，是教师的一项教学基本功。学情分析的宗旨是让教师对某一类型教育的特点和学生已有的学习情况、学习需求能够进行准确的理解和把握。在学情分析的基础上，教师还需要解读教学标准、分析教材、选择分析教学资源、确定教学进度计划，最终制订授课计划，以指导教学活动顺利有效地开展。

第一节 分析学情

针对专业教学，学情分析包括了对专业教育特点和中职学生信息两方面的分析。学生信息包括年龄和性别特点、学习能力特点、技能特点、学习习惯特点、学习兴趣特点等。

一、分析专业教育特点

教育部 2010 年修订的《中等职业学校专业目录》将中等职业学校的专业类别由原来的 13 个增加到 19 个，即农林牧渔类、资源环境类、能源与新能源类、土木水利类、加工制造类、石油化工类、轻纺食品类、交通运输类、信息技术类、医药卫生类、休闲保健类、财经商贸类、旅游服务类、文化艺术类、体育与健身类、教育类、司法服务类、公共管理与服务类和其他类。

专业教育是"依据职业教育的特点，以具备初中学历或同等学历者为培养对象，围绕以职业岗位群或行业为主，兼顾学科分类的原则划分，培养学生具有从事特定职业或行业工作所需的实际技能和知识的学业门类"。专业教育具有教学对象的多样性、教学目标的技能性、教学方法的实践性等特点。

（一）分析专业教学对象的多样性

当前，我国的中等职业学校主要包括中等专业学校、中级技工学校、职业高中、成人中等职业学校等。不同的中职学校所处的地域、经费来源、师资条件、实习实训设备存在一定的差异性,其能够给学生提供的教育服务也存在一定的差异性。基于此,中等职业学校的生源也具有一定的差异性和多样性。

归纳起来,当前的中职生源主要分为以下六类:第一类,学习成绩不错,选择中职的主要目的是为了能够学习一项技能,希望能够尽早就业。这类学生比例较少,大多选择的也是城市中经费、师资、实习实训设备较好的中等专业学校和中级技工学校。第二类,学习成绩一般,勉强上普高的话考上大学的希望不大,选择中职的主要目的是参加中职的对口升学继续深造。这类学生的比例也不少,选择的既有普通中等专业学校也有职业高中。第三类,学习成绩较差,没有达到普高的分数线,不得已只能上中职。这类学生所占比例相对较多,选择的大多是职业高中、中级技工学校等。第四类,家庭经济条件较差,为了减轻家庭经济负担,无奈之下选择了中职。第五类,对上学已经没有任何兴趣,在家长的逼迫之下上了中职。第六类,将上中职作为了解城市生活的一个机会,希望能够边上学边了解城市生活,以便将来能够在城市中寻找工作机会。各类中职学校应该立足自身的实际办学状况,分析各自学校生源的需求,结合教学对象的需求制订相应的专业教学目标。

(二)分析专业教学目标的技能性

教育部制定的《关于全面推进素质教育,深化中等职业教育教学改革的意见》中指出,中等职业教育主要培养具有综合职业能力,在生产、服务、技术和管理第一线工作的高素质劳动者和中、初级专门人才。中等职业学校的培养目标表明专业教育与一线职业的对口性很强,偏重理论的应用、实践技能和实际工作能力的培养,是为生产第一线培养"下得去,用得上"的应用型技术、技艺人才和管理人才。相应地,其专业教学目标强调技能性,要求针对岗位类型和岗位特性,着重培养学生的职业技能、职业能力,强调在教学过程中培养学生运用专业知识分析、解决实际问题的能力和熟练使用生产资料的能力。如水电工程建筑施工专业,其培养目标主要是培养水电工程建筑施工人员,毕业生应该具有识读和绘制水电工程施工图、测量放样、水工模板制作及安装与拆卸的操作技能;具有钢筋加工、焊接与安装的操作技能;具有混凝土浇筑、振捣与养护的操作技能;具有水电工程钻探灌浆和岩基开挖爆破的操作技能等。[1]

(三)分析专业教学方法的实践性

专业教学主要以培养学生的职业技能、职业能力为主,这就决定了专业教学的实践性非常突出。专业教学目标的技能性的特点必然使专业教学方法有别于普通教育的教学方法,专业教学所使用的教学方法大部分以实践操作为导向,在专业教学过程中

---

[1] 中华人民共和国教育部:《中等职业学校专业目录》,8页,北京,高等教育出版社,2000。

经常使用到的教学方法有项目教学法、任务驱动教学法、模拟教学法、案例教学法、引导文教学法、演示教学法等。这些教学方法具有非常明显的实践性，同时专业教学通过实验、实习等环节，进一步培养学生的专业技能和动手能力，通过生产实习，培养学生的职业技能。

(四)分析专业教学的管理特点

1. 教学管理复杂程度较高

专业教学主要以培养学生的职业能力为主，以行动导向教学为主，教学中实践教学环节、实习环节所占比例比较大，这无形中会增加教学管理的复杂程度。以实习环节为例，生产实习大多需要到相关的企业去，企业中实际的工作环境相对比较复杂，教学管理既要满足学生技能训练的需要，同时又要和企业协调以尽量不影响企业的正常生产，还要保证学生的安全，这就给教学管理带来了很大的挑战，增加了教学管理的复杂程度。

2. 教学管理难度较大

由于中职学生大多都是初中阶段的学习落后者，学生大都没有养成良好的课堂学习习惯，学习过程中的不良行为比较多。如课堂上喜欢调皮捣蛋且屡教不改，无形中给教学管理增加了一定的难度。

二、分析专业学生年龄和性别特点

(一)分析专业学生年龄结构情况

中等职业教育是我国高中阶段教育的重要组成部分，这一阶段的学生年龄大多在15～19岁，处于青少年时期。这一年龄段正好介于儿童与成人之间，有其相应的特点。

这一年龄段的学生生理上处于既蓬勃生长又急剧变化的时期，属于青春发育期。生理上的变化主要表现在身体外形的变化和身体机能的变化。身体外形的变化，包括身高、体重、第二性征的发展。青春发育期最明显的特征是身体迅速地长高，男女青少年在身高上的变化是不一样的，女孩从9岁开始，进入生长发育的陡增阶段，11～12岁时达到高峰。男孩一般比女孩晚两年，11～12岁开始进入生长发育的陡增阶段，14岁前后会急速地超过女孩。青春发育期，体重也在迅速增长，每年可增加5～6千克，突出的可增加8～10千克。第二性征是指性发育的外部表现。男性的第二性征表现为喉结突出、声音变粗，女性的第二性征表现为声音变尖、乳房发育，骨盆逐渐长得宽大，臀部变大。身体外形的变化给中职学生带来了成人感，他们逐渐地意识到自己长大了，自我意识逐渐增强。处于青春期的专业学生的各种生理机能迅速发展，并逐步趋于成熟。神经系统的传递速度逐渐增加，奠定了青少年逻辑思维发展的物质基础，不过仍然处于从不成熟到成熟的过渡阶段。这一年龄阶段的学生的肺活量、心脏、肌肉发育也比较快，逐渐趋向成熟。①

随着第二性征的逐渐发展，这一年龄阶段学生的性别意识在逐渐地觉醒，逐渐意识到男性和女性的差别与关系，特别是对于中职学生来讲，由于社会接触面比普通高中生广，其性别意识会更强一些。这一年龄阶段学生对异性开始逐渐产生好感，在情感上愿意接触异性。

作为中职教师必须了解这一年龄段的学生的生理变化特点及这些生理变化给他们带来的心理变化，对其进行适当的教育和引导，帮助他们逐渐构建健康的人际关系，引导他们把主要精力放到学业上。

(二)分析专业学生性别结构情况

性别结构就是一定人口中男女的构成比例。男女在生理、心理和社会角色上有一定的差异，因此不同专业的男女性别比例会有很大的差异。譬如男性大都较强壮、较理性、动手操作能力比较强，对于需要大量体力劳动技能培养的专业、需要创造性设计的专业、技能操作性比较强的专业一般男生比例会很高。女性较为细心有耐心，对于这方面品质要求比较高的专业一般女生的比例会比较高，如幼儿教育专业。教学前，中职教师应该先分析学生性别结构情况，教学组织形式、教学方法的选择应该兼顾到不同的性别特点。

(三)分析专业学生家庭文化结构

当前中等职业学校的学生以农村生源为主，大多数学生来自我国社会中下层人群的家庭，家庭经济收入水平相对较低，其父母及家庭成员的受教育情况也相对弱势，父母的受教育程度多集中在中学及其以下水平，接受过高等教育的比例极小。尽管很多家长希望能够给孩子提供好的家庭教育，但是囿于自身所处的弱势给他们造成极大的困难。中职学校需要尽量弥补学生家庭教育的不足，不仅在专业上，而且在人生观、价值观、世界观三观方面上能够给予学生一定的引导，尽管中职教育的专业性、技能性比较强，但是学校、教师仍然应该通过营造优美的校园环境、塑造积极健康的校园文化、组织丰富多样的社团活动等途径来对学生进行成人的教育。

(四)分析专业学生心理特征

专业学生年龄在14~19岁，处于青少年时期，正好是从少年到成人转化的关键时期。分析专业学生的心理特征，可以从两个方面着手：一方面是14~19岁青少年普遍具有的心理特征；另一方面是专业学生特有的心理特征。

---

① 胡斌武：《职业教育学》，219页，北京，高等教育出版社，2015。

1. 青少年普遍的心理特征

(1)追寻独立，寻求自我意识的形成。

这一年龄段的学生特别渴望能够发展成为情感上、生活上独立的个体，并逐渐开始有了自我意识的觉醒，不断地进行自我探究。有部分学生能够通过对自我经验的剖析形成对自己性向、兴趣、能力较为清晰的了解，并对未来有确定的发展目标和信心。但也有部分学生难以形成清晰的自我了解，不知道自己能做什么、喜欢什么，对未来感到迷茫，缺乏信心，没有清晰的目标，不悦纳自己。

(2)认知能力逐渐增强。

根据皮亚杰的认知发展理论，青少年在11岁以后开始进入形式运算阶段，可以进行抽象思维，能按假设验证的科学方法解决问题，能按形式逻辑的法则思考问题，已经能够用理论做指导来综合分析各种事实材料，不断扩大自己的知识领域。这一时期，他们的思维处于由经验型向理论型转化的阶段，抽象逻辑思维得到了高度的发展，抽象与具体获得了高度的统一，各种认知成分或思维成分基本趋于稳定状态，基本达到了理论型抽象逻辑思维的水平。[①]

(3)思维的批判性显著发展。

这一年龄段的学生已经掌握了一定的科学知识，对复杂的社会现象和自然现象有了一定了解，同时由于自我意识的觉醒和发展，他们开始逐渐对很多事物形成自己的理解和认识，对于家长甚至教师对很多事物的解释开始表示质疑，喜欢独立思考，并与大家争论各种现象、事物的前因后果。思维的批判性显著发展、独立思考的能力发展到一个前所未有的高度。但是由于各类知识的储备仍显不足并且缺乏一定的社会经验，理性思维还未发展成熟，于是出现了强烈地独立感与半成熟状态之间的矛盾。但这种矛盾恰恰是人成长的必然产物。

(4)性别角色意识逐渐增强。

青少年时期是人生观、世界观、价值观逐渐形成的时期，同时也是性别意识逐渐增强的关键时期。这一年龄段的学生在学校生活、社会生活中逐渐辨识到社会文化对男性、女性的不同期望和要求，并结合自身生理的发育与成熟逐渐形成性格方面的男女特征。这一年龄段的学生开始逐步尝试根据自己的性别角色来规范自己的行为。

(5)情感丰富、意志脆弱。

这一年龄段的中职学生情感非常丰富，容易冲动。虽然他们的意志已经形成，但是意志脆弱，自我调节的能力比较差。

[①] 胡斌武：《职业教育学》，220页，北京，高等教育出版社，2015。

2. 中职生特有的心理特征

(1)自卑心理普遍存在。

当前的中职学生大部分来自农村,家庭经济状况不是很好,并且大部分学生都是学习基础较差、上不了普通高中,迫于无奈才选择上了中职。这些中职学生普遍自我评价偏低,缺乏学习自信心,再加上社会对中职教育的普遍过低评价,他们普遍对未来缺乏信心。

(2)独立意识相对较强。

与普通高中学生最大的区别是,中职生一入学就有了自己固定的专业,这表示他们从入学起就有了未来人生可能从事的职业发展方向,故中职生的独立意识相对较强。他们在学校学习期间会通过对自己性格、学习兴趣的进一步分析,结合自己在校期间专业学习的状况及对未来可能从事职业状况和前景的分析,最终独立地决定未来是否从事该职业。

中职生的年龄正好处于人生成长过程中的一个特殊而又关键的时期,他们的自我意识、独立意识、认知能力会不断增强,理解力进一步加深,自我性格逐渐形成但尚不稳定,存在一定的自卑心理。专业教师应该清醒地认识到学生在这一时期心理的特点,遵循教育规律,帮助学生更好地成长与发展。

三、分析专业学生学习能力特点

(一)分析专业学生学习总体状况

随着高校的扩招和高中阶段普职比大体相当的要求,中等职业学校的招生面临越来越难的困境。当前的中等职业学校实行的几乎是无淘汰、无选拔地招生,招收的学生大部分是因为中考失败无法进入普通高中,迫于无奈选了上中职。这样的话,与普通高中的学生相比,中职学生的学习基础普遍较差,学习能力普遍不高,大部分学生没有在进入中职学校之前养成良好的学习习惯。

具体而言,中职学生的学习总体状况可以概括为以下几点。第一,学习目标不明确。几乎很少有同学制定明确的短期和长期的学习目标。第二,学习方法、学习策略较欠缺。大多数中职学生属于初中学习阶段学习基础比较差的学生,他们在上中职前大多没有掌握和养成有效的学习方法,如归纳、知识迁移、认知策略等。第三,学习信心较缺乏。对学习压力、学习困难的化解缺乏信心,甚至对自己毕业后的就业缺乏信心。第四,自主学习能力较差。由于没有明确的学习目标、未能掌握相应的学习方法,再加上对学习缺乏信心,大部分中职学生普遍自主学习能力不高,需要学校和教师的强力监管,才能将精力投入学习。第五,学习行为普遍不好。不少的中职学生经常出现迟到、旷课、课堂不认真听讲、不完成作业、考试作弊等不良行为习惯。第六,学习容易受到干扰。学习过程中容易受到外界环境和行为的影响和干扰。以上概括了中职学生的总体学习状况不佳的原因。但中职学生整体上思维活跃，动手能力强，喜欢动手操作。

(二)分析专业学生科类差异

分析专业学生的科类差异可以从不同专业和不同类型课程进行分析。一方面，从专业来讲，生源和教学管理好的专业学生的学习能力相对比其他专业的学生学习能力强。其一，生源质量好的专业，招收的学生学习成绩还不错，学习基础相对较好。这部分学生具有明确的学习目标，选定自己的专业，立足专业，为了有更好的发展，他们学习认真、积极探索学习策略和学习方法，具有较强的自控能力，能够为了自己的学习目标持之以恒。其二，教育管理好的专业。在当前的中职学校中，往往那些教学管理较好的专业学生的学习能力相对也较强。大多数中职生在学习方面缺乏自控能力，部分中职学校针对这一弊端，加强和重视对学生的管理，甚至有些学校实行半军事化管理，上课有教师管理，课后有班主任管理，从早操、间操，到上课、自习、学生就寝等环节都有专门的教师进行监督，时刻掌握学生的各种情况。这样，可以借助外力帮助中职学生养成良好的学习习惯，在实践中平时管理得越严格的班级、专业，学生表现出来的自主学习能力就越强。

另一方面，专业学生学习不同类型的课程所表现出的学习能力也大相径庭。大多数中职学生对于技能类、实践操作类的课程学习目标明确，学习自信心较强，并能在学习过程中不断地探索练习策略和方法。为了学会某项技能，学习中还能不断督促自己，具备一定的自控能力。但是对于理论性较强的课程，大多数中职学生明显学习兴趣不浓，再加上自身理论基础较差，在学习过程中也很难做到自我监管，学习能力整体表现较差。

(三)分析专业学生学习效果

针对中职学生学习整体状况，教师在教学的过程中需要不断关注每一个学习阶段学生的学习效果，教学过程中及时地根据不同的教学情境提供各种类型的教学反馈，如课堂上的语言反馈、表情目光反馈，或者一个阶段的练习结束之后的活动反馈等。教师在教学过程中不断地分析学生学习的效果，帮助学生形成正确的对自我学习状况的认知，在学习上能够及时地进行查缺补漏，为后续的学习活动奠定良好的基础。

四、分析专业学生技能特点

(一)分析专业学生对生活技能掌握情况

中职教育属于高中阶段的教育，这一阶段的学生学习生活与小学、初中存在很大的不同。小学、初中阶段的学生大多都是走读制，中职阶段学生反而以寄宿制居多。

小学、初中阶段由于是走读制，学生大多和父母在一起生活，再加上年龄比较小，生活主要由父母照料。但是中职阶段的学生大多都是寄宿制，生活方面主要依靠自己，所以具备基本的生活技能对于中职学生来说是非常必要的。

生活技能大致包括：(1)对自我日常生活的照料，包括洗衣、整理内务、生病及时就医等；(2)保护自我安全常识的掌握，包括安全用电常识、饮食安全常识、交通规则的掌握等；(3)人际交往的基本规范与准则的掌握；(4)自我心理的疏通与调节。

不同年级的中职学生生活技能的掌握状况存在一定的差异。首先，中职一年级的学生刚刚从初中进入中职，生活学习环境发生了翻天覆地的变化。初离父母，初次面对新的生活，对自我日常生活的照料需要慢慢适应，甚至会出现有部分学生在刚入学的时候就表现出来对生活方面不适应的问题，这就需要中职学校通过各种方式帮助学生顺利地过渡。其次，中职一年级的学生保护自我安全的意识相对较差，特别是宿舍的用电安全常识，中职学校要及时地加强安全常识教育。最后，大多数学生都是第一次过集体生活，人际交往的基本规范和准则在以往的生活中没有过多的经验积累，面对来自不同家庭经济背景的同学，交往中难免会出现摩擦，这就需要中职学校加强人际关系与心理健康方面的教育与引导。中职高年级的学生经过一年的生活历练，相对来说比中职一年级的学生要好很多，特别是日常生活中的自我照料和自我安全常识方面，但中职学校仍然不能放松对中职学生这方面的教育与监管。中职三年级的学生由于马上面临毕业，必然会产生一定的就业心理压力，甚至对未来感到迷茫，这必然要求中职学校应该加强对学生就业指导及心理健康方面的教育与引导，帮助学生顺利地实现从学校到社会的安全过渡。

(二)分析专业学生对前期课程技能掌握状况

技能学习具有连续性的特点，前期课程技能是后续技能学习的基础，如果某项技能的前期课程技能未能很好地掌握，将会直接影响后续的学习。教师在教学前，应该通过各种形式的技能测试了解学生对前期课程的掌握情况，针对学生对前期课程技能的掌握状况，制订有效的教学方案。

五、分析专业学生学习习惯特点

(一)分析专业学生一般学习习惯状况

由于专业学生大部分是初中阶段学习相对比较落后者，中职学生大多没有形成良好的学习习惯。具体的表现如下。第一，大部分中职学生很少结合自己的专业制订短期和长期专业学习计划，在学习的过程中没有按计划学习的习惯。第二，没有形成专时专用、讲求效益的习惯。大多数同学的学习效率低，学习经常是在"磨洋工"。第三，学习过程中未能形成独立钻研、善于思考、积极探究的习惯。第四，自学的习惯较差。

学习通常缺乏主动性，往往是在外界因素的推动和监管下进行的。不能按照专业目标的要求主动地进行学习，拓展自己的知识。知识技能的学习仅限于课堂，教师教什么就学什么，课下很少花时间结合自己的专业进行巩固学习，也很少对自己的专业知识进行主动的思考，学习更多的是靠教师的监督来完成。第五，大多数中职学生没有形成合理把握学习过程的习惯，学习过程中的组织性、纪律性、自觉性较差。具体表现为上课不认真听讲、课前课后很少进行预习和复习、不能独立地按时完成作业等。第六，大多数中职学生未能形成有疑必问、有错必改的良好的学习习惯。

(二) 分析专业学生专业课程学习习惯状况

专业课程按照课程的性质可以分为专业理论课程和专业技能训练课程。下面我们分别分析学生学习这两类专业课程的学习习惯状况。

大多数中职生由于学习基础比较薄弱，思维能力、分析能力、信息提取能力相对不足，呈现出形象思维能力强、抽象思维能力相对较弱的特点。由于抽象的逻辑思维能力比较差，不擅长聆听、理解，对理论知识不感兴趣。继而在理论性强的专业课程的学习过程中很难形成诸如制订合理学习计划、讲求学习效益、课堂认真听讲、课前预习、课后复习、按时完成作业等良好的学习习惯。

但是中职学生大都动手能力比较强、形象思维能力较强、模仿能力比较强，由此在学习过程中更喜欢用眼睛看、用手做，学习方式更倾向于直观性和可操作性，对实践实训和"情境性"内容的知识有强烈地学习意愿和偏好。在专业技能训练课程学习的过程中往往能够形成较好的学习习惯，如能够制订合理的技能训练的计划、按计划训练、课堂上能够认真细致观察教师的示范、积极主动地学习、练后及时进行反思等。

六、分析专业学生学习兴趣特点

(一) 分析专业学生成专业兴趣状况

专业是社会分工的早期形式，专业的设置和选择都有着深刻的社会背景，社会的经济、政治、文化、科技、环境等因素都与专业密切相关。学生所选专业是否是学生兴趣所在，直接关系到学生的专业学习和日后的职业发展，也是关乎教师教学效果和学校教学质量的根本所在。学生不适合自己的专业，从事不适合自己的职业，是人力资源的巨大浪费。相关研究表明，对自己所学专业不感兴趣，或认为自己的个性不适合从事所学专业对应的职业，已经成为中职院校学生比较普遍的现象。有调查显示，当前中职院校中有将近一半的学生对所学专业不太感兴趣或是不感兴趣。研究发现大多数初中生在选报中职志愿时具有很大的随意性和盲目性，对所报专业了解甚少，甚至有部分学生在填报专业志愿时并不是自己的选择，入校后他们自然会对专业缺乏学习兴趣。实际上专业兴趣是可以在学习过程中逐渐培养起来的。那么对于所学专业缺乏兴趣的学生就需要中职教师在专业教学过程中对其进行适当地专业引导和激发。

(二)分析不同教学组织形式对专业学生兴趣的影响

教学组织形式主要有班级教学、分组教学、个别教学、现场教学、实践教学等。每一种教学组织形式都有自身的优势与不足，都有适用的具体的教学情境。不同的教学组织形式对学生学习兴趣的影响程度有所不同。

班级教学是最基本的教学组织形式，是一种集体教学。教师把同班的学生看作在学习基础、学习能力、学习习惯、学习方式几乎是一样的人。这样，教师按照假设的学生的平均水平进行教学，目的是满足大多数学生的需要。但实际上班级教学很难满足个体学生的需要，特别是当个体学生与平均水平有差异时，教学很难激发个体学生的学习兴趣。

分组教学是把学生按学习成绩或学习能力分为不同的组来进行教学的一种教学组织形式。分组教学与班级教学相比较，兼顾了学生学习基础与学习能力的客观差异，对学生的教学指导较有针对性。同时能够增加小组成员之间的学习交流、学习交往，增强了学生之间的合作性，能在很大程度上激发学生的学习兴趣。但分组教学有可能对各类学生的心理造成一定的不良影响。

个别教学是历史上出现最早的教学组织形式，一种不限制入学年龄和学习年限，把不同年龄和不同知识基础的学生组织到一起，教师分别对每一个人进行教学的教学组织形式。[①] 个别教学完全能够照顾到每个学生的学习基础、学习能力，并能根据学生具体学习状况因材施教，同时能够激发学生的学习兴趣。但是目前中职学校的教师数量有限，很难实施大面积的个别教学。

现场教学根据具体的教学任务，组织学生到课堂以外的活动开展的现场进行教学的教学组织形式。现场教学保留班级教学的特点，但是教学活动的地点不是在课堂而是在活动开展的现场或是生产现场，能够给学生提供直接经验，丰富学生的感性认识，激发学生的求知欲和好奇心，帮助学生更好地理解书本知识，并培养他们运用知识的能力。

实践教学主要指通过课堂理论教学之外的各种教学实践活动组织教学的教学组织形式。实践教学有多种形式，主要有课程的实践教学环节、各个专业的毕业实习环节。通过实践教学，能够将所学理论在具体的生产实践中加以运用，注重的是学生动手操作能力的培养及理论应用于实践能力的培养。由此可以分析，实践教学能够更好地激发中职学生的学习兴趣。

在选择运用何种教学组织形式来组织教学时，还要考虑中职学生的学习兴趣特点，

---

① 苏成栋：《教学理论与实践（上）》，151页，贵阳，贵州民族出版社，2013。

整体上来讲，大部分学生不喜欢理论学习而喜欢技能训练，特别是男生对实际操作性的练习兴趣更为浓厚，对应用性不强知识内容兴趣不大并认为没有学习的必要。基于中职学校的培养目标，中职学校教学必须注重理论和实践相结合，在教学条件、教学资源许可的范围内，尽量采用具有职业教育特色的教学组织形式，激发学生的求知欲和好奇心。

第二节　解读教学标准

教学标准是根据教学计划，以纲要形式规定的一门课程教学内容的文件。教学标准包含了本门课程的地位和作用、教学目标、教学内容（包括讲授和实习、实验、作业的课时数分配）、教学实施建议等。列入教学标准的有关教学内容方面的要求，一般应是学生必须达到的最低标准。教学标准是编写教科书和教师进行教学的主要依据，也是检查和评定学生学业成绩和衡量教师教学质量的重要标准。教师在开展教学之前必须认真地解读所教课程的教学标准，才能更好地设计教学。

一、明确本门课程地位和作用

（一）明确本门课程需要的前期课程基础

每门课程的学习都必须有前期的知识结构和基础，教师在开展教学之前，必须通过解读教学标准了解学习本门课程的前期课程有哪些。前期课程的知识结构和基础是学习本门课程的基础，学生如果没有很好地掌握前期课程的知识与技能，将无法学习本门课程。教师在教学前明确了本门课程的前期课程基础之后，可以通过设计相应的测评环节了解学生对前期课程的掌握情况，根据学生对前期课程的掌握情况进行本门课程的教学设计，目的是为了更好地促进学生对本门课程的学习。以工业与民用建筑专业的一门专业必修课"建筑工程测量"为例，它的前期基础课程有建筑工程材料、建筑制图、建筑结构等。

（二）明确本门课程对后续课程的支持与作用

每门课程的学习对后续某些课程都有一定的支持作用。教师通过对教学大纲的解读，必须清楚并向学生明确本门课程对后续哪些课程具有一定的支持作用，同时必须让学生明确如果本门课程的知识目标和技能目标没有达到的话，试图进行后续课程的学习几乎是不可能的。以工业与民用建筑专业的一门专业必修课"建筑工程测量"为例，它的后续课程有建筑施工技术等。

(三)明确本门课程对实践的支持作用

某些专业课程直接对实践具有一定的支持作用。教师通过对教学大纲的解读并结合职业岗位能力的分析,应该明确本门课程对哪些实践环节具有支持作用。以工业与民用建筑专业的一门专业必修课"建筑工程测量"为例,它直接对该专业的测量实习环节具有支持作用。另一门专业必修课"建筑施工技术"直接对该专业的现场施工实习环节具有支持作用。

(四)明确本门课程需要掌握的实践技能

每个专业都有对应的职业岗位。每门课程几乎都有相应的实践技能要求。教师在进行课程教学之前,应该通过对教学标准的解读和分析,搞清楚本门课程的每一部分内容对哪些实践技能的形成有支持作用。这样的话,既可以让学生更加清晰地认识本门课程的实践作用,同时也可以通过岗位要求中的生产实践环节帮助自己更好地进行教学设计,使教学活动的针对性更强,更能调动学生的学习兴趣和提高教学的实效性。以"建筑工程测量"课程为例,当学习到"装饰施工阶段测量"这部分内容的时候,需要学生达到的技能要求有:第一,能利用仪器,测地面、顶棚标高;第二,能使用钢尺,完成室内隔墙、隔断的定位;第三,能定位其他装饰构件。[①]

二、明确本门课程的教学目标

课程的教学目标是学习本门课程预期达到的结果,即学生学习完某门课程后,在知识、能力、态度等方面达到的状态。课程的教学目标具有多维性,依据教学目标分类理论可以将课程的教学目标分为知识目标、能力目标、态度目标。

(一)明确本门课程需要掌握的知识目标

学习开始之前,知识都是外在于学生的。教学的主要任务之一就是将外在的知识转化为学生个体的知识。知识目标主要指学生对知识的记忆、理解、掌握、运用、分析及创造的情况。教师在教学前,应对本门课程的内容进行分析,制订出本门课程需要掌握的知识目标,用以指导学习、教学和评估。

以"酒店服务与管理"专业的一门专业基础课"酒店信息化"为例,通过学习本门课程需要掌握的知识目标有:(1)熟悉客房预订操作;(2)熟悉团体预订操作;(3)熟悉预订查询操作;(4)熟悉预订分房操作;(5)熟悉预订确认操作;(6)熟悉超时预订处理;(7)熟悉预订分析操作;(8)熟悉快速入住操作;(9)熟悉同行房及关联房处理操作;(10)熟悉客人换房管理操作;(11)熟悉特殊客人个性化服务操作;(12)熟悉客人留言

[①] 上海市中等职业教育课程教材改革办公室:《上海市中等职业学校工业与民用建筑专业教学标准》,117页,上海,华东师范大学出版社,2008。

操作；(13)熟悉房价调整操作；(14)熟悉客人入住变更操作；(15)熟悉出入团队管理操作；(16)熟悉前台收银等一系列操作；(17)熟悉房务部管家查房、清洁房间等操作；(18)熟悉洗衣管理的操作；(19)熟悉餐饮管理的软件操作；(20)熟悉酒店相关业务经营部门的软件操作。[1]

(二)明确本门课程需要形成的能力目标

心理学中将能力定义为直接影响活动效率，并使活动顺利完成的个性心理特征，是在知识学习、技能训练、态度养成后，通过完成任务而形成的。所以，能力目标是比知识目标更高层次的目标。在专业教学实践中，能力是指能够完成一项任务的能力，能力目标一般用一项完整的任务来描述。教师在授课时，要明确本门课程所需要形成的能力目标，并且能够用具体完整的项目任务来明确能力目标。从最初的备课开始，就要切实围绕能力目标，有针对性地设计本门课程进行能力训练的项目和任务。项目任务确定后，教师要围绕能力目标，精心设计项目的实施过程。

以"酒店服务与管理"专业的一门专业基础课"酒店信息化"为例，学习本门课程需要掌握的能力目标有：(1)能够熟练运用酒店管理软件为客人进行预订销售服务；(2)能够熟练运用酒店管理软件为客人进行前台接待服务；(3)能够熟练运用酒店管理软件为客人进行前台收银服务；(4)能够熟练运用酒店管理软件进行客房部管家管理；(5)能够熟练运用酒店管理软件进行餐饮部管理。[2]

(三)明确本门课程需要形成的态度目标

态度是通过学习形成的影响个体行为选择的内部准备状态或反应的倾向性。中等职业教育中态度还包括与职业活动密切相关的职业精神(敬业精神、创业精神)、职业信念、职业道德等。教师在教学前，应对本门课程的内容进行分析，制订出本门课程需要掌握的态度目标，用以指导学习、教学和评估。

以"酒店服务与管理"专业的一门专业基础课"酒店信息化"为例，通过学习本门课程需要掌握的态度目标有：(1)培养服务意识；(2)培养认真、细心做事的态度；(3)培养团队协作意识；(4)培养解决问题的综合能力。[3]

---

[1] 河南省教育厅：《河南省中等职业学校酒店服务与管理专业教学标准》，22—23页，北京，北京师范大学出版社，2013。

[2] 河南省教育厅：《河南省中等职业学校酒店服务与管理专业教学标准》，22—23页，北京，北京师范大学出版社，2013。

[3] 河南省教育厅：《河南省中等职业学校酒店服务与管理专业教学标准》，22—23页，北京，北京师范大学出版社，2013。

第三节 分析教材

教材是教学大纲的具体化，是依据大纲要求编写的教学用书，是教师教学及学生学习的基本依据，是课程内容的具体呈现。分析处理教材是教师的基本功和基本素养，是教学或备课过程的核心环节，是教学设计的前提和基础。分析教材是指教师按照教学标准的要求，通读教材，熟悉教材的基本内容及编排体系，领会教材编写的意图，更好地为教学服务。结合中职教材的特点，分析中职教材主要包括分析专业教材知识与技能体系结构特点、分析专业教材知识与技能展现特点。

一、分析专业教材知识与技能体系结构特点

(一)对教材知识体系结构特点分析

第一，知识体系的范畴分析。由于中职教育强调应用，一门课程可能包括了多门学科的知识。那么，我们就要分析教材知识体系的范畴，教材包括哪几门学科知识，其中每门学科知识在本课程中的作用和功能是什么。同时也要对教材内容的科学性进行分析，不能出现科学性错误。

第二，知识类型分析。不同的知识类型具有不同的特点，要求采用不同的教学策略和教学方法。例如，基本概念的教学，要尽可能通过生动具体的实验或事实来形成概念，要突出概念的关键特征，重视概念的具体运用。

第三，教材编排体系分析，要分析知识编排的逻辑结构，分析教材知识结构特点。[1]

(二)对教材技能体系结构特点的分析

第一，技能体系的范畴和技能组成分析。分析教材主要训练的哪类专业技能，分析专业技能都有哪些单项技能和综合技能组成。

第二，技能训练的载体分析。技能训练一般以项目、任务、活动作为载体。综合技能一般对应的有一个实用的、与社会实践相关联的、贯穿全书或全章的、综合性的实训项目。综合性实训项目一般由多个子项目组成，教材的几章或是一章需要完成一个子项目，每个子项目又可以设置多项工作任务，工作任务是训练单项技能的载体。所以，我们要对分布于教材的综合性项目、子项目、各项具体的任务进行分析，同时分析它们分别对应训练的综合技能和单项技能。

---

[1] 郑柳萍：《化学教学设计》，37页，北京，化学工业出版社，2011。

第三，技能类型分析。心理学中将技能分为操作技能和心智技能，操作技能和心智技能的教学要求采用不同的教学策略和教学方法。

第四，技能编排体系分析。分析技能编排的逻辑结构，一般的原则是从简单到复杂，难度逐渐增加。先进行简单的单项技能的训练接下来是复杂的单项技能，最后是综合技能，同时分析各种单项技能与综合技能之间的关系。

二、分析专业教材知识与技能展现特点

（一）分析专业教材知识体系的模块划分

专业的一门课程可能包含了不同学科的知识，同时要求进行理论教学和实践教学。教材一般会对不同科学的知识进行系统整合并模块化处理。以应用能力为出发点，以知识输入为导向，将教材知识模块划分，可以帮助学生更好地获得相关知识的能力，更加个性化地制订学习进程，同时也方便教师更灵活地安排教学，更有效地组织教学，简化学生学习成绩的认定。

分析教材知识体系的模块划分主要包括：第一，分析教材知识体系的模块组成及每一个模块所包含的不同学科知识；第二，分析模块与模块之间构成的逻辑顺序；第三，分析每一个模块在整个教材知识体系中的功能。

（二）分析专业单项技能与综合技能关系特点

专业技能包括单项技能和综合技能，单项技能如仪器的使用、数控机床的操作等，综合技能往往包括多个单项技能如数控机床精度测量、数控机床的操作。单项技能相对于综合技能而言是独立且较为简单的，综合技能是在多项单项技能训练的基础上形成的。技能训练一般以项目、任务、活动作为载体。综合技能一般对应的有一个实用的、与社会实践相关联的贯穿全书或全章的综合性的实训项目。综合性实训项目一般由多个子项目组成。教材的一章或是几章分别要完成一个子项目，每个子项目会设置具体的工作任务，工作任务主要是训练单项技能。项目技能的安排一般都是从简单到复杂，难度逐渐提升，能力要求越来越高。单项技能训练和综合技能训练是相辅相成的，二者缺一不可，单项技能训练为综合技能训练打基础，综合技能训练对各单项技能起着提高与巩固的作用，只有正确把握了二者的关系，才能做到既节省材料，又促进教学。

以"酒店服务与管理"专业的一门专业核心主干课程"餐饮服务与管理"课程为例，通过学习需要学生掌握的一项综合技能有中餐服务，要掌握这项综合技能，就需要先训练学生的各个单项技能，如托盘端托服务技能、餐巾折花技能、不同酒水服务技能、中餐摆台技能、上菜与分菜技能、中餐零点服务技能等。根据单项技能和综合技能的关系特点，课程先是通过各种具体工作任务训练学生的各单项技能，在此基础上安排一个中餐服务的项目内容，以培养学生中餐服务的综合技能。

第四节　选择分析专业教学资源

教学资源是指蕴含了特定的教学信息、并能创造出教育价值的各种信息资源。专业教学资源包括文本资源、多媒体资源、技能培养资源。教学资源的充分发掘和利用能够更有效地提高中职的教学效率。

一、选择与利用专业文本资源

(一)选择与利用专业教材资源

教材是教师实施教学及学生学习的基本依据，是课程内容的具体呈现，它是学生获取知识、发展能力、培养品德的重要来源，教材的选择至关重要。专业教材当前呈现出"一纲多本""一纲多版"的特点。教材版本较多，一本教材往往多家出版社都有出版。

选择与利用教材应符合以下几个原则：第一，优先使用国家规划新教材；第二，国家正规的专业或行业出版社；第三，省、市文件指定教材，即学生对口升学考试、教师、学生技能竞赛规定的教材；第四，学生考证（职业资格证、技能资格证）指定教材，如考护士资格证为人民卫生出版社版教材。

(二)选择与利用专业工作岗位实务资源

由于中等职业教育是培养一线工作岗位上的技术型、技能型人才，教师在教学前应该尽量收集与所教专业工作岗位相关的实务操作资源，包括工作岗位应具备的基本技能、工作中的一般业务处理、工作中的特殊业务处理、一般实际工作中无法避免但在学科体系中不涉及的操作性极强的内容、工作岗位综合实务操作等。收集这些实务资源作为教学资源，目的在于通过这些实务资源的学习提高学生岗位职业的综合能力。另外还可以通过和企业沟通、结合，去企业进行岗位实习，通过岗位实训，让学生熟练掌握岗位操作技能，以适应企业岗位需要。

(三)选择与利用专业网络资源

网络课程资源包括以网络技术为载体开发的校内外各种信息资源，如各种网络共享资源课程、网络教学资源库、各类职业教育网站及其他网络信息等。网络技术的发展打破了时空的界限，实现了学校与学校之间、学校与各级教育管理部门、学校与社会之间的各类课程资源的共享和整合，从而极大地丰富了中职学校的教学资源。网络为教师的教学和学生的学习提供了信息容量极大的各类教学资源，中职教师在教学的过程中要充分收集和课程相关的各类网络资源并合理地加以利用。

选择与利用网络教学资源的原则有：第一，所选择和利用的网络资源必须和该课程的教学密切相关，并符合教学目标的需要；第二，所选择和利用的网络教学资源能够帮助教学更好地开展和实施，如在形式上能够让教学内容更直观，更容易被学生理解；第三，所选择和利用的网络资源是符合学生学习需要的，能够被学生所接受的。

(四)选择与利用专业案例资源

案例一般包括四大要素：第一，真实而复杂的情境；第二，典型的事件；第三，多个问题呈现，一个案例要显现出冲突性、高潮性，必须有多处问题或者疑难问题的出现；第四，典型的解决方法。基于案例的教学是通过案例向人们传递有针对性的教育意义的有效载体。因此，人们常常把案例作为一种工具进行思考和教育。根据案例，我们可以对相关问题进行深入的研究分析，挖掘发现，从中寻找带有规律性、普遍性的成分，这是应用性学科最快捷、准确的研究手段及方法之一。专业教学具有强烈的应用性特征，选择合适的案例资源进行专业课程的学习具有事半功倍的效果。专业教师在教学的过程中，应该根据教学目标、教学内容、学生情况等多方面的因素选择适合的教学案例资源。

二、选择与利用专业多媒体资源

中职院校中开展的课程包含大量的技能训练类的教学，一般的授课形式已经不能很好地适应我们的教学情境和学习任务，电视录像和多媒体(人工智能、虚拟环境、模拟训练等)表现手法丰富，具有时空突破功能。可以对教学起到很大的补充。

(一)选择与利用专业音像资源

音像资源载体一般有录音带、CD、VCD、DVD、网络资源等。音像资源内容大多都取材于生产或生活实际，具有强烈的直观性和真实性。将音像资源作为辅助的教学材料，可以弥补文本教学资源信息传递的单一性和局限性，能够引起学生的集中注意并提高学习的兴趣。音像资源是文字教材的深化、补充，具有针对性强等特点，对技术理论与实际操作相结合的中职教学有很大帮助。同时，学生也可以在课余时间自主选择相关音像资源进行学习，满足学生自主学习的需要。

选择与利用网络音像资源的原则有：第一，所选择和利用的音像资源必须和该课程的教学密切相关，并符合教学目标的需要；第二，所选择和利用的音像资源能够帮助教学更好地开展和实施，能够让教学内容更直观，更容易被学生理解；第三，所选择和利用的音像资源是符合学生学习需要的，能够被学生所接受的；第四，选择和利用音像资源时要注意把握时机、时间，如所教的内容比较抽象、复杂，不易被学生理解时，可以借助音像资源直观地呈现方式帮助学生理解，或者用文字和语言很难具体、真实地向学生描述操作程序或工作场景时，也可以借助音像资源真实地呈现给学生。

另外播放音像资源的时间不宜过长，以免影响整体教学的进程。

(二)选择与利用专业多媒体展现方式

教师应当根据教学目标、教学内容和教学对象的特点，在教学设计的过程中将现代教学媒体和传统教学媒体合理组合，形成最优化的多媒体展现方式，以便更好地服务教学，达到最好的教学效果。

选择与利用多媒体展现方式的原则如下。第一，教学设计的过程中对教学内容进行充分的分析，根据教学内容的特点选择适当的多媒体展现方式。例如，当有些教学内容涉及了很多专业术语与操作方法，单纯用文字表述学生很难想象和理解时，就需要借助现代媒体的展现方式，像计算机操作教学中的界面、菜单等术语。第二，教学设计的过程中对学生学情进行充分的分析，选择最符合学生认知水平特点的展现方式。第三，在使用多媒体教学的过程中，避免出现电子板书代替粉笔板书的情况。多媒体教学是利用计算机作为教学工具，与传统教学相比，有许多优点，能化静为动，化抽象为直观，更加符合抽象思维能力、形象思维能力强的中职学生，使学生更形象、直观地掌握所学内容。但在教学的过程中一定要避免出现仅仅是电子板书代替粉笔板书的情况。

三、选择与利用专业技能培养资源

(一)选择与利用专业校内技能培养资源

大部分中职学校的专业都拥有自己的各类实训室、模拟室、实验室、训练中心、实习实训中心等。从实训基地的类型来看，学校类型不同，专业特点不同，办学条件不同，实习实训基地的类型也各异。例如，有练习基本技能训练任务的练功性实训基地，模仿性职业技能训练的实训基地或生产性实训基地。专业教学实习大多在校内实习基地进行。生产性实习因受专业特点及学校条件的限制，只能部分在校内进行。专业教师在教学的过程中，可以根据专业特点、课程教学要求、学生需求及校内实习实训资源实际状况等多方面的因素开展技能培训，提高专业技能培养的效果。校内技能培养资源具有便捷性等特点，是学生技能培养的重要途径。

(二)选择与利用专业校外技能培养资源

校外技能培养资源主要是指依靠企业建立的实习实训的技能培养资源。往往这些企业与中职院校有紧密的联系。中职学生的生产实习大都需要在校外实习基地进行。校外技能培养资源可以给学生提供深入生产一线的实习机会，让学生对实际生产过程有一个清晰的认识和了解。在企业实习的过程中，既可以进一步巩固、加强和扩大所学的知识，培养学生的专业素质也可以培养学生运用所学的知识解决生产实际问题的能力，加深对实际工作的感性认识，为今后的工作打下基础。要实现专业教学技能培养的目标，就要求必须有稳定的校外实习基地。但是目前的企业由于种种原因不愿意接收学生实习，而校内的实习基地毕竟没有实际的生产任务，与真实的企业相比差距很大，很难真实反映企业实际情况。所以中职学校应该加强校外实习基地建设，选择与利用校外技能培养资源。

第五节 确定教学进度计划

课程教学标准中通常规定了每门课程具体开设的学期和总课时。教师要根据课程教学标准确定具体的教学进度安排。教学进度安排，要求教师把课程的整体教学内容分解到周到课时，明确完成具体教学任务的工作时间，加强教学时间的计划性。教学进度计划，一般是在上学期期末或本学期开始的时候制订的。

一、确定教学课时整体分配

(一)确定教学单元课时分配

教师需要根据课程内容、对照课程标准，对课程标准上的每一个教学单元进行全盘考虑，在比较各个单元教学内容多少和难易程度的基础上，结合本学期该门课程的总课时制订出单元教学计划，确定每个教学单元的具体教学周时和课时分配。单元课时包括了本单元的理论教学课时和技能训练课时。单元教学计划一般包括的内容有单元名称、单元的教学目标、单元的教学内容、教学单元所需课时等。

(二)确定单元各部分课时分配

在确定教学单元课时分配的基础上，还要确定每个单元各个部分课时教学计划。教师需要在比较各个单元教学内容多少和难易程度的基础上，对照课程标准的要求，结合教学单元的总课时制订出各部分的教学计划，确定各个部分的具体教学周时和课时分配。每个单元各个部分的课时包括理论教学课时和技能训练课时。每单元各个部分的课时计划是对每一部分教学内容具体深入的教学准备，是教师为顺利而有效地开展教学活动，根据课程标准和教材要求及学生的实际情况，以课时为单位，对教学内容、教学步骤、教学方法等进行的具体设计和安排。

(三)确定单元理论教学课时与技能训练课时分配

教师需要根据课程标准中对理论知识与技能训练的具体要求，结合各个教学单元的总课时，同时在考虑学生实际学情的基础上，确定单元理论教学课时与技能训练课时的分配。具体学时的分配需要达到的基本要求是：理论课时数应该能够满足中职学生对当前技能训练的支撑及进一步理论学习的需要，技能训练的课时应该能够满足学生对本单元所有单项技能的基本掌握。

二、确定教学课时的分配调整空间

在教学活动开展之前，教师确定了课程的整体教学计划，包括教学课时的整体分配、单元各部分的课时分配、单元理论教学课时与技能训练课时的分配。但是教学计划与教学实际总是存在一定的差异，实际教学过程中不可避免地会出现一些不可控因素，影响教学计划的执行。当这种情况出现的时候，就需要对部分课时分配进行调整。故此，每门课程都应该预留一定的课时分配调整空间，能够让教师根据实际教学状况把不合理的课时分配及时调整过来，从而保证教学内容的连续性和系统性。

教学单元的难易程度、学生的知识接受水平和能力、课堂学生容量、教师自身因素等都有可能对教师的教学造成一定的影响，从而影响到教师对整个教学进度计划的执行。所以，教师在进行教学前，要根据以上有可能对教学进度计划的执行造成影响的客观因素和主观因素确定可能需要调整的教学课时单元和预留课时。在教学的过程中，根据具体的实际状况，延长或缩短需要调整的教学课时单元，处理预留课时。

第三章 教案设计与教学策略选择

教案是教师的教学设计和设想。教案设计是根据课程教学标准的要求和教学对象的特点，将教学诸要素有序安排，确定合适的教学方案的设想和计划。教案设计是对教学目标、教学重点、教学难点、教学方法、教学步骤与时间分配等进行的具体设计和安排。教学策略的选择与确定是教学设计中的重要步骤，需要综合考虑教学目标、教学内容、学生实际状况、教学条件等因素，是教学活动顺利实施的重要保证。

第一节 明确专业教学目标

教学目标是对学生学习结果的确定，是预期学生在认知、技能、行为等方面应产生变化的、具体的、明确的规定。教学目标明确了教学的出发点及归宿。教学目标的确定要体现专业与课程的内在联系，要仔细分析学生的特征，因材施教。

中职教育是以就业为导向的教育，要切实提高学生的综合职业能力，在专业课的教学中更应以培养学生的综合职业能力为目标。中职教育的基本功能是实现工作过程的教与学的转化。所以，专业课的教学更多的是按工作过程特点组织职业教育教学。那么，专业教学目标应突出职业能力的培养，体现职业教育的职业性、技能性的特点。从结构上看，专业教学目标不再是单一的知识掌握程度，而是职业活动所需的知识、技能、态度掌握程度。教学目标通常分为专业知识目标、专业技能目标和态度目标。

一、明确专业知识目标

知识是个体通过与其环境相互作用后获得的信息及其组织。知识可以分为陈述性知识和程序性知识。陈述性知识用于说明事物是什么、怎么样、为什么的问题，如描述某种事实、陈述某种观点等；程序性知识主要回答做什么、怎么做的问题，是一种实践性知识，该类知识也被称为操作性知识。因此，知识目标包括陈述性知识目标和程序性知识目标。

职业活动或工作过程的特点之一是工作过程的知识是以程序性知识为主,结合、渗透陈述性知识。中职教学既然是按照工作过程的特点来组织教学,那么教师在教学前,就必须考虑这一教学任务包括哪些陈述性知识和哪些程序性知识。按照陈述性知识和程序性知识的不同要求确定教学目标。

(一)明确专业陈述性知识目标

陈述性知识的基本要求是需要学生能够回忆出来的知识。而学生能否快速回忆,关键在于记忆过程中的编码。对于陈述性知识而言,教学的目标应该是:通过各种策略,帮助学生对材料进行理解、有效编码,从而培养学生有效回忆知识的能力。检查这种能力的方法也比较简单:要求学生口头或书面陈述学到的知识,如果做到了这点就证明他们具备了这种能力。综上所述,教师在备课时,结合课程教学标准,分析教学内容中哪些知识是学生必须掌握并要求快速回忆出来的知识,然后明确陈述性知识目标。

以中职的"酒店服务与管理"专业的"餐饮服务与管理"课程为例,当学习"西餐服务"这一单元时,其中知识目标有一项是"掌握西餐的上菜顺序",这一知识目标属于陈述性知识目标,要求学生能够复述出西餐的上菜顺序。[①]

(二)明确专业程序性知识目标

程序性知识不同于陈述性知识,是一种实践性知识。它的教学目标不仅仅是让学生回忆知识,而且希望通过充分的练习,在运用时能达到相对自动化的程度,很少或不需要意识控制的知识。检查这种能力的行为指标不是学生能告诉我们学到了什么,而是在面对各种必须应用学过的概念与规则的情境时,能顺利进行操作。教师在备课时,要结合课程教学标准,分析教学内容中哪些知识不仅需要学生能够迅速回忆而且需要通过这些知识指导顺利地进行实践操作,然后明确程序性知识目标。

以中职的酒店服务与管理专业的餐饮服务与管理课程中"餐饮服务的基本技能"这一项目为例,其中一个知识目标的要求是"掌握不同餐巾花折法",这就要求学生能够熟练地折出各种类型的餐巾花。还有一个知识目标是"掌握不同酒水的服务方法",要求学生能够熟练地进行不同酒水的服务。[②]

二、明确专业技能目标

技能是指运用一定的知识、经过练习而获得的一种合乎法则的活动动作方式。按

[①] 河南省教育厅:《河南省中等职业学校酒店服务与管理专业教学标准》,58-60页,北京,北京师范大学出版社,2013。

[②] 河南省教育厅:《河南省中等职业学校酒店服务与管理专业教学标准》,58-60页,北京,北京师范大学出版社,2013。

广义的知识观，技能是个人习得的一套程序性知识并按这套程序做事的能力。克伦巴赫指出，最好把技能定义为习得的、能相当准确执行的且对其组成的动作很少或不需要意识注意的一种操作。技能更具体地是指人们运用理论知识和经验知识完成具体工作任务的活动方式，是人们在特定的客观环境中实现的特定动作，是由一系列特定动作方式构成的，通过练习巩固下来，并转化为自动化、完善化的动作系统。技能一般可分为两类：操作技能和心智技能。操作技能又叫运动技能或动作技能。教学中的技能目标包括操作技能目标和心智技能目标。

(一)明确专业心智技能目标

心智技能是人脑对事物的映像进行加工改造的过程，主要指人们在将观念的东西转化为实物过程中观察、分析、判断、决策的能力。心智技能是一种借助于内部语言在人脑中进行的认知活动方式，如默读、心算、写作、观察和分析等技能。心智技能主要表现为内隐的思维操作活动。

根据冯忠良教授的"结构—定向教学"和"智力动作按阶段形成"理论，心智技能的形成分为三个阶段：原型定向阶段、原型操作阶段和原型内化阶段。(1)原型定向阶段主要是使学生掌握程序性知识的阶段，使实践模式的动作结构在头脑中得到清晰的反映。此阶段的主要任务具体是：第一，确定所学心智技能的实践模式；第二，使这种模式的动作结构在头脑中得到清晰的反映。(2)原型操作阶段是依据心智技能的实践模式，把主体在头脑中建立起来的活动程序计划，以外显的方式付诸执行。此阶段的主要学习任务是使心智技能在操作水平上顺利形成。(3)原型内化阶段是指心智活动的实践模式向头脑内部转化，由物质的、外显的、展开的形式变成观念的、内潜的、简缩的形式的过程。此阶段的主要学习任务是：第一，由外部言语向内部言语的转化；第二，合并有关动作，使活动方式得到概括。

教师在备课时，必须结合课程标准和教学内容，分析教学过程中学生应该达到的观察、分析、判断、决策能力，明确心智技能教学目标。以中职的酒店服务与管理专业的餐饮服务与管理课程中"酒水知识及酒水服务"这一工作任务为例，其中一个心智技能目标是"能通过观、闻品等方法熟练判断酒水的品种"。[①]

(二)明确专业操作技能目标

操作技能是指由一系列的外部动作以合理的程序组成的活动方式。尽管操作技能的表现形式多种多样，但它们都是借助于肌肉、骨骼的动作和相应的神经系统的活动来完成的。身体的肌肉骨骼运动起主导作用，而感知、记忆、想象和思维起次要作用。

---

① 河南省教育厅：《河南省中等职业学校酒店服务与管理专业教学标准》，59页，北京，北京师范大学出版社，2013。

操作技能主要表现为外显的肌肉骨骼的操作活动。

操作技能形成过程大致如下：第一，操作定向阶段，学习者了解"做什么""怎么做"的有关信息与要求；第二，操作模仿阶段。实际再现特定的动作方式或行为模式；第三，操作整合阶段，把操作模仿阶段习得的动作固定下来；第四，操作熟练阶段。动作执行达到高度的完善化和自动化。从操作技能的形成过程来看，认知是起点，也就是在教师的示范下，了解动作的准确性，但更主要的是与怎样练习有关。苏联心理学家加里培林认为，只有通过练习才能使学生形成对各种情境具有高度适应性的动作方式，在执行方面达到高度的协调和"自动化"，从而进入动作的完善阶段。操作技能的训练要求：第一，准确的示范与讲解；第二，必要而适当的练习（注意练习的量和练习的方式）；第三，充分而有效的反馈；第四，建立稳定清晰的动觉映像。[①]

教师在备课时，必须结合课程标准和教学内容，明确学生通过学习应该达到的身体动作操作活动（肌肉骨骼的操作活动）目标，明确其操作技能目标。以中职的"酒店服务与管理"专业的"餐饮服务与管理"课程中"餐饮服务的基本技能"这一项目为例，其中需要达到的操作技能目标有：能用正确的托盘端托姿势灵活使用托盘，能熟练完成10种以上动物和植物的杯花造型，能熟练完成10种以上盘花造型等。[②]

三、明确专业态度目标

态度是通过学习形成的影响个体行为选择的内部准备状态或反应的倾向性。它由认知成分、情感成分和行为成分构成。态度的认知成分是个体对态度指向对象带有评价意义的观念和信念。不同个体的态度中所含认知成分也不同，例如有的人基于理性的思考，有的人则基于情感冲动，有的人可能基于正确的信息，有的人则可能基于错误的信息。态度的情感成分指伴随态度的认知成分而产生的情绪或情感。态度的行为倾向成分是指个体所表现出来的行为意图，即准备对特定对象做出的某种反应。中职教育中态度的含义更为宽泛一些，除一般意义的态度外，它还包括职业精神、职业信念、职业道德等。

中职教学的过程中，教师应该结合职业岗位要求，在解读课程标准的基础上，明确态度目标。以中职的"酒店服务与管理"专业的"酒店信息化管理"课程为例，该课程的态度目标是：培养服务意识；培养认真、细心做事的态度；培养团队协作意识；培养解决问题的综合能力。又如"餐饮服务与管理"课程的态度目标是：具备从事餐饮职业活动所需的行为规范及价值观念、学会做人、确立积极的人生态度；职业态度端正、

[①] 汤仕平、邓廷奎：《教育心理学（第二版）》，103－106页，成都，西南交通大学出版社，2011。
[②] 河南省教育厅：《河南省中等职业学校酒店服务与管理专业教学标准》，58页、23页、37页，北京，北京师范大学出版社，2013。

敬业爱岗、忠于职守、诚实守信、团队协作，具有明确的职业理想。①

第二节　确定专业教学重点、难点

　　确定教学重点、难点，是实现有效教学的前提。课堂教学过程是为了实现目标而展开的，确定教学重点、难点是为了进一步明确教学目标，以便在教学过程中突出重点、突破难点，更好地为实现教学目标服务，是教学设计的一个关键环节。要确定重点和难点，就必须搞清什么样的知识是重点及学习过程中的难点是如何形成的。

一、确定专业理论知识的重点和难点

（一）确定专业理论知识的重点

　　专业理论知识的重点主要是带有共性的知识和概括性、理论性强的知识。在教材内容的逻辑结构的特定层次中占相对重要的前提判断，也就是"在整个知识体系或课题体系中处于重要地位和突出作用的内容"。理论知识的重点就是教学内容中最主要、最关键、最基本的并与实现教学目标紧密联系的内容，学生掌握了它，对于巩固旧知识、学习新知识都起着决定性的作用。

　　确定专业理论知识教学重点的主要依据如下。第一，课程教学标准。依据课程教学标准和教学计划的要求，凡是直接关系到教学目标实现的内容都是教学重点。第二，教材。通过对教材的逻辑顺序的分析进行确定，教材中包括主要内容与次要内容、中心内容与非中心内容，其中的主要内容、中心内容就是专业理论知识教学的重点。

（二）确定专业理论知识的难点

　　专业理论知识的难点，是指在教学的过程中学生难以理解、难以掌握的内容，也是学生学习中阻力大、难度高的内容。由于中职学生的抽象逻辑思维能力较差，专业教学过程中的难点往往是比较抽象、比较复杂、比较深奥的内容。

　　确定专业理论知识教学难点的主要依据如下。第一，教材。教材中的内容抽象、过程复杂、综合性强的概念、原理往往会成为教学难点。或者教材中两个或两个以上比较相近、相似的概念和原理也会是学生学习的难点，学生在学习的过程中容易混淆。另外，如果教材内容需要转化思维视角（如从宏观到微观）来理解，同样会成为教学的难点。第二，学生的实际学情状况。教学的难点不仅来自于教材，也来自于学生。当

---

① 河南省教育厅：《河南省中等职业学校酒店服务与管理专业教学标准》，58 页、23 页、37 页，北京，北京师范大学出版社，2013。

学生在学习某一内容时，如果没有基本的知识基础或知识基础比较薄弱，这部分内容就容易成为学生学习的难点。或者学生的知识基础和经验不足的时候，这部分内容也会成为教学的难点。另外学生的理解能力达不到学习该部分内容的要求时，这一内容也会成为教学的难点。

对于不同的难点应采用不同的方法去攻破。学生头脑里的知识结构是由教材的知识结构转化而来的，学生对新知识的理解都是在原有认知结构基础上产生的。教师在教学中抓住新知识的生长点、新旧知识的连接点，利用旧知识同化新知识，特别是在新旧知识之间搭桥铺路是突破难点的有效方法。

二、确定专业操作技能的重点和难点

(一)确定专业操作技能的重点

操作技能的形成包括四个阶段，分别是操作定向阶段、操作模仿阶段、操作整合阶段、操作熟练阶段。

操作定向即了解操作活动的结构与要求，在头脑中建立起操作活动的定向映像的过程。操作定向是操作技能形成过程中的一个重要的环节，是操作活动的自我调控机制。操作定向阶段是教师教学过程中的重点，因为这个阶段的学习是学生操作技能形成最主要、最关键、最基本的环节。教师向学生准确地示范与讲解操作活动的各种结构和要求，帮助学生在头脑中构建起操作活动的定向映像过程。示范可以促进操作技能的形成。言语讲解在技能形成过程中也起到重要的作用。讲解的注意事项：(1)要注意语言的简洁、概括与形象；(2)不仅要讲解动作的结构与具体要求，也要讲解动作所包含的基本原理；(3)不仅要讲解动作的物理特性，也要指导学生注意、体验执行动作时的肌肉运动知觉。

学生在操作定向阶段形成的映像应包括两方面：一方面，有关操作动作本身的各种信息，包括对操作活动的结构要素及其关系的认识和对操作活动方式的认识等；另一方面，与操作技能学习有关或无关的各种内外刺激的认识与区分。定向映像的建立，是通过如下心理活动完成的：首先，通过对教师示范动作的直接感知而形成动作表象；其次，通过教师的进一步讲解，学生在头脑中正确区分动作的内部特性，建立有关动作的基本概念，掌握动作要领。

(二)确定专业操作技能的难点

教师在进行专业操作技能教学的过程中，因所教内容的不同，有可能会出现很多的矛盾、难题。这些矛盾和难题正是教学的难点所在。教学是不断分析矛盾、解决矛盾的过程。教师要理论联系实际，揭露矛盾，提出富有启发性的问题才能促使学生的积极思考，寻找解决矛盾的方法。例如，有的学生在切断时，刀具刃磨安装正确，但仍产生较严重的震动。此时可用悬臂的概念启发学生，对悬臂施加力时，力是作用一下，消失一下，重复进行。那么悬臂在受力时就变形一次，随着作用力的变化，悬臂也就有节奏的变形而发生震动。学生清楚后，知道自己切断时发生震动的原因是由于进刀不均匀和不敢进刀而使工件发生有节奏的变形与刀具间发生摩擦而震动。因此，学生操作碰到阻碍不能再向下进行时，教师应分析学生受阻的原因而进行启发、引导，使其专业操作技能受到锻炼并有所提高。

第三节 确定专业教学策略

教学策略是教学设计的重要环节。教学策略主要是解决教师"如何教"及学生"如何学"的问题的，是为了实现教学目标而在教学过程中实施的具体方式和手段的总称。只有制订符合实际教学情境的教学策略，才能保证预期教学目标的实现。以教学具体实施过程为标准进行划分，教学策略包括教学准备策略、教学行为策略、管理行为策略、指导学习策略等。

一、选择与确定专业教学准备策略

教学准备策略是指教师在课堂教学前所要处理的问题解决行为方式。也就是教师在制订教学方案时所要做的工作，要解决教学材料的准备与处理、教学组织形式的设计等问题。

(一)选择、确定专业教学材料

教学材料是指教学内容的各种形式的载体，是教师教学和学生学习的依据，其数量的多少、质量的高低关系到教学效果的好坏。选择、确定中职教学的教学材料需要注意以下事项。

第一，尽可能收集和教学相关的各种教学材料。教学材料包括教科书、教学指导用书、补充读物、图表、各种音像材料(幻灯片、电影片、录音带、光盘等)。

第二，对各种教学材料的内容、类型进行分析，理解教学材料。特别是要充分分析、认识教材。教材是最基本的教学材料。教材一般都是依据课程教学标准编写的。所以教师应该认真研读课程教学标准，在理解课程教学标准的基础上灵活地运用教材，教学不必局限于教材给定的内容和结构。在对各种教学材料、教材研究的基础上，可以重新组织教学内容。

第三，选择、确定的教学材料要符合教学目标的需要。

第四，选择、确定的教学材料应该符合学生学习的特点。

第五，选择、确定的教学材料能够帮助教学更好地达成预期的学习效果。

第六，选择、确定的教学材料能够在实际的教学情境中加以运用。

(二)选择、确定专业教学组织形式①

所谓的教学组织形式，就是教师与学生的共同活动在人员、程序、时空关系上的组合。教学是有计划、有组织的活动，任何教学活动都是通过一定的组织形式有条不紊地进行的。教学中人与物的因素、时间与空间的因素的不同组合，将产生多种教学组织形式。教学组织形式的不同，直接影响教学活动的开展与教学的效果。因此教学中采用何种教学组织形式需要根据课程性质、教学目标、教学内容、教学方式、教学手段和教学步骤综合考虑。

专业教学组织形式是由其课程类型和教学特点来决定的。专业教学可以分为理论教学和实践教学两种形式。专业教学既要对学生进行必要的理论知识传授，又要培养学生的职业技能，使其形成职业能力，这就决定了专业教学的教学组织形式不同于普通教育的教学组织形式。专业教学的教学组织形式主要有课堂教学、现场教学和操作技能实训教学。

1. 课堂教学

课堂教学是最常见、最基本的一种教学组织形式。课堂教学是按照年龄、文化程度将学生分成固定的班级，由教师根据教学计划规定的课程内容和教学时数，实施以班为单位的集体授课的一种教学组织形式。课堂教学活动的组织形式一般由一名教师与多名学生构成一种活动关系，其教学活动是否能够取得良好的教学效果，关键是如何调动学生学习的积极性，提高学生的感知效率和理解能力，使其掌握必备的知识和技能。为此，课堂教学中的"教"与"学"双方应形成一种良性的活动关系，要求"教"与"学"双方都必须遵循认知规律和教学规律，形成双向交流，发挥学生的聪明才智和想象力，使课堂教学取得良好的教学效果。

2. 现场教学

现场教学是由教师组织学生到生产现场进行现场观察，并由带队教师或现场工作人员通过现场讲解和问答，组织学生讨论，使学生直接感受、体验现场真实的情境而获得感性认识和直接经验的一种教学组织形式。现场教学分校内和校外两种方式。校内现场教学主要是到学校内的实习工厂或实训现场利用校内现有的各种实习、实训设备和仪器等实物，结合实训的产品加工过程，让学生现场观察并通过教师的讲解提高对设备使用、生产组织、产品加工的感性认识。校外现场教学主要是到专业对口的生产、经营服务企业生产一线，通过对生产过程的观察，以及带队教师和现场工作人员

---

① 汤百智：《职业教育课程与教学论》，178—182页，北京，科学出版社，2015。

的讲解，提高学生对生产现场各种生产设备加工能力的感性认识，为学生学习专业理论奠定基础，创造有利于专业理论知识理解的条件，拉近专业理论教学与实际生产应用的距离，提高教学的针对性和实效性。校内现场教学的优点是可以根据教学计划，及时地进行教学的安排与实施，缺点是校内现场的实习设备、技术水平难以反映技术发展的前沿水平，不能真实反映企业的生产情况和工作过程。校外的企业生产现场教学则可以让学生真实地感受生产状况和工作过程，但是教学的安排只能在企业允许的前提下进行，会受到诸多的限制。

3. 操作技能实训教学

操作技能实训教学是指学生在学校的实训场地（实训车间或实训室），在教师的指导下，由学生自己动手、动脑，独立操作有关设备，按照操作规程完成规定的学习任务并获得成果的一种教学组织形式。通过操作技能的训练，让学生将所学的专业理论知识应用于实践，掌握技术实践知识，积累技术经验，提高动手操作能力，培养学生解决实际问题的思维能力。操作技能的训练，是在教师的指导和帮助下，按照规定的程序与步骤，学习者通过反复操作与练习来实现的。操作技能的训练一般要经过四个阶段：准备与导学阶段、示范与模仿阶段、整合与提高阶段、熟练与自动化阶段、检查与评估阶段。

二、选择与确定专业教学行为策略

(一)选择、确定专业教学呈现行为策略

教学呈现行为是指教师以呈现知识或示范实验操作技能为主的教学行为。根据知识呈现的载体不同，可以分为语言呈现行为、板书呈现行为、多媒体呈现行为、动作呈现行为等。教师的教学呈现行为一般以语言呈现为主，辅以一定的板书呈现、多媒体呈现和动作呈现行为。辅以一定的板书呈现、多媒体呈现、动作呈现行为的目的是为了让语言呈现行为的内容结构更加清晰、重点突出、形象生动，能够吸引学生的注意，并且让学生易于理解。

1. 语言呈现行为

语言呈现行为也被称为讲述行为，主要指教师在课堂上以口头语言向学生呈现、说明知识，并使学生理解知识的行为。讲述行为是中职教学课堂上最常用的教学行为。讲述行为的运用策略主要有以下五种。

第一，语音准确、语词适当、语流连贯、语速适中。教师语音应以普通话为准，保证学生能够听清每一个字。教师要适时、恰当地使用本学科的专业词汇。为了准确表达教学内容，应选择最精确的词汇，不要使用容易混淆的词汇。使用口头语言，尽量使用短句，戒掉口头禅和多余的语气词。语速大致控制在每分钟200～300字。

第二，当讲述学生不太熟悉的新内容时，应向学生呈现引导性材料。引导性材料是告诉学生所学习的新材料是如何组织的，用以说明新知识的内在结构和新旧知识之间的联系，目的是增进学生对新材料的理解。

第三，讲述时注意所讲述内容本身的结构，选择合适的组织形式展开讲述。内容的组织形式主要有：部分—整体关系、序列关系（以时间顺序、因果顺序或事件发展顺序为基础展开）、相关关系、过渡关系、比较关系。

第四，讲述过程中，尤其是在讲述新概念、新原理时，应该以"规则—例证—规则"的形式向学生提供足够的肯定例证和否定例证，这样能够帮助学生澄清新概念的特征。

第五，讲述过程中有意识地使用连接词并适时提醒学生呈现的信息中哪些部分是最重要的，帮助学生更好地把握重点。例如，连接词有"因而""因为……所以……""如果……那么……"等，提醒学生注意的表达有"请注意……""这一点非常重要……"等。①

2. 板书呈现行为

板书呈现行为是指教师在黑板上通过文字、图表、图画等形式向学生呈现教学内容的教学呈现行为。板书分为静态板书和动态板书。板书行为的运用策略主要有两种。第一，教师要注意书写板书的时机和目的。当讲述重点、难点内容需要吸引学生注意力时应该书写板书；当要调动学生学习的积极性时应该书写板书。第二，教师应当注意板书的量和字体的大小。板书的书写要尽量做到简明、扼要。

3. 多媒体呈现行为

多媒体呈现行为主要是教师运用多媒体帮助学生获得感性认识、学习知识的行为。多媒体呈现行为的运用策略主要有：第一，对于内容比较抽象、语言表达难以理解的内容，教师可以借助多媒体的图像、视频等表达方式帮助学生对知识形成更好地认识；第二，多媒体的运用要做到恰到好处、适可而止。

4. 动作呈现行为

对于专业教学来讲，动作呈现行为是教师最常用的教学行为。职业教育涉及很多技能的操作与学习，教师的技能操作与演示就显得非常的必要。动作呈现行为主要是通过教师亲自操作向学生动作示范呈现知识的一种行为。动作呈现行为的运用策略主要有：第一，教师对某项操作技能的演示与示范要准确；第二，教师的动作操作和动作示范要分步骤进行；第三，教师的动作操作和动作示范速度适中，不能过快，要让学生能够清晰地看到。

中职教师应该依据课程性质、教学目标、教学内容的特点、学生学习的实际状况、教学情境等因素，在教学过程中综合地选择和运用各种教学呈现行为，更好地为教学

---

① 袁振国：《教学策略》，85—87页，北京，教育科学出版社，2003。

服务。

(二)选择、确定专业教学对话行为策略

教学对话是师生共同活动的过程,因此日本教学论专家佐藤正夫称之为"共同解决型教学方法"。教学对话有两种最重要的方式:问答行为与讨论行为。

1. 问答行为

课堂上师生互动交流最常用、最基本的方式就是师生问答。教学呈现行为是一种单向的交流行为,而问答行为与其不同,是一种典型的互动性行为。教师问答行为是由教师的发问行为开启,中间有学生回答行为介入,还有是师生之间的对话行为,最后一般由教师总结行为结束。所以,问答行为是间断的系列行为。这与讲述行为不同,讲述行为是没有学生行为介入的连续行为。问答行为除最初的发问行为外,中间环节很大程度上受学生当时回答情况的制约,所以,问答行为的运用策略比较复杂,是一系列的连续的过程。

问答行为的运用策略主要有四种。

第一,发问策略。问题要清晰、一次只提一个问题;保证高认知水平问题的适当比例;与学业有关问题的发问频率应维持较高水平;依据具体目标,合理安排低认知水平和高认知水平问题的次序。

第二,候答策略。教师发问之后,根据问题的认知水平和具体情境,等候 3~5 秒,给学生思考问题、组织答案的时间;学生回答之后,教师也要耐心等待 1~3 秒再开始说话。

第三,叫答策略。保证每个学生有尽量多且大致均等的回答问题的机会。

第四,理答策略。对于学生坚定正确的回答,表示肯定并给予表扬;对于学生态度犹豫不决但是答案正确的回答,先肯定其答案再解释正确的理由;对于不完整或部分正确的回答,先肯定其正确部分,再向学生提供线索启发学生补充自己的回答,如果学生仍然不能完全回答正确,则请其他同学回答或教师提供答案;对于不正确的回答或不回答的情况,教师要探寻具体原因再通过多种方法启发学生寻找到正确答案,最后教师要再次向学生明确正确答案。[1]

2. 讨论行为

讨论行为主要指学生根据教师制订的讨论主题,通过小组成员之间的讨论,相互交流观点,发表自己意见或疑问,最终形成相对一致理解、判断和评价的行为。讨论最大的优点就是能够充分调动学生学习的积极性,并让每一位同学都有发言的机会。但是讨论不好组织、不易控制,且相对耗时较长。

---

[1] 施良方、崔允漷:《教学理论:课堂教学的原理、策略与研究》,203—213 页,上海,华东师范大学出版社,2009。

讨论行为的运用策略主要有四种。

第一,讨论的准备策略。确定并精确表述讨论主题;尽量异质分组的原则;帮助学生做好讨论的准备。

第二,讨论的启动策略。确定学生在讨论中的角色。在讨论中,学生应该做到的是:说明自己观点;在与同学交流的过程中进一步明晰自己的观点;为自己的观点辩护;根据别人的观点或意见,修正自己的观点;每人都要评价别人的观点。

第三,讨论的组织策略。教师要专心倾听、少讲话,但密切关注讨论的进行,同时做讨论笔记;当讨论偏离主题、同学发言时间间隔太长、出现错误时,教师要适当介入处理;当个别人发言过多或不发言、无人发言、出现争执、讨论难以继续时,教师需要介入处理。

第四,讨论的结束策略。讨论结束时,教师要对讨论结果做出总结。[①]

中职教师应该根据教学目标、教学内容、学生学习的实际状况等因素在教学过程中选择合适的教学对话行为,促进学生对知识和技能更好地学习和掌握。

(三)选择、确定专业指导行为策略

教师对学生的指导行为往往发生在学生独立学习时。当学生独立学习知识、练习技能时,教学行为也就表现为指导行为。中职院校常用的指导行为有两种:练习指导和活动指导。

1. 练习指导行为

练习指导行为是教师通过帮助学生成功地完成课堂练习,达到学会知识或技能目标,保证教学顺利进行的行为。这里的课堂练习是指学生的独立练习,它一般出现在教师讲解、示范和教师指导下的学生练习之后。学生独立练习时教师的指导与独立练习之前的指导有所不同,不仅指导的量减少,而且更强调帮助学生对内容的意义有进一步理解和内化,强调帮助学生提高知识、技能掌握的熟练和自动化程度。使学生集中注意于练习活动且有效地进行练习是教师练习指导的两个核心内容。

练习指导的运用策略有五种。[②]

第一,独立练习前,帮助学生做好对知识、技能理解和运用的准备。具体来讲,包括以下几个方面:对学生进行充分的讲解、示范和指导练习,并且保证学生回答指导练习的正确率不低于80%;独立练习的内容应与指导练习的内容相一致;教师与学生共同完成独立练习中的前一二个问题;对于较困难的知识或技能,可将其划分为几

[①] 施良方、崔允漷:《教学理论:课堂教学的原理、策略与研究》,217—220页,上海,华东师范大学出版社,2009。

[②] 施良方、崔允漷:《教学理论:课堂教学的原理、策略与研究》,222—223页,上海,华东师范大学出版社,2009。

个小部分，依次讲解、示范和练习。

第二，均衡安排独立练习的题量和题型。练习量的大小应以学生能够完成又不会产生做"附加作业"的感觉。

第三，学生分布的安排要满足教师能监控到每一个同学的要求。

第四，教师需要不断巡视，以便监控学生练习。

第五，建立起学生独立练习的规则。

2. 活动指导行为

活动指导行为是指教师对学生独立从事的操作或实践活动的组织、引导和促进行为。学生独立从事的操作和实践活动的场所既可能在课堂内，也可能在课堂外。而且真正的活动是在课堂外。我们认为，课堂外学生活动是课堂内学生活动的延伸，两者是统一的。因此我们的讨论并不限于课堂内。学生的自主性实践活动对促进学生各学科知识的融合、能力的迁移和个性养成有着不可替代的作用。学生要在活动中充分发挥积极性和主动性，但这与教师指导并不矛盾，相反，教师合理指导是有效自主学习的保证。[①]

活动指导的运用策略：第一，教师确定活动的主题；第二，制订活动的目标，活动目标从知识、能力和态度三个方面来确定；第三，设计活动的具体内容；第四，选择活动的方式和具体形式。

教师在进行专业的教学过程中需要根据教学目标、学习任务等因素选择合适的行为指导，目的是促进学生对知识和技能更好地学习和掌握。

三、选择与确定专业管理行为策略

(一) 确定专业常规管理策略

中职教师要管理好课堂教学，应该掌握一些常规管理策略。在教学的过程中运用到的常规的管理策略主要包括教师自我行为调节策略、课堂组织策略和课堂人际关系的协调策略。

1. 教师自我行为调节策略

在教学过程中，教师个人素质、能力和行为都会对教学管理产生重要的影响。教师应该不断提高个人素质和能力，并在教学中调节好自己的行为，这样能为教学管理奠定良好的基础。教师对自我行为的调节主要包括赢得学生的尊重、纵观全局和组织有效的课堂教学。这就要求教师应该具备一定的专业知识和专业能力，有高尚的道德品质，具备一定的人格魅力，同时要求教师能够具有如下良好的教学行为习惯：第一，

---

① 施良方、崔允漷：《教学理论：课堂教学的原理、策略与研究》，227 页，上海，华东师范大学出版社，2009。

教学前,有明确的教学目标、制订好教学计划,安排好教学程序,组织有效的课堂教学;第二,上课前做好各项教学准备工作,按时上课和下课;第三,进行测验、考试前能够提前通知学生并告知范围;第四,记住学生的名字,对学生能有基本的了解;第五,对学生的进步给予鼓励、赞扬,避免讽刺、挖苦学生等。①

2. 课堂组织策略

第一,建立必要的课堂行为规范。课堂行为规范是课堂纪律管理的主要依据,是组织教学、建立课堂秩序的保证。课堂常规最好是在教师的指导下、在全体同学讨论和协商的基础上制订出来的,这样对全体同学的约束效力会更强。通常的课堂行为规范有:按时上课、不迟到、不早退、不缺课;因病或特殊原因不能按时上课需向教师请假;上课不随便说话、认真听讲;提问、回答问题要举手;回答问答时要尽量清楚、简练;按时独立完成作业等。

第二,严格执行课堂常规。一旦建立了课堂常规,就要严格执行。执行课堂常规应该注意的事项有:执行课堂常规要坚决果断;执行课堂常规要公平、公正,对所有的学生均是一个标准;执行课堂常规时要采用合适的方法和策略,例如教师采用暗示的方法;执行课堂常规以不伤害学生的尊严为前提等。

第三,教师要合理使用管理的权力。在课堂教学中,教师相对来说处于强势地位,拥有对学生的管理权。但教师不能过度使用这种权力,否则,可能导致学生产生不安全感和抵抗情绪,对于教学目标的实现反而会有阻碍作用。

3. 课堂人际关系的协调策略

课堂中的人际关系包括教师与学生、学生与学生之间的关系。要使课堂教学形成和谐的人际关系,教师应该做到:第一,形成正确的师生观;第二,公正地对待每个学生;第三,形成合理竞争的机制;第四,培养学生自我调节的能力。②

(二)选择、确定专业问题行为调控策略

在专业教学的过程中,尽管教师运用了各种常规管理策略,但是问题行为仍会出现。"问题行为"是指任何一种干扰课堂教学,影响教师教学和学生学习的与学习无关的活动,如传递纸条、干扰教师的谈话、拒绝回答教师的提问、与他人产生敌对行为等。

制订课堂行为规范实际是教师预防问题行为出现的措施。在制订课堂行为规范的过程中,教师和学生已经非常清楚课堂中哪些是正确的行为,哪些是不能接受的行为。这样的话,当问题出现时,教师应有明确的态度、采取果断的措施,与学生交流,解决问题。教学中常用的问题行为调控策略有四种。

---

① 李晓文、王莹:《教学策略》,215—218 页,北京,高等教育出版社,2000。
② 李晓文、王莹:《教学策略》,222、224 页,北京,高等教育出版社,2000。

1. 制止策略

制止策略是处理课堂问题的最常用的策略之一。制止性策略是指一旦问题行为出现，教师就通过系统地传达对学生的要求，以终止或改变学生行为的一种方法。这种传达可以是命令式的，如"不许讲话！""停止！"也可以通过注视学生或走近学生等动作来传达教师的要求。①

运用制止策略的要求是：第一，教师在任何一项教学活动开始之前，应该详细明确地向学生阐述清楚在这项教学活动中学生应该达到的行为标准和教师不希望学生做的行为标准；第二，如果在教学实施的过程中，一个或是少数几个学生的行为与教师希望达到的行为标准相背离的话，教师有时需运用制止策略加以制止；第三，运用制止策略时，教师应该注意自己的态度和方式，态度应该是平和且坚决的态度，而不应该是愤怒、厌恶等态度，因为如果教师愤怒或厌恶地运用制止策略的话，会让其他学生产生焦虑而影响学习。方式最好是隐蔽而不是公开的，但特殊情况下公开的制止也是必要的。

2. 现实治疗法

现实治疗法属于心理治疗方法之一，由美国精神科医师葛拉塞（Glasser）于1965年提出。在教学管理中，现实治疗法的实质是培养学生面对自己的现实问题的态度和解决问题的能力，使学生担负起解决问题的责任。作为一种教学管理的方式，在学生认识自己的真实状况和重新形成自己的行为时，它要求教师应以真诚的、富有人性的态度对待学生。②

运用现实疗法的基本原则有以下五种。

第一，富有人性地卷入。在课堂教学的过程中，要求教师和学生、学生和学生之间能够建立起一种相互联系的结构。在这种结构关系中，教师要表达对学生关心、关注并让学生感受到。这是运用现实疗法的基础。

第二，让学生诊查和评价自己的当前行为。首先，教师非常清楚学生的当前问题行为，但教师不直接指出学生的当前行为并对其进行评价，而是让学生去描述自己的行为。例如，当学生在课堂上玩游戏时，教师不会直接说"你又在课堂上玩游戏了"，而是会问"你在做什么"，这就逼迫学生去面对自己的当前行为，并对自己的行为进行评价，确认自己行为的不正确或不恰当。这时，学生也会意识到自己要对错误行为负责，这一点非常重要。

第三，制订现实的行为改变计划。当学生愿意调整自己的行为时，教师就应该帮助学生制订切实可行的行为改变计划。制订行为改变计划的基本原则是在学生原有行

---

① 李晓文、王莹：《教学策略》，222、224页，北京，高等教育出版社，2000。
② 李晓文、王莹：《教学策略》，222、224页，北京，高等教育出版社，2000。

为的基础上做小的、可实现的、明确的改变步骤。同时教师要要求学生将计划写下来，进一步强化执行计划的动力。

第四，不能为失败寻找任何借口。将计划以书面的行为写下来的最重要的目的是表明自己改变的决心。如果学生不能执行计划，不能找任何借口。这时，教师和学生可以分析失败的原因并对之前的计划进行修改，但并不意味着教师可以原谅学生。学生仍然要为自己的失败行为负责并承担责任。

第五，不要惩罚学生。葛拉塞认为，惩罚只会增加个体的害怕和痛苦，但无助于改变个体的行为。同时，惩罚会阻碍教师与学生的卷入，而卷入对教师和学生同样非常重要。

3. 行为矫正法

行为矫正法最早是一种心理治疗方法，是依据行为主义学习理论原理，改变个体行为或矫正不良行为习惯的一种方法。在课堂教学中，行为矫正法是通过强化训练的方式来管理课堂中个体和群体的行为。根据课堂教学的要求，行为矫正法被确定为一个教育过程，整个过程包括计划、实施和根据学生的进步调节教育或行为目标。在通常情况下，运用行为矫正法涉及四个阶段。

第一，掌握基本信息阶段。教师通过观察了解学生出现了哪些问题行为并统计这些问题行为出现的频率，然后确定需要矫正的真正问题行为。

第二，干预或实验阶段。在这一阶段，教师通常是去强化恰当的行为。而对不恰当的行为则不做出反应。教师通过实验，观察不同的干预方式产生的不同结果，从而选择出最恰当的强化方式。

第三，反转阶段。在这一阶段，教师对某一种行为采取与上述阶段相反的干预方式，以证明在第二阶段确认的方式是否有效。

第四，恢复最初干预的状况。在最后阶段，教师又恢复到第二阶段中的干预方式，并观察是否产生与第二阶段相同的效果。如果效果相同，则证明干预是有效的；如果没有产生预期的效果，则应重新开始矫正。[①]

4. 惩罚

在现代教学理论中，大多数的教学管理思想是以鼓励学生为主的。但面对一些特殊的情景和特殊的学生时，惩罚也是必要的。惩罚的方式很多，其中最常用的就是剥夺学生的部分权利，如取消他参加某项活动的资格等。

中职教师在教学过程中，需要综合考虑多方面的因素，根据具体的教学情境、学生的实际问题行为、学生性格特征等因素选择调控策略。在选择时，教师要认识到，对各种策略的理解、掌握程度及投入的时间和精力都会影响到策略实施的效果。

---

① 李晓文、王莹：《教学策略》，227 页，北京，高等教育出版社，2000。

四、选择与确定专业指导学习策略

指导学习策略主要包括帮助学生确立切合实际的学习目标、精心制订学习计划、有效地安排学习时间，构建良好的学习氛围，及时了解学习的成果等。

(一)选择、确定专业指导形式

对中职学生进行学习指导有多种形式可以进行。按照指导实施的方式大致可以分为专门性的学习指导和渗透性的学习指导。

专门性的学习指导可以通过有开设学习指导课程、举办学习指导讲座等进行。第一，开设学习指导课程。中职学生大多都是初中阶段的学习落后者，前文我们已经分析了他们大多在初中没有掌握一定的学习方法和学习策略，学习能力比较欠缺。通过开设学习指导课程可以对学生进行系统而全面的学习指导。学习指导课程主要使学生能够对学习活动形成正确的认识。使学生了解学习的各种动力来源，激发学习兴趣；使学生掌握各种学习方法和学习策略；提高学生的学习能力；结合所学专业，使学生掌握自己所学主要的专业课程的特殊学习方法。第二，举办学习指导讲座。学习指导讲座的安排时间相对比较灵活，定期或不定期开展都可以。学习讲座的内容可以更有针对性(根据学生在学习中普遍存在的现象或问题有针对性地进行开展)。如果学生比较欠缺学习策略，可以专门开展有关学习策略的讲座，提高学生对学习策略的掌握状况。

渗透性的学习指导可以通过具体课程和具体的学习环节渗透。对学生进行学习指导可以结合具体课程来进行，特别是对于专业课程，效果可能更明显，因为专业课程性质差异比较大，学习的方法和要求相对差异也会比较大。通过具体的学科进行学习指导可以很好地将学习理论与学习实践结合起来。可以让学生通过更加直观、形象的方式了解相应的学习方法，这种渗透的方式更容易让学生接受，让学生在不知不觉中掌握了学习的方法、提高了学习能力。另外教师也可以通过具体的学习环节，如练习环节，对学生进行学习指导。

按照指导对象大致可以分为个人指导、小组指导和集体指导。

(1)个人指导是针对个体的特殊需要进行的，主要为个体提供不同于一般学生的特殊学习指导。例如，对于学习比较优秀的个体、学业困难的特殊学生可能都需要特殊指导。

(2)小组指导主要是针对某一类群体进行的指导。

(3)集体指导是针对全体学生开展的学习指导。

专业教师在教学的过程中需要根据学生的实际状况、教学条件等因素，选择合适的专业指导形式。

(二)选择、确定学习监控策略

学习监控策略就是学生对自己的整个学习过程进行有效的监视和控制的策略。学习中的主要监控策略包括计划策略和监视策略。

1. 计划策略

计划策略是指根据学习目标，在学习开始之前计划达到目标所涉及的各种活动、预计结果、选择策略、设想解决问题的方法，并预估其有效性等。学习中的计划策略包括设置学习目标、浏览阅读材料、设置思考题以及分析如何完成学习任务。学习计划的内容包括学习目标、任务、时间、措施等。一般而言，制订学习计划时应该考虑以下两个方面。[①]

第一，学习目标的制订。目标的制订中应该注意以下三个方面：学习目标应具有可行性；在制订的学习目标的基础上制订的学习计划应该尽量具体、明确；学习计划应该有一定的弹性。

第二，学习时间的分配与管理。学习时间的分配应该注意以下三个方面：相对准确地确定自己每天活动的内容及时间，合理分配时间；按照轻重缓急的原则分配学习任务使用的时间；在某一时间段内集中完成某一学习任务。

2. 监视策略

在学习过程中，根据学习目标及时检验学习过程，寻找实际学习状况与目标之间的差异，并对学习过程及时进行调整，以期达成学习目标的策略。

中职学生大多没有掌握学习监视策略，学习过程中不知如何制订学习目标、如何分配与管理学习时间、如何有效地进行监控。所以，中职教师需要指导学生在学习的过程中逐渐掌握学习监视策略。

第四节 确定专业教学原则和教学方法

中职教育培养的是技能型人才，课程内容关注的是职业岗位的工作知识与技能，教学过程强调的是与职业岗位工作过程相一致，这就决定了专业教学具有不同于普通教育的教学原则和教学方法，下面我们来了解一下专业教学原则和专业教学方法。

一、确定专业教学原则

(一)整体性教学原则

中等职业教育的教学要求整体性，这是因为在实际工作场景中应用的知识都是整

[①] 莫雷：《教育心理学》，133 页，北京，教育科学出版社，2007。

体性的，都是综合各门知识进行运用。在教学的过程中将应用性知识分开，是为了教学组织的便利性。中职教育特别强调知识的应用性，教学就必须强调整体性。中职教育的大部分课程都需要对相关的知识内容进行整合，因为可能一门课程包含了不同学科的知识，教师必须对不同学科的内容进行整合，使其形成整体。另一门课程中既有理论教学，又有实践教学，这就要求教师能够将理论教学与实践教学作为一个整体来分析，进行整体的设计，系统地设计课程的结构。

(二)理论联系实际原则

职业教育是以就业为导向，能力为本位的。职业教育的教学要以职业实践为出发点，作为教学工作的导向和最终目标。它要求教师在教学中必须坚持理论与实际相结合，用理论分析实际，以实际检验理论，使学生从理论与实际的结合中理解与掌握知识，并学会运用知识，从而解决教学中间接经验与直接经验、学与用的矛盾。教学中始终要树立"学中用，用中学，学用一体"的思想，做到理论与实践相结合。

(三)启发创造原则

启发创造原则是指在教学中要最大限度地调动学生学习的积极性和自觉性，启发学生独立思考，激发他们的创造性思维，从而使学生在融会贯通地掌握知识的同时，提高自己分析问题与解决问题的能力，充分发展自己的创造能力和创造性人格。

(四)因材施教原则

由于遗传、环境、教育和个体主观能动性的不同，同一年级、同一专业的学生在学习基础、学习能力、学习兴趣、学习需求和性格特征诸方面，存在明显的差异。以学习需求为例，有的学生希望通过学习获得职业技能为就业做准备，有的则希望通过学习实现对口升学的愿望……这些差异就要求中职教师在教学的过程中能够贯彻因材施教原则。因材施教原则的基本要求是：第一，教师要根据学生的特点进行教学，做到因材施教。教师在教学中要尽可能满足不同层次学生的需求，争取让每一个学生都能有所收获。第二，专业的专业技能都是多元的，教学中要做到根据学生不同的学习兴趣和特点，培养其专业特长。例如幼师专业的专业技能就包含了幼儿舞蹈、钢琴、美术等，同一专业、同一班级的学生在学习这些专业技能时肯定存在极大的差异，教师要根据不同学生的不同特点，打造其专业特长。

(五)直观性原则

直观性原则是指在教学过程中，教师将知识通过实物、图像、模型、实验演示、动作演示、多媒体演示等方式形象直观地向学生呈现出来，通过直观形象启发引导学生的思维，帮助学生更好地理解和领悟抽象的专业知识。中职学生的基础知识相对比较薄弱，抽象思维能力不强，对于抽象的专业知识，往往接受、理解起来比较困难，教学中使用直观性教学原则，可以很好地帮助学生将抽象知识具体化、形象化，降低学习过程中的难度，保护、提高中职学生学习过程中的积极性和主动性。中职教育主要培养学生的职业岗位能力，教学过程中必然会涉及很多具体的职业岗位技能要求和操作流程，用语言表述的方式有时很难形象具体地向学生展示，学生理解起来也会比较困难。但在教学过程中通过模型、多媒体演示的方式向学生直观地呈现出来，不但可以使抽象的专业技术知识具体化、形象化，还可以让学生观摩到实际的工作过程，帮助学生将抽象的专业知识与真实的职业实践结合起来，更好地促进学生对专业知识与技能的学习。教学中采用直观性教学原则，是非常符合中职学生的认知特点的。

二、选择、确定专业教学方法

教学方法是在教学过程中教师和学生为实现教学目的、完成教学任务而采取的教与学相互作用的活动方式的总称。教学是一种创造性的活动，选择与确定教学方法需要综合考虑教学内容、教学目的、教学条件（主要包括教学设备、教学空间、教学时间）、学生实际状况、教师的特长等因素，与各方面条件、实际状况相匹配的教学方法可以明显地提高教学效率。专业教学主要以训练学生职业技能、培养职业能力为主，其实践性和定向性非常明显。这种明显的特征必然使职业教育教学过程成为一种"有明确目标的活动"，这就决定了专业教学的教学方法有别于普通教育的教学方法，专业教学所采用的教学方法大多以行动导向为主。以行动导向为主的教学方法主要有演示教学法、案例教学法、模拟教学法、项目教学法、引导文教学法、任务驱动教学法等。每一种教学方法都有其自身的特点与适用场合，也都有一定的局限性。对于教师而言，首先必须熟练掌握各种教学方法，还要了解各种教学方法所适用的情境。然后根据教学方法选择的原则和自己的实践经验，创造性地选择适用于特定内容和特定学生的教学方法，以达到最优的教学效果。

（一）演示教学法

演示教学法是教师将所教知识通过实物、模型、教具、实验演示、动作演示等方式形象直观地向学生呈现出来，使学生获得关于事物现象的感性认识，在此基础上理解和掌握知识的一种教学方法。

由于中职学生的抽象思维能力相对较差，演示教学法可以很好地将教学中比较抽象的知识、理论直观化、形象化，让学生形成对知识、理论的感性认识，使学生更易于接受、易于理解。演示教学法同时也很好地体现了直观性教学原则，强调学习从感性认识到理性认识，符合中职学生的认知规律。教学中采用演示教学法，可以很好地降低学生学习抽象知识、理论的难度，减轻学生学习过程中的畏难情绪，在很大程度上可以保护和调动学生学习的积极性和主动性。

实施演示教学法的具体步骤及基本要求是：第一，做好演示教学的准备工作。根据教学目标和教学内容选择实物、模型等教具并设计演示方式，设计的演示方式无论是实验演示还是动作演示，最基本的要求是能够将抽象的知识、原理形象直观地呈现出来；第二，在教学过程中，教师要能够使学生看清、听清整个演示程序，并调动学生用多种感官去感知事物，丰富学生的感性认识；第三，教师要启发学生能够通过观察演示对象或演示过程，在感性认识的基础上进行理性的分析，分析事物的本质及其主要特征；第四，教师最后要对学生进行讲解与启发，使学生的认识能够从感性认识上升到理性认识，形成对事物本质的认识，最终掌握概念、原理。

(二)案例教学法

案例教学法是教师根据教学目标，以职业情境中具体、典型的案例为教学材料，将学生引入某个特定的职业实践情境中，组织学生分析、讨论，进而能够对案例中呈现的问题进行全面的认识和理解，并在此基础上提出解决问题的方案的一种教学方法。案例教学法的实质是为学生提出一种实际的问题情境，这个问题没有固定的解决方法，教师在整个教学过程中主要是设计者、组织者、引导者，教师要组织学生积极参与讨论，引导学生寻找解决问题之道，以此培养中职学生分析问题并解决问题的能力，进一步提升学生的职业实践能力。

案例教学法的特点有：第一，鼓励学生积极思考并充分调动学生学习的积极性。传统讲授法，教师是知识的权威，而学生只是知识的被动接受者，而案例教学的过程中，学生不再是知识的被动接受者，而是要收集资料、分析资料并积极思考解决问题对策，最终参与到问题讨论中。传统教学中学生只需要听课就行了，难免会让学生感觉枯燥乏味，有可能降低学生学习的积极性。但案例教学中，主要是结合真实具体的工作案例来对知识进行分析和学习，这在一定程度上鼓励了学生的积极思考并调动了学生的学习积极性。第二，注重对学生收集信息、分析信息及解决问题能力的培养。传统的讲授法教学注重对理论知识的讲解和传授，但是学生学会了知识并不等于具备了解决问题的能力。案例教学法很好地克服了这一缺点，其需要让学生独立地收集资料、分析资料并思考问题解决方案，在这一过程中很好地培养了学生收集信息、分析信息并解决问题的能力。这同样也是符合中职生的学习特点的，中职生对理论学习兴趣不高，但对于实践操作有非常浓厚的兴趣。第三，注重教学相长。案例教学中教师不再是知识的权威，而是学生学习的组织者和引导者。教师要随时对学生解决问题的方案加以引导，这就迫使教师在课前做好充分的准备并在教学过程中积极思考，根据不同学生的解决方案提出引导策略。在这个过程中也促进了教师的成长，最终实现了教学相长。

实施案例教学法的步骤：第一步，引入案例；第二步，提出问题；第三步，预设解决问题的基本方案及实施方法；第四步，实施讨论；第五步，总结。在具体的实施过程中教师要注意以下事项。第一，根据教学目标和教学内容精选案例，案例最好是真实工作情境中的，案例能够充分展示教学所教内容。第二，教师和学生上课前都必须做好充分的课程准备。特别是学生，学生上课之前必须阅读案例并理解案例中的具体问题，学生还需要在教师的指导下独立地收集与案例相关的资料，阅读资料、分析资料，并在此基础上提出自己解决案例中问题的方法，也可以和同学协商讨论后继续完善解决问题的方案；教师在上课前除了精选案例外，还要对学生已有的知识背景和技能背景进行分析，在分析的基础上提出课程讨论预案，并对学生在讨论过程中有可能出现的状况提前预测，思考对学生进行引导的策略和方法。

(三)模拟教学法

模拟教学法又称模拟实习法，是指学校通过一系列手段创设特定的教学环境，使这一教学环境基本符合某一真实的工作环境，中职学生在教师的指导下，在模拟的工作环境中，扮演实际工作环境中的角色，从事有关职业内容的一系列角色活动的教学方法。使用模拟教学法之前一般要求中职生能够掌握一定的专业理论知识，这样才能在模拟的工作环境中操作实践。中职院校的某些专业，因为所对应职业岗位的特殊性，去真实的工作环境实习条件不允许可，这样的话，就要求中职学校必须自己建设模拟的工作环境，让学生能够实习，从而提高学生的岗位职业能力。

模拟教学的种类：第一种是设备模拟或器物模拟，如汽车维修专业教学中使用的汽车整车模型、汽车驾驶模拟器、模拟机器故障与检测维修，以及运用计算机的各种交互模拟等。第二种是环境模拟，如法律专业的模拟法庭；农业职业学校在校内建立的能够模拟进行各种不同规模的庭院经济活动的实习环境。第三种是人物模拟，如模拟销售员、模拟采购员等。[1]

实施模拟教学法的步骤与基本要求具体如下。第一，按照专业要求、教学内容和教学目标建设模拟的工作环境。模拟的工作环境尽量要求真实，符合工作的实际状况，教师和学生一旦进入教学环境，就能很快地进入工作的角色中。第二，模拟教学前，教师必须向学生讲清楚模拟练习的具体内容和要求，并能清晰地向学生做出具体示范。第三，练习的过程中，教师要对学生进行严格的要求，并能及时发现学生的问题给予指导和纠正。第四，练习结束时教师要做好总结。

教师要对学生的整体表现进行总结，鼓励并表扬学生在模拟教学过程中表现好的地方，同时指出在模拟练习中学生存在的问题，帮助学生分析问题产生的原因并指出预防措施。同时要求学生能够在课下反思、练习，最终达到教学目标的要求。

---

[1] 汤百智：《职业教育课程与教学论》，176页，北京，科学出版社，2015。

(四) 项目教学法[①]

项目教学法主要指根据专业特点、教学内容、教学目标为学生设计一个项目，以项目为教学载体，通过师生共同对项目的实施、完成而进行的实践教学活动的教学方法。运用项目教学法的过程中，设计的项目不仅要与课程教学内容直接相关，还必须与企业的生产实践或实际工作岗位对职业技能的要求紧密相关。根据不同的专业课程的特点，项目可以是完成一件具有实际应用价值的产品为目的的任务，也可以是针对某种工作岗位要求的具体的一系列实际操作的任务。任务必须有一定的难度，能够反映出学生运用知识解决问题的能力，最后必须有完成任务的成果展示。项目教学法是中职院校教学中常用的一种行动导向的教学方法，能够很好地锻炼学生的职业技能。

项目教学法的特点有下面两点。第一，充分发挥学生学习主体的作用。在整个项目教学过程中，学生是完成任务的主体，教师主要是指导者和帮助者，为学生完成任务提供一定的指导和帮助。学生在完成项目的过程中，将所学理论知识运用到实践中，锻炼了学生分析、解决问题的能力。第二，调动了学生学习的积极性。学生在完成任务、实施项目的过程中需要自己的实践参与和创造，期间学生能够体验到实践的艰辛与乐趣，能够充分调动学生学习的积极性。学生为了完成任务而学，在完成任务的过程中学习，充分体现了学与用相结合，理论与实践相结合的原则。

实施项目教学的主要步骤与要求具体如下。第一，确定项目内容和任务要求。教学前，教师要为学生提供几个可以选择的具体项目，在与学生讨论的基础上，确定具体项目。项目的难度要符合学生的实际知识、技能水平。第二，制订工作计划。工作计划是在教师指导之下由学生制订并确定具体的工作步骤和程序。第三，实施计划。学生分工合作，按照既定工作步骤和程序完成具体任务、完成项目计划。计划的实施要求学生具有一定的独立工作的能力。第四，检查总结。项目完成后，学生先对工作状况进行总结，接下来教师根据任务要求对学生的工作进行检查、评价，找出工作中存在的问题并分析原因，寻找解决问题的方案。

(五) 引导文教学法[②]

引导文教学法即引导课文教学法，是一种借助专门的教学文件即引导性课文，通过工作计划和控制工作过程等手段，引导学生独立学习和工作的教学方法。在教学文件中包括一系列难度不等的引导性问题，学生通过阅读引导课文，可以明确学习目标，清楚地了解应该完成什么工作、学会什么知识、掌握什么技能。

引导文教学法的实质是老师把原来要讲的内容用引导文的形式编写出来，让学生

---

① 马建富：《职业教育学》，114—115页，上海，华东师范大学出版社，2008。
② 马建富：《职业教育学》，115页，上海，华东师范大学出版社，2008。

学习使用。在教学中，学生从大量专业技术材料（如专业书籍、杂志、网站、手册等）中独立获取所需要的专业信息，独立制订完成工作任务的计划，从而获得解决新的未知问题的能力，并系统地培养学生的"完整行为模式"，着重培养学生独立学习、工作和检查的能力。

引导文教学法的种类有以下三种。第一，项目工作引导课文。这种方法主要的任务是建立起项目与其所需的知识能力间的关系，即让学生知道完成任务应该懂得什么知识，应该具备哪些技能等。典型的项目引导课文可以是一个独立的生产准备过程或产品加工过程。第二，知识技能传授性引导课文。这种方法的主要功能在于使学生不仅学习知识，而且还真正理解知识在实际工作中的作用。如计算机文字处理系统中的学习指南等。第三，岗位描述引导课文。这种方法可以帮助学生学习某个特定岗位所需的知识、技能以及有关劳动、作业组织方式的知识。如与该岗位有关的工作环境状况、车间的劳动组织方式、工作任务来源、下道工序情况、安全规章、质量要求等。典型的例子如质量控制员、秘书、售货员等岗位的任务说明书。由于每个岗位的具体要求随着情境的变化不断发生变化，因此开发符合实际情况的引导课文常常有一定的难度。

引导文教学法的特点如下。第一，注重对学生自主学习能力的培养。在学习的过程中，学生需要按照引导文中引导问题，自主学习解决实际问题所需要知识和技能。第二，注重对学生解决实际问题能力的培养。引导文中的任务和问题基本上都是根据实际工作情景设置的，因此学生通过学习往往能够获得解决实际问题的能力。第三，注重对学生独立工作能力的培养。

实施引导文教学的主要步骤有：布置任务；收集资料；制订计划；做出决策；实施计划；工作过程的监控；检查成果、评估反馈。

(六)任务驱动教学法

任务驱动教学法是一种建立在建构主义教学理论基础上的教学方法。这种教学方法认为在教学的过程中教师应该将教学内容内隐在一个或是几个具有代表性的任务中，然后将这些具体的任务布置给学生，教学活动主要围绕学生完成这些具体的任务来进行。学生为了完成任务，必须对任务进行分析、讨论，明确完成任务需要哪些知识和技能的准备，同时明确需要解决哪些问题，接下来学生在教师的指导和帮助下，自主收集资料、讨论分析资料，自主钻研和探索，寻找解决问题的方法并最终完成任务。

需要指出的是，任务驱动法中的任务与项目教学法中的项目还是有一定区别的，项目是一个综合性的实际工作任务，实施、完成一个项目所需的专业知识和技能相对比较复杂，另外项目完成后需要有具体的、有实用价值的工作成果的呈现。而任务驱动法中的任务相对简单很多，教师可以根据课程教学的内容设计一个单纯的学习任务或工作任务。任务一般可以分为封闭型任务和开放型任务。封闭型任务一般要求由每一个学生独立完成，开放型任务一般是由学习小组共同完成，开放型任务相对来说较复杂。

任务驱动教学法特点如下。第一，注重对学生良好学习习惯和学习能力的培养。任务驱动法以任务为中心，要求所有同学都要参与到完成任务的学习工作中，在这个过程中学生需要分工协作、共同收集资料、讨论分析资料，共同分析问题寻找解决方案并完成任务。整个学习过程中，学生始终处于积极的学习状态下，每一位学生都需要贡献自己的力量和智慧，这样既可以激发学生学习的兴趣，同时相当于组建了学生学习的共同体，提高了学生自主学习的能力和与他人合作的能力。第二，发挥了学生学习主体的作用。任务驱动教学法主要以学生共同完成任务为核心，整个实施过程都强调学生积极主动的参与、讨论与学习。教师主要承担的任务是布置学习任务、组织任务的开展、对学生进行学习方法方面的指导。第三，实现了理论与实践相结合。任务驱动教学法以学生完成任务为中心，改变了传统的教授法的理论与实践相分离的状况，在教学中体现了理论与实践相结合的原则。

任务驱动教学法的实施步骤具体有：第一，教师根据教学内容和学生实际状况设计教学任务；第二，布置任务，提出完成任务的具体要求；第三，组织学生分析、讨论任务并要求学生自主提出完成任务的策略；第四，教师针对学生提出的问题，在学生自主分析的基础给予一定的指导；第五，学生自主探索并完成任务；第六，教师检查任务完成状况并总结经验、教训。

第五节　设计专业教学反馈

教学反馈是指教师在课堂教学中准确、及时地获取学生学习内容的反应，以及使学生准确、及时地了解自己的学习效果的教学技巧及能力。熟练地掌握和运用教学反馈技能，是实现教学目标、提高教学效率的保障。中职学生学习过程中自我监管的能力相对较差，在教学过程中教师及时地向其进行教学反馈，有利于学生形成对自己学习情况的正确认识，以更好地促进学生的学习。

一、选择与确定专业教学反馈方式

教学反馈从方式上一般可以分为口头反馈、非语言反馈、书面反馈和活动反馈。

（一）口头反馈

口头反馈指教师通过口头语言对学生的学习状况、作业、技能测试、考试提供的反馈信息。教师可以通过口头语言对学生的学习表示肯定，也可以通过口头语言纠正学生学习中的错误。纠正错误的方式有：教师直接指出学生的错误；教师通过口头语言启发学生自己认识到错误并加以改正；启发学生互相改错。

(二)非语言反馈

非语言反馈指教师通过表情、目光、手势、姿态及距离等非语言因素给学生提供的信息。例如，教师可以通过微笑、点头、轻拍学生的背等肢体动作来鼓励、赞扬学生；教师通过与学生专门的目光接触，使学生集中精力或收敛违规动作；教师通过严厉的目光表达对学生的违规动作的批评，令其改正等。

(三)书面反馈

书面反馈一般用于课后对学生作业、考试及学期学业状况的整体表现提供的书面评价。

(四)活动反馈

活动反馈是指对学生动手操作（实验等）、技能操作的方式进行的教学反馈。对于技能性要求比较强的专业课程，在教学的过程中教师经常会采用这种反馈方式。

专业教师在教学的过程中，需要根据教学实际情景和学生的实际学习状况选择适当的教学反馈方式，以更好地促进学生的学习。

二、选择、确定专业教学反馈的组织形式

教学反馈从组织形式上一般可以分为个人反馈、小组反馈和集体反馈。每种反馈形式都有自身的优势和局限性。

(一)个人反馈

个人反馈是教师单独地和某一个学生进行的交流反馈。个人反馈能够让教师对某一个学生的学习状况有比较清晰的了解，如在学习中遇到了困难后，教师可以有的放矢地对学生进行学习指导。同时个人反馈还可以加深教师对某个学生的深入了解，同时增进师生情况。这种反馈方式在教学中非常普遍，往往会收到良好的效果。

(二)小组反馈

将学生分成小组进行学习，小组讨论后有发言人进行汇报，教师可以从小组汇报中，得到这个小组的学习反馈信息。教师通过反馈信息，可以找出小组共同存在的问题，分析原因，适时做出积极的反馈，以提高课堂教学的针对性与效度。

(三)集体反馈

集体反馈是最常见也是最常用的交流方式。教师可以通过课堂提问等方式，在学生集体回答的时候用心倾听、仔细观察、敏锐捕捉学生的语言细节，从而获取反馈信

息。当发现学生的优点时，要及时给予肯定。当发现学生普遍存在的问题时，根据具体情况，给予有效的引导。

教师在进行课堂教学的过程要根据教学实际情况、课堂实际需要和学生的实际状况合理地选择、运用这些反馈方式，获取真实的教学反馈信息，提升课堂教学实效。

第四章　教学资源选择与场景设计

教学资源选择与场景设计，主要指在教学的过程中如何根据教学内容、教学方法、教学手段的需要准备教学所需要的材料、工具及相关的学习材料，并按照中等职业教育教学的相关要求布置教学场景和选择适合学生实习的教学实习场所。中等职业教育教学的主要特点就是教学内容的实用性和实践性，直接和生产过程对接，这就决定了中等职业教育教学过程中要特别注重教学资源的选择和教学场景的设计。

第一节　准备教学资源

教学资源是指为教学的有效开展所提供的素材等及各种可被利用的条件，通常包括教材、案例、影视、图片、课件等，也包括教师资源、教具、基础设施等。从广义上来讲，教学资源可以指在教学过程中被教学者利用的一切要素，包括支撑教学的、为教学服务的人、财、物、信息等。从狭义上来讲，教学资源（学习资源）主要包括教学材料、教学环境及教学后援系统。中等职业教育教学最突出的特点就是它的实用性和操作性，借助教具可以帮助教师取得更好的教学效果，可以更有利于学生掌握新的技能和知识。鉴于中等职业教育的教学特点，且教学资源所包含的内容又比较多，原材料和相关工具就成为中等职业教学准备教育资源最主要的内容，也是本书准备教学资源中的两个主要介绍内容。中等职业教育各专业在教学实践的过程中要根据该专业的实际情况，准备相应的原材料或工具，有的专业可能需要同时准备原材料和工具，这些都要结合专业教学的需要来进行。

一、准备原材料

原材料是一些特殊的专业在进行教学时不可或缺的材料，原材料按照重要程度又可以分为主材料和辅助材料。中等职业教育很多专业在教学的过程中都需要原材料，例如烹饪专业、美术绘画专业等，就需要准备相关的主材料和辅助材料。如果没有相关材料这些课程也就没有办法进行，或者会直接影响到教学的效果。不管是主材料还是辅助材料，都要根据教学目标，结合学生和学校的实际情况进行准备。

(一)准备主材料

主材料指上课要用到的、不可或缺的材料。它是课程内容的载体，课程内容要依托这些材料通过教师传授给学生，主材料缺失将直接影响教学的正常开展，主材料的选取要遵循一定的原则。例如，烹饪专业的"中式烹调技艺"中"挂糊"内容的讲授，如果以干炸里脊为例，就需要用到里脊肉、鸡蛋、淀粉、面粉和水等原材料。如果没有这些原材料，或缺少任何一种原材料，课程内容都将受到影响。

第一，主材料一定要准备完整。中等职业教学中原材料的准备一定要完整，能保证整体教学流程的实现。例如，在上面讲到的"挂糊"课上，教师如果没有准备里脊肉或鸡蛋，"挂糊"课程就没有办法进行下去，这将直接影响到正常的教学活动。

第二，主材料一定要数量充足。要确保每个学生都能够得到一份主材料，不能影响到教学的正常开展。不能因为某些原因，让学生共用主材料，特别是一些必须要学生自己亲自动手实践的课程内容，学生必须独立拥有主材料。仍以烹饪专业为例，在烹饪专业的实践课堂上，每个学生都要参与实践操作，不能存在有的学生实践、有的学生观看的课堂。这就要求教师在准备主材料时，一定要数量充足，甚至可以多备一两份，以备不时之需。

第三，主材料一定要质量过关。中等职业教育的办学经费相对来说不太充足，但不能因为办学经费有限，就影响到专业教学材料的选购。更不能因为经费问题，选择那些质量较差的教育教学主材料。因为较差的主材料将直接影响到教学效果，甚至影响中等职业教育的教学质量。

(二)准备辅助材料

辅助材料主要指在教育教学过程中辅助完成教学的材料。从在原材料中的地位来看，它没有主材料那么重要。在有能力的条件下，也要准备数量充足、质量过关的辅助材料。但是如果条件真的不允许，在不影响教学质量的前提下，可以让学生共用辅助材料。

仍然以"挂糊"课为例，辅助材料包括：学生操作时佩戴的围裙，一些不是特别重要的或可以替代的调料，以及其他的帮助教学的辅助材料。这些材料仅仅起到辅助完成教学的作用，如果有能力也要准备充分。

二、准备工具

准备工具主要指在中等职业教育教学的过程中，教师根据教学的需要，准备教学需要用到的工具的过程。由于中等职业教育很多专业与实践联系比较紧密，很多专业在进行教学的时候都要借助一些工具，所以教师在授课之前，一定要做好工具的准备工作，例如"挂糊"课上教师就要准备相关的刀具和炉具。

（一）选择工具类型

不同的课程需要用到不同类型的工具，这就要求教师在上课之前一定要确保工具类型选择正确，不能因为工具类型的原因影响教学。工具类型不仅包含工具的大的种类，还包括不同型号的工具，教师一定要选择正确的工具。特别是当工具类型相近的时候，一定要详细区分不同工具类型，不能因为疏忽出现失误。例如"挂糊"课上的刀具的选择就需要注意，因为专业厨师的刀具有很多种，在这只需要选择切里脊肉的刀具就可以了。

（二）检查与整理工具状况

在选择好需要的工具之后，就是要检查和整理工具。检查工具主要就工具的性能和安全性进行检查，确保教育教学工具性能良好，不存在故障和安全隐患。因为使用这些工具的都是不熟悉操作规则的学生，他们对这些工具既不熟悉，也没有强烈安全意识，所以教师要保证这些工具能够良好的运行，且没有安全问题。并且在上课时要进行安全方面的教育，不要因为疏于安全管理而造成严重的后果。在检查过所有的工具之后，最好能有一个书面的整理记录，这样便于随时查看相应工具的情况。

在教育教学过程中，涉及教学工具一定要注意使用过程的安全性。要想安全使用工具，就需要教师严格检查和整理工具，这是安全教育教学必不可少的一个关键环节，一定不能忽视。对于那些已经发现有安全隐患的教学工具，一定要停用，并及时进行维修。总之，在教学过程中安全无小事。

第二节　准备教辅资料

教辅，即"教学辅导"的简称，是教学辅导类图书资料的总称，是一种辅助教材的参考性书籍，往往由知识讲解和练习题组成。其使用者包括学生、教师及教研员等。

一、教辅资料分类

按照不同的分类方式，教辅资料可以划分成不同的类型。这里主要以形式、载体和使用对象为分类依据进行分类。

教辅根据形式的不同，一般分为软教辅和硬教辅。软教辅大多是以期刊、报纸形式，以培养学生基本素质为主，如《英语周报》，但是软教辅的弱势在于针对性训练较少，大多数教师只是选择其为课外材料。硬教辅，即常见的教辅图书，优势在于紧贴考试，针对强化训练，但是由于入门门槛较低，常常会有些粗制滥造的产品。

根据教辅资料载体的不同，可分为教辅图书、教辅报刊、教辅网站。教辅图书，教辅资料以书籍的形式出现，如各科基础知识、各科试题、作文技法等内容。教辅报刊，教辅资料以报纸或期刊的形式出现，报纸如《语文报》等，期刊如《学习周报》《学习方法报》《学英语报》等。教辅网站，教辅资料以网站的形式出现，这些网站里的资源有教案、习题等，大多免费供教育工作者下载，如新课标网等。

教辅根据使用主体的不同，又可以分为教师教辅资料和学生教辅资料。教师教辅资料主要是供教师使用的教辅资料，而学生教辅资料主要是供学生使用的教辅资料。

二、准备教师教辅资料

教师在课前除了要准备相关的原材料和工具之外，还要准备相应的教辅资料。对教师教辅资料准备的说明，主要从纸质教辅资料和其他教辅资料两个方面来进行。

（一）准备纸质教辅资料

纸质教辅资料，主要是指以纸质形式出现的教辅资料。主要包括教辅图书和教辅报刊，以及教师自己打印或手写的相关材料等。教师纸质教辅资料的准备应该主要从以下这些方面着手。

首先，教辅图书。教师的教辅图书包括教学参考书、专业教学标准、课程标准及其他的相关教辅图书。教师在授课时，一定要认真阅读相关的专业教学标准、课程标准，这样才能对专业教学有更加全面、深刻的认识，所以这些都是中职教师必不可少的教辅图书。

其次，教辅报刊。除了教辅图书，还有一些报刊资料对教师授课有重要的帮助，教师也要从中汲取营养。特别是一些关联度比较高的最新研究成果，一般刊登在各类报刊上，教师要在教学过程中及时予以穿插，使学生掌握尽可能多的学科前沿知识。

最后，手写或打印的相关材料。除了上述的相关教辅材料之外，教师在分析教材的基础上，通过查阅相关资料，经过整理所得的资料也是要准备的教辅资料。还有教师自己手写的相关材料，也是要在课前准备好的。

（二）准备其他教辅资料

除了纸质的教辅资料，还有其他材料包括一些相关的网站资料，例如一些经典的教学案例、学生管理案例、班级管理案例、心理辅导案例等。如果教师要借鉴、使用或引用这些材料，在课前也要做好准备。同时这些网站的教辅资料，教师可以自己用，也可以在课堂上推荐给学生，让学生在课下根据自己的情况有选择地学习。

三、准备学生学习辅助资料

教师除了要为自己准备相关的教辅资料外，还要给学生也准备好相应的辅助资料。

现在的学生教辅市场，可以说是良莠不齐，学生没有在众多的资料中选择优秀教辅资料的能力，教师就有责任和义务帮助学生选择适合的教辅资料。

(一)选择与确定纸质学习辅助资料

学生所用的纸质学习辅导资料，主要包括与各个学科相关的参考书、辅导资料、相关的报刊资料等。在为学生选择纸质辅导资料的过程中一定要注意资料的适切性，即这些资料的难易程度、知识点的覆盖面、题量或材料数量等与学生的学习内容是否符合，学生能不能够在自己特定的时间内学完。鉴于目前中等职业学校的生源质量不高、学习兴趣普遍不高、学习能力较差的现状，教师在选择和确定纸质教辅资料时，一方面不能给学生选择难度大的材料，另一方面也不能选择数量过多的材料。因此，教师在帮助学生选择和确定纸质材料的过程中就显得非常重要，选择适合的材料就能帮助学生更好地学习，反之，不仅效果较差还是时间的浪费。

(二)选择与确定其他学习辅助资料

除了纸质的教辅资料，教师还要帮助学生选择和确定其他类型的学习辅助资料，例如各类教学网站。现在是一个信息发达的时代，网上有很多教育教学类网站，这些网站上面的各类习题或跟教学相关的内容，教师也要结合自己的教学目标和学生的学业实际情况进行选择和确定，力争找到最适合学生当下能力的各类学习辅助资料。

除了教学网站，其他形式的教辅资料，例如影视资料、音像资料等，如果合适，教师也可以推荐给学生，供学生学习，或者是在课堂上穿插进来。这些影视或音像资料，因为其直观性，接受起来比较容易。如果选择的比较好的话，可以大大提高教育教学的质量，起到事半功倍的效果，在教学的过程中可以结合教学目标，灵活运用。但是前提是这些教辅材料一定要经过教师的认真比对和筛选，一定不能把质量差或效果差的资料推荐给学生。否则学生不但不会有收获，还会浪费时间，更严重的还会产生负面效应。

第三节　布置教学场景

布置教学场景主要指在中等职业教育教学过程中，根据中等职业教育相关课程内容和培养目标的需要，在课前提前布置理论教学场景和布置技能训练教学场景。中等职业教学按照内容可以分为理论教学和技能训练，不管是理论教学还是技能训练，都必须在选择合适的教学形式的基础上，布置相应的教学环境。

一、布置理论教学场景

中等职业教育理论教学是中等职业教育的主体。在教学的过程中要首先选择合适的教学形式，再根据教学形式、教学内容、培养目标等的要求布置理论教学所需的教学场景。

(一)选择理论教学形式

教学组织形式是根据一定的教学目的和教学内容及教学的主客观条件组织和安排教学活动的组织形式，它是实施教学内容、完成教学任务的途径和手段。[①] 常见的教学形式主要有课堂教学、分组教学、合作学习、现场教学、分层次教学等。接下来对这些主要的教学形式，做简要介绍。

课堂教学，是班级授课制的具体形式之一，也是现代学校教学的基本组织形式。课堂教学按年龄、专业等因素把学生分成一个班，由教师根据教学大纲统一规定的课程内容和教学时数，按固定课程表进行分科教学的一种教学组织形式。由于这种教学以课堂 教师、书本为中心展开教学活动，就能够有效地向学生传授和使学生掌握大量、系统的理论知识。所以，长期以来中等职业学校的理论教学通常采用这种教学形式，因为它有助于学生掌握扎实的文化知识和理论知识。但是不得不提的是，这种教学形式也有其缺点，就是在教学方法上"一刀切"，不能照顾不同程度学生的学习需求，也不利于发展学生的个性特长。根据课堂的教学任务不同，课堂教学又可以划分为新知识传授课、复习课、练习课等，也可以是这些内容混在一起的混合课。

分组教学，是按学生的学习能力或学习成绩把学生分为水平不同的小组进行教学。分组教学主要让每组学生独立学习教师制订的材料，教师不做专门讲解，只做辅导。分组的依据可以是能力分组，也可以是作业分组。分组教学有助于学生之间相互交流、相互讨论、相互帮助，有助于培养团队精神。

合作学习是20世纪七八十年代以来，为大面积提高教育质量、解决学校教育面临的难题而寻找的出路。它通常把班级分为由2~6名能力、性格、种族不同的成员组成异质小组，然后按照一定的合作程序，以小组学习为核心环节，穿插全班讲授或组际交流，使全体学生对同一课题形成正确的理解和认识，并参照小组共同的学习成果对学生予以评价。

现场教学，是教师根据教学任务的需要，组织学生到生产现场、事件现场、服务现场、管理现场等，利用现场的教学条件进行教学的一种教学组织形式。现场教学是课堂教学的补充、延伸和发展。现场教学是把教学内容分解为相对独立的、清晰的知识和能力目标，通过具体的训练项目、观察项目和服务项目等，在教师的示范下，学生进行独立地操作训练的一种教学组织形式。在中职学校教学中，现场教学得到了广泛应用。

---

① 徐英俊：《职业教育教学论》，65~73页，北京，知识产权出版社，2012。

分层次教学，指教师根据学生现有的知识、能力水平和潜力倾向把学生科学地分成几组各自水平相近的群体并区别对待，这些群体在教师恰当的分层策略和相互作用中得到更好的发展和提高。又称分组教学、能力分组，它是将学生按照智力测验分数和学业成绩分成不同水平的班组，教师根据不同班组的实际水平进行教学。分层次教学是课堂教学的形式之一，这种教学组织形式有利于照顾到不同层次学生的学习需要，能较好地贯彻因材施教的教学原则，有利于使不同程度的学生在原有基础上取得进步和成功，有利于教师对学生进行分类指导和分层推进。

在以上的教学形式当中，理论教学最常用的形式是课堂教学。课堂教学因为其在教学内容和教学时间方面有统一的规定和要求，使教学有计划、有组织地进行，有利于提高教学质量和教学效率，成为了中等职业教育教学最常用的理论教学形式。

(二)布置理论教学环境

教学环境是一个由多种不同要素构成的复杂系统，广义的教学环境是指影响学校教学活动的全部条件(包括物质的和精神的)，它可以是物理环境和心理环境。而这两类环境又可作为相对独立的子系统存在，并具有各自不同的构成要素。狭义的教学环境特指班级内影响教学的全部条件，包括班级规模、座位模式、班级气氛、师生关系等。教学环境可以分为物理环境和社会文化心理环境，它的最早实践者是意大利幼儿教育学家玛利亚·蒙台梭利。教师要想提高教学效果，就要为学生创设一个生动、温馨、丰富、新颖的教学环境。中等职业教育理论教学的环境布置主要包括物理环境和心理环境。

物理环境布置主要包括设施环境、自然环境和时空环境等。其中设施环境包括教学场所和教学用具，是物理环境最核心的组成部分，教学设施是否完备、是否运行良好直接关系整个学校环境的质量和教学活动的正常进行，所以教师在上课之前一定要确保教室有良好的通风、采光、照明条件、无噪声；并且要保证教学所用教具，如课桌椅、实验仪器、图书资料、运动器材和各种电化媒体手段(摄像机、录音机、电视机、多媒体、语音室等)性能良好，满足上课需要。随着现代教育技术的发展，教学用具不断更新换代，教学手段也日益丰富，教学设施环境也变得越来越复杂。

学校自然环境是指学校所处的自然地理位置和气候条件，它们从总体上规定了学校大的环境面貌。依山傍水，风景秀丽，自然会给教师和学生带来愉悦之情。尽管无法靠人力改变这些自然环境因素，但我们可以充分利用它们，不但可使学校的建筑风格与自然环境达到和谐一致，而且这些宝贵的自然资源可以成为学生进行爱国主义、陶冶情操及进行研究性学习的基地。

时空环境指的是学校内时间和空间两大因素构成的特定环境。研究发现，不同的教学空间组织形式和空间密度对师生的身心健康和教学成效可以产生不同的影响。班级规模和座位编排方式就是两个最重要的教学空间变量。班级规模主要是指班级内学生的人数,是关系到教学空间密度的因素。由国内外关于班级规模对教学成效的研究发现,无论是学习过程、学习纪律,还是学习成绩都是小班优于大班;小班学生的积极性高于大班;空间拥挤可以引起行为异常和生理上的不良反应。

社会文化心理环境是由学校内部许多无形的社会、文化、心理因素构成的一个复杂的环境系统,它与物质环境共同构成了教学环境的整体。与物理环境不同的是,社会文化心理环境是一个看不见、摸不着的无形环境,但它对师生的心理活动的影响和社会行为,乃至整个学校的教育、教学活动都有着重要的影响,有时其影响力会超过物理环境,主要包括班风、课堂气氛、师生关系等。中等职业教师也要注重这些方面的建设。

二、布置技能训练教学场景

布置技能训练教学场景主要指在选择合适的实践教学形式基础上,布置相应的教学环境。

(一)选择教学形式

中等职业学校技能训练的主要教学形式有实验教学、实习教学、课程设计和毕业设计,接下来就这些教学形式做简要的介绍。[①]

实验教学是指学生在教师的指导下,使用一定的设备和材料,通过控制条件的操作过程,引起实验对象的某些变化,从观察这些现象的变化中获取新知识或验证知识的教学方法,这种教学方法是帮助学生获得知识、巩固知识和培养学生实验技能的一种实践教学形式。在物理、化学、生物、地理和自然常识等学科的教学中,实验是一种重要的方法。一般实验是在实验室、生物或农业实验园地进行的,有的实验也可以在教室里进行。中职学校的实验教学可以分为演示性实验、验证性实验、观察性实验、设计性实验、操作性实验、综合性实验、研究性实验等。

实习教学是在教师和技术人员的组织指导下,到工作或生产现场,参加一定的实际工作或生产操作,学习和掌握相关工作或生产经验,训练操作技能,运用理论知识于实践的教学活动。实习教学是专业知识和生产、工作实际相结合的一种教学形式,也是中职学校实践教学的主要环节。

课程设计主要指学生在教师指导下,运用一门或多门课程的理论知识和实践技能,解决具有一定综合性课题的筹划过程的一种实践教学形式。在中职学校的课程中,有些专业基础课和专业课要求有课程设计,课程设计是该课程的有机组成部分。课程设

---

① 徐英俊:《职业教育教学论》,87—90页,北京,知识产权出版社,2002。

计以不同于课堂教学的形式进行，一般安排在有关理论教学之后，集中两周左右的时间。课程设计的主要任务是运用所学理论知识和技术处理好各种因素之间的相互关系，创造性地完成符合生产要求的设计任务。

毕业设计是指学生在指导教师的指导下，综合运用本专业知识和技能，独立完成一项比较完整的专业技术课题的实践教学形式。毕业设计是按照专业培养目标规定的专业要求，对学生进行全面系统的能力训练的过程。通过毕业设计，使学生学会综合地运用所学的理论知识和实践技能，解决实际问题。

教师在布置技能训练教学环境之前，要根据自己的需要选择恰当的教学形式。然后再根据相关的教学内容、教学形式、培养目标，进行技能训练教学环境布置。

(二)布置教学环境

布置技能训练教学环境主要指，就中等职业学校学生技能训练所需要的相关仪器、设备进行相应的准备与布置。在布置的过程中要注意以下三点：一是确保布置的教学环境适合技能训练的需要，相关的仪器设备从数量和类型上都要符合技能训练的要求；二是定期做好相关仪器设备和教学环境安全检查，一定确保教学环境的安全；三是不断更新技能训练的教学设备，因为现代科技的飞速发展，技能训练的教学设备的更新也比较快，要不断更新相关设备，给学生创造接近前沿的教学环境。

第四节 落实中职专业学生企业教学

中职专业学生企业教学是中职专业教育的重要内容。在落实中职专业学生企业教学的过程中主要是选择与确定教学企业、选择与确定中职专业教学任务。

一、选择与确定教学企业

选择与确定教学企业主要指选择合适的企业类型和企业规模，因为企业的类型和规模直接决定了选择的企业是否适合教学需要，是否能够为教学目标的实现创造良好的条件。

企业按照不同的划分方式，可以划分成不同的类型。按照经济类型划分，企业可以划分为国有企业、集体所有制企业、私营企业、股份制企业、联营企业、股份合作企业、外商投资企业等。按照规模企业可以划分为大型企业、中型企业、小型企业、微型企业等。按照企业所属的行业，企业又可以划分为电子信息类、机械类、零售业类、物流类、餐饮类、纺织类、食品类等。

学校在选择与确定教学企业时，更多的是依据企业所从属的行业。因为只有在同一个行业内，类似的企业才能提供相应的教学设施、环境、人员等。如果是学纺织专业的到餐饮行业的企业去实习，就是缘木求鱼，得不偿失。所以，这就是说企业的行业从属是学校教学企业选择的首要依据，当然仅仅这样是不够的，还要求该企业有校企合作的积极性，并且能为教学提供相应的设施和人员支持，以及其他的学生人身安全和权益方面的保障。

企业的规模也是学校选择教学企业的重要依据。一般来说企业可以划分为大型、中型和小型，在选择教学企业时每一种类型的企业都有其优点和缺点。大型企业相对比较正规，各项规章制度都比较健全，但是其分工也比较详细，在这样的企业进行教学，学生学到的内容可能相对来说有深度，但会欠缺一定的宽度，并且这类企业相对运行比价成熟，可能也不太愿意接受职业学校学生的实践教学。中型企业，相对来说有一定的规模，但是在某些方面还不太完善，到这类企业进行教学实践，一定要选择该企业的优势所在，让学生参与这一部分教学实践。小型企业相对来说规模比较小，各方面的发展都不是特别成熟，选择这类企业一定要注意规范学生的各项行为，并保障学生相关的权益。

在选择教学企业时，除了考虑学校的规模和类型外，还需要考虑企业所在的地点、企业的积极性等因素。如果一个企业各个方面都很好，就是没有参与职业教育的积极性，恐怕也不是一个好的教学企业，在选择的时候也要慎重。

二、选择与确定中职专业教学任务

选择合适的企业之后，就要把相应的教学内容在企业教学中进行展开，具体来说在企业的教学中常见的有参与性教学和教学参观。选择与确定中职专业教学任务，主要就这两种常见的教学方法选择相应的内容。总体来说，在开展企业教学之前，要把进行企业教学的这些内容进一步具体化，要具体到一个个教学课程。

(一) 选择与确定中职专业学生参与性教学内容

参与式教学是指全体师生共同建立民主、和谐、热烈的教学氛围，让不同层次的学生都拥有参与和发展机会的一种有效的学习方式，是一种合作式或协作式的教学法。这种方法以学生为中心，充分应用灵活多样、直观形象的教学手段，鼓励学生积极参与教学过程，成为其中的积极成分，加强教师与学生之间的信息交流和反馈，使学生能深刻地领会和掌握所学的知识，并能将这种知识运用到实践中去。中职企业教学，主要指组织学生到生产现场、事件现场、服务现场、管理现场中去，利用现场的教学条件进行教学的一种教学组织形式。换句话说，就是把教学内容分解为相对独立的、清晰的知识和能力目标，通过具体的训练项目、观察项目和服务项目，让学生进行操作训练。

鉴于参与性教学的这些特征,在对内容进行选择和确定时一定要选择那些实践性强的内容,且必须通过企业教学学生才能真正学会的内容,或者依托企业教学学生能够更好地掌握的内容。因为企业教学的机会较少,成本也比较高,所以在进行企业教学之前一定要选择好相关的内容。

(二)选择与确定中职专业学生教学参观

教学参观是组织学生到生产现场、生活场所等地方,对实际事物或现象进行实地观察、调研,从而巩固知识和技能,验证和拓展知识和技能,获得新知识和新技能的一种教学方法。教学参观主要适用于那些必须要通过实地调研、参观、考察,才能了解现状或加深影响的内容,而不应该为了参观而参观。另外,教学参观还需要注意的是:一是要做好参观前的准备,使学生明确参观的目的和要求,了解参观的内容,把握参观的重点,明确注意事项和基本要求;二是教师在参观过程中要做好全面的指导,并且做好一些应急准备工作;三是在教学参观结束后,不管是教师还是学生都需要做好相应的总结工作。

第五章　教学实施与过程管理

中等职业学校教师需要具备的教学能力主要是由其专业实践决定的，而其较之普通中学教师专业能力更为复杂，工作领域更为广泛。因此，中等职业学校教师的专业能力结构必然是由众多单项能力综合而成的和谐的统一体。《中等职业学校教师专业标准解读》（以下简称《专业标准》）就是在充分考虑目前中等职业学校教师专业实践的具体情况以及课程教学改革的发展需求，充分吸收国内外关于中等职业学校教师专业能力研究成果的基础上形成的。《专业标准》对中等职业学校教师的专业能力要求基本涵盖了三个方面：首先，教育教学能力是中等职业学校教师专业能力的核心；其次，交往与沟通能力是中等职业学校教师专业能力的基础，教师不但要与职校生打交道，还要与同事、社区、家长乃至行业内人员交往与沟通，与这些对象交往与沟通的能力是中等职业学校教师做好工作的基础；最后是自我发展能力，在终身学习社会中，面对着社会、经济、产业日新月异的发展与变化，教师只有不断学习、自我发展才能适应教育教学工作的需要。中等职业学校教师只有综合协调发展上面各项专业能力，才能满足教学设计、教学实施、实训实习组织、班级管理与教育活动、教育教学评价、沟通与合作以及教学研究与专业发展的需要，才能成为一名合格的、专业化的人才。

第一节　导入新课

一、复习旧课，铺垫新授内容或技能

（一）浏览旧课的内容概要和重点内容

复习导入法不仅是传统教学的常规方法，而且是新课标实施以来惯用的基本引导方法之一。具体策略是教师在教授新课之前，通过复习一些与所授新课内容相关的知识内容，从而为新授课题做好铺垫。教师可以采用复述策略，即通过多次重复来确保

学生对信息的把握。① 这种方法的关键点在于教师要根据新旧知识之间的逻辑关系，找准知识的连接点，以旧引新，温故知新，淡化学生对新知识的陌生感，使学生迅速将新知识归纳到旧知识结构中，有效降低学生对新知识的认知难度，从而轻松地理解并接受新知识。同时，课堂提问是复习旧课最为普遍的一种教学形式。如何提问，提哪些问题，对教师来说具有一定的难度。但这种方式对于培养学生的思维能力和语言能力有着十分重要的作用。有针对性地设置适宜、准确的提问导入，是新课标的一个基本要求。

(二)呈现新旧课的联系，铺垫新课

让学生演示自己已经熟练掌握的知识和技能。例如，在一堂散点图的课程结束后，让学生用自己感兴趣的东西来运用散点图知识。有的学生可能会创造一个自己喜欢的棒球运动员击球率的散点图。而有的学生可能会制作一个心仪演唱会的散点图。给予学生自由讨论的机会，让学生积极主动地讨论知识的意义以及如何在生活中运用这些知识的方法。这有助于学生学会用自己的语言来表达自己的观点，并将要学习的知识与已经学习过了的知识紧密联系起来。鼓励学生针对同一个问题寻找不同的解决方法，并且帮助他们选择一个对他们来说最为有用的解决方案，从而帮助学生更好地学习。帮助学生根据考试或者老师的反馈来判断他们的学习方式是否符合自己的实际情况，以及预测在未来的学习过程中所面临的困难。教师应告诉学生，在遇到困难时如何寻求帮助、如何调整学习方式，以更好地满足他们的学习需要；倾听学生的声音，并有意识地展示学生可能会感兴趣的东西。教师应该明确指出所教的知识与学生现实生活的紧密联系，或者要求学生自己找到这种联系。

二、导入新课，激发学生学习动机

(一)设置情境，激发学生求知欲

教师需要创造性地运用各种教学方法和创设各种教学情境优化教学活动。② 教师可利用情境导入法，根据教学内容的需要，预设一定的情境，让学生在特定情境下进入新课。所谓创设问题情境，就是通过教师有目的地设置疑问，创设情境，吸引学生积极动脑，主动地去发现问题和解决问题。但在创设问题情境时，必须注意创设问题的几个原则：精心设问；问题要新颖；难度要适度；创设问题要有广泛性和实际性。总之，创设问题情境的目的在于调动学生积极参与思维活动，诱发学生的求知欲，促使学生主动地学习新知识，掌握学习的方法，培养学生独立思考，独立解决问题的能力。

---

① 邵瑞珍：《教育心理学》，81—84页，上海，上海教育出版社，1997。
② 何庄、王德清：《关于教学艺术概念的理论反思》，载《教学与管理》，2007(9)。

创设教学情境不仅有助于学生更好地理解和掌握新知识，而且有助于学生在探索中增长发现和解决问题的能力。设置的情景也可利用多媒体教学手段适时应用到课堂，教学则可以图、文、声、像并茂地从多层次、多角度呈现教学内容，立体性的教学空间使深奥抽象的知识具体化、形象化，便于学生掌握、理解，激发学生的求知欲望。教师将知识与审美综合起来，使学生在愉快中高效率进行学习的精湛的教学技能技巧就是教学艺术。[①]

（二）设置合理期望，挑战学生能力极限

要想让学生获得成功，教师不仅要对学生有合理的期望，而且要深入理解学生的行为表现。教育家威廉·赛德拉切克博士的研究帮助我们认识和理解学生的各种课堂行为，他提出了促进学生课堂表现的八个要素。[②]

要素1　自信：成功的决定性要素。

要素2　清晰的自我认识：精确评估自我优势和弱势的能力，是促进自我发展的动力。

要素3　获取有利资源：知道如何获取资源、如何使用资源帮助自己达到目标。

要素4　优先选择长期目标：知道如何设立和完成长期目标、延迟享乐、遇到障碍依然坚持不懈。

要素5　寻求强有力的支持：懂得寻找他人为自己提供建议，尤其是在危机时期。

要素6　领导力：拥有组织和影响他人的能力。

要素7　团队合作力：能积极参与到团队中去。

要素8　专业知识：在擅长的研究领域中，拥有令人信服的专业知识。

这八个要素为我们提供了全面观察和理解学生课堂行为的参考依据。观察学生课堂行为所呈现出的优势和潜力，将为你提供一个帮助学生获得知识的崭新切入点。如果学生拥有自信，你可以帮助他利用自信克服学习上的困难；如果学生拥有清晰的自我认识，你可以教他如何利用优势和弱势来制订自己的学习目标，更有策略地进行学习；如果一个学生有领导力，你可以教他利用这种领导力优势来组织学习小组，或者在课堂的日常事务中承担更多的责任。只要你积极地寻找可以促进学生积极学习的行为，你就能帮助他们利用这些学习行为来获得自己需要的知识。此外，告知学生你对他们优势和努力的认可，也能极大地激励他们突破能力极限。

（三）实施教学内容过渡，导入新课

《专业标准》第35项指出，中职教师应"基于职业岗位工作过程设计教学过程和教

---

① 陈旭远：《课程与教学论》，296页，长春，东北师范大学出版社，2004。
② 罗宾·R. 杰克逊：《教学可以很简单》，29页，北京，中国青年出版社，2013。

学情境"。职业教育教学与普通教育的最大区别在于，职业教育需要基于职业工作的情境进行教学。因此，专业课程的教学过程和教学内容是以职业工作的教学情境展开的，公共基础课融入相关职业内容时同样需要以教学情境展开。通过教学情境，学生置身于真实的、基于教学化处理的情境之中，能够在相对集中的空间和时间内获得职业工作岗位所必备的知识、能力和素质。因此，中职教师需要具有教学情境的设计能力。在设计教学情境时，需要将职业岗位工作过程、教学过程和教学内容有机结合，这就要求中职教师不仅要对职业岗位工作有实践经历，同时还应掌握职业教育教学的方法论和教学法，熟悉学校所拥有的实训、数字化等教学资源。

三、展现教学目标，实现课堂教学基本内容

教职成[2009]2号文件就中等职业学校的培养目标做出了明确规定：中等职业学校培养与我国社会主义现代化要求相适应，德、智、体、美全面发展，具有综合职业能力，在生产、服务一线工作的高素质劳动者和技能型人才。这个培养目标规定了职校生的就业岗位是生产、服务一线，没有了从前的"技术、管理"岗位。[①] 职校生要具有综合职业能力，即在职业岗位上"做事情"的能力。在教育维度上，提出高素质劳动者，体现了中等职业教育的人本性。在职业维度上，提出了技能型人才，体现了中等职业教育的功利性，这种功利性的本质是应用性。所谓的技能型人才，对中等职业教育来说，是属于"经验层面"的技能型人才。中等职业教育区别于一般培训学校的特征是人本性与功利性，这保证了中等职业教育是"培养"而不是"培训"。中等职业学校教师要结合中等职业学校总的培养目标来确定和理解本专业的培养目标。

（一）展现新课所要达到的目标

教学目标就是对学生通过教学活动要达到的标准或结果的预期。首先，目标是教师的预期，它指明教师期望学生在学习结束后，在专业能力、方法能力、社会能力等方面会发生什么变化，因此要求教师在做预期之前应该做充足的准备，对学生的原有经验和真实需要的评估要符合实际。其次，教学目标是对学生的预期，是站在学生的角度来讲的，它指明学生应该怎么做，做到什么程度，这就要求教师将所有注意力放在学生身上，关注学生的学习行为与学习成效。最后，一节课要达到的标准或结果应该是什么，不同教师的看法是大不相同的，这就极大地考验教师的专业水准。教学目标属于目的系统中的终端环节，它受制于学校培养目标、专业培养目标、课程目标、单元教学目标的需要。我们这里所说的教学目标，特指课时教学目标。

（二）说明新课所要达到目标的达成度

符合学生的实际情况。符合学生的实际情况，包含两层意思：一是基于学生的原

---

① 张涛、王冬凌：《中等职业学校教师专业标准解读》，132页，大连，辽宁师范大学出版社，2016。

有知识、经验、生活情况；二是基于学生的职业需要。教学目标是教师对自己所教学生提出来的目标，教师要在综合分析学生特征和教学内容之后来确定教学目标。因此，即使是同一内容，不同教师制订的目标也不会一样。教学活动要在特定的时间和地点，由特定的主体（职校生）完成。教学目标的大小、深浅、多寡，要根据职校生的实际情况来定。要根据培养目标等需要，按照专业的职业属性要求，选择一定数量的既能在可利用时间内以相当高的程度实际达到的，又确实重要的目标。设定目标要"有所为有所不为"，要在有价值意义的地方做文章。要适合测量或评价。教学目标不仅具有导教的作用，也具有导学的作用，更具有导评的作用。教学目标具有评价的功能，所用行为动词必须是可测量、可评价，具体而明确的，而不能含糊其辞，否则无法指明教学的正确方向，无法评价，教学目标也就会丧失其固有的功能。

第二节　呈现新课内容

一、讲解新课内容

一旦教师确定了学生必须了解的知识，下一步就要确定如何让学生更好地掌握这些必要的知识。有些知识只需要向学生进行详细的介绍和提炼知识要点，而有些知识是需要学生真正掌握的。这样的区分很重要，因为它证明了知识的质量远远胜过知识的数量。

（一）讲解知识要点

格兰特·威金斯和杰·麦克泰指出："我们所教给学生的每一件事并不都是学生必须彻底理解的。"有些知识仅仅要求学生了解大致的内容和重点就行，学生们只需意识到它们的存在，但它们对于学生在本阶段以及下一阶段的学习，并不是最关键的，因此并不需要学生花太多时间深入理解这些知识。而有些知识则是学生必须彻底理解的，因为对它们的理解是这个学科领域最基本的知识，学生必须学会熟练使用这些知识。不管在哪种情况下，学生都需要练习，但是了解知识所需要进行的练习程度和数量要远远小于熟练掌握知识所需要进行的练习程度和数量。提高教学效率有五种方法。

第一，在每个新的单元教学刚开始时，给学生一份能够提高学习效率的单元学习目标（许多教科书在每章末尾都有这样的学习目标）。

第二，学习目标要确定学生是否需要学习整个单元，或者包含一些快捷高效的讲解方式。

第三，规划在这个单元的每个部分你将要花的时间。

第四，寻找可以将作业和学习活动有效结合的方法，这样就可以在课程教学过程中为学生讲解更多的知识以及帮助学生掌握那些很难理解的重点知识。

第五，寻找重复或者重叠的内容，确定哪些任务可以停止或者取消。

(二)分析重点内容

教学内容的重点既有学生已知的，也有学生未知的。教师应根据学生具体情况来确定教什么，教多少。有些内容略加讲解，就可以一带而过，尽量少讲，甚至不讲，让学生自己在做中体验并悟到；有些内容是工作中的应用性技能，出现频率高，则应反复训练，增加教学时间。[①] 如果教师对一次课的教学内容照本宣科、面面俱到，势必影响学生主观能动性的发挥，影响其个性特长的发挥。因此，课堂教学必须对教学信息的传递进行必要的调控，做到突出重点、化解关键、主攻难点、解决疑点。在教学实践中，有的老师在讲课过程中也强调了重点，但往往是一句话，告诉学生这是重点，但是在其授课过程中没有体现出重点来。

(三)分析难点内容

为有效分析教学难点，快速弥补学生的学习缺口，下面的问题能帮助教师确定哪些知识和技能需要加强，而哪些知识和技能可以直接跳过。

(1)为了成功地完成学习任务，学生需要遵循什么规则或常规？

(2)学生需要理解哪些原则，以便我们更好地解释他们需要学习哪些知识，在他们遇到困难时需要排除哪些故障，在他们面临新的情况时需要做出哪些调整。

(3)在学生完成学习任务之前，他们需要哪些知识？

(4)当学生完成任务时，他们需要想起哪些知识？为了完成任务，学生需要运用哪些概念？[②]

(5)深入浅出、突破难点。在教学过程中，有的重点也是难点，有的重点和难点还有区别，这就要求教师在教学过程中具体问题具体分析。对于重点问题要让学生清楚明白，对于难点问题，要求教师用通俗的语言，深入浅出地讲解清楚，便于学生理解。要做到这一点，就要求教师花大力气，寻找行之有效的方法。教师要使教学效果更好，就要采取案例法、讲解法、示范法、反证法等方法，帮助学生突破难点、简化难点，让学生感到难点不难，难点突破了，有利于学生对重点的把握，有利于我们更好地实现教学目标。

二、展开积极的思维活动

调节课堂气氛可以使学生思维始终保持兴奋活跃状态，教学效果最佳。教师要善

---

① 张涛、王冬凌：《中等职业学校教师专业标准解读》，144页，大连，辽宁师范大学出版社，2016。
② 罗宾·R. 杰克逊：《教学可以很简单》，154页，北京，中国青年出版社，2013。

于制造良好的课堂氛围，消除紧张气氛，使课堂教学张弛有度，让学生轻松愉快地学习，教师还要善于运用目光、表情、手势等非教学语言来调节课堂气氛，使学生注意力集中，精神振奋，积极主动地学习。

(一)设置疑问，以情境激发学生学习兴趣

调控思维训练量有助于引发学生思考，对学生的训练，即便是技术技能应用型的中等职业教育，首先也是思维的训练，思维的训练要有一定的量，不能是"满堂动"的"技能机器人"的教学。因此，课堂教学要增加教学信息量，提高思维密度。有时要留出让学生思考的时间，要留出"空白"让学生"填补"，发挥其思维的主观能动性。

职校生对新奇刺激往往反应敏锐。教学实施时如能注意营造新奇的氛围，创建基于普遍意义的学习情境即"真实的虚拟"，职校生就感到新奇有趣，就会激发学生对职业学习的兴趣。教师要善于抓住学生的好奇心理，使其在好奇心的驱使下主动学习，兴趣的产生则是自然而然的结果。职校生的思维特点是具体、形象、感性的成分居多，而逻辑思维相对比较弱。因此，职校生的注意力往往取决于教学的直观形象。形象是教学中最生动、最活跃的因素。形象分成两种，一是二维的"情景"，二是三维的"情境"。课堂教学中的"形象演示"能取得任何理性的解释都无法比拟的效果，形象能直接激发学生职业兴趣、学习兴趣，能吸引学生投入情感，唤起学生的情感联系，并留下深刻的印象和建立真实的体验，这对于技术技能应用型学习无疑是重要的。基于"情景"的形象，如幻灯、录音、语言、动作、挂图、多媒体课件等办法，在很多时候是有效的。基于"情境"的形象，是对实际职业情境经加工而构建的更具普遍意义的学习情境，是"真实的虚拟"，这对职业教育项目、案例、问题意义的学习来得更直接、有效。

(二)培养自信心，以感情激发学生的职业兴趣

职校生的自信心培养是不可忽视的问题，自信心饱受打击，信心普遍低落是职校生的一个普遍特点。教师在教学实施过程中，要"润物细无声"地渗透多元智能理论，让职校生知道自己并不是后进生，而只是与高中生属于智能类型不同的学生，还应该渗透"行行出状元"的人才观，让学生真正觉得将来所面临的职业并不比任何职业差，都是社会需要、都是不可或缺的职业，从而为自己的职业感到自豪，产生自信心。教师要用欣赏的眼光关注职校生，用亲切的眼神鼓励职校生，用肯定的语言帮助职校生，用够得着的任务分配给职校生，让每个人都觉得自己是有用之人，还要采取适合职校生的教学方法，使其能够找到自己的学习灵感，自信心也会逐渐培养起来。

(三)让学生承担相应的学习后果，培养其责任意识

仅仅要求学生自己完成学习任务是远远不够的，还必须让他们为完成学习任务担当起相应的责任。也就是说，如果学生没完成学习任务，教师就得让他们承担相应的后果，只有这样才能更好地促进他们以后的学习。让学生承担相应的后果来帮助学生

对自己的行为和选择负起责任，它和惩罚有着本质的区别。惩罚的权力来自于教师的权威，而不是学生自己形成的认识，惩罚所传达的信息是教师必须管理学生的行为，惩罚能够暂时性地压制学生的不恰当行为，但是它并不能将学生引向今后更令人满意的行为和选择。

第三节　调控课堂教学情境

课堂教学环境是一个由多种要素构成的复杂的整体系统，教学环境与教学活动息息相关，环境的优劣直接影响教学活动的进程。为了最大限度地发挥教学环境的正向功能和降低负向功能，实现教学环境的最优化，就必须对教学环境进行必要的调控。调控教学环境是一项复杂而富有创造性的工作。这项工作最基本的要求有以下三点：一是教育性，即教学环境是培育人的场所，对教学环境的调控必须考虑到它的教育意义，即思想性的一面，一切有悖于这一点的做法都是不妥的；二是经济性，即创建良好的教学环境并不意味着追求豪华的设施和讲究排场，教学环境的建设和调控应当在力所能及的经济条件下进行；三是实用性，即建设教学环境的主要目的是为了更好地服务于教学。因此，一切不符合教学实际需要的、形式主义的所谓环境建设都必须加以制止。

一、调控课堂教学情境应遵循的原则

（一）整体协调原则

这一原则是指在对教学环境的调控过程中，无论学校领导还是教师，都要有全局观念，要从整体上对教学环境的各个方面进行规划调整，以便把各种环境因素有机地协调为一个整体。我们知道，构成教学环境的因素颇为复杂，既有物质的，又有心理的，既有有形的，又有无形的。只有当这些环境因素协调一致时，教学环境的积极作用才能得以正常发挥。为此，在调节控制教学环境的过程中，学校领导或教师首先要做到全面调控。所谓全面调控，就是要将学校的校舍建筑、校园绿化、室内布置、良好人际关系的建立、积极向上的校风的形成等内容，作为一个整体来加以全面考虑和控制，并将这些环境因素产生的影响协调一致起来，使它们向有利于促进学生身心健康和提高教学质量的方向发展。其次要做到合理调控。所谓合理调控，就是要求教学环境的建设和美化要符合学生身心发展的特点和教学规律，要遵循生理学、心理学、学校卫生学、教育学和美学的基本原则，要通过合理的调节控制，使教学环境真正成为科学和艺术的统一体。总之，调控教学环境必须从整体出发将各种不同的环境因素

统一协调起来，使教学环境在促进学生发展和提高教学效率方面发挥积极作用。

（二）增强特效原则

增强特效原则是指在调控教学环境的过程中，环境控制者可以通过增强或突出环境的某些特性，有意形成某种特定的环境条件来影响教学活动及师生的行为，以达到预期的目的。环境心理学的研究表明，环境可以直接影响人的行为，环境的不同特性能对人产生不同的影响。将这一原则运用于教学环境的调控过程中，适当突出教学环境的某些特征，可以大大增强环境的影响力，使师生的行为发生理想的变化。例如，适当突出环境的反馈特性，在学校里师生进出的主要通道口，郑重地立上一架醒目的大镜子，这对整饬师生仪容，约束师生言行，具有潜移默化的作用。再如，在讨论课上将课桌摆成圆圈，可以增强讨论的气氛，提高讨论效果；在教室、走廊的墙壁上适当张贴一些中外著名学者、科学家的照片或画像，并在上面写上这些学者、科学家的国籍、出身、生卒年月和主要成就或留下的著名格言，将有利于开阔学生的视野、激励他们勤奋学习、努力上进。

在学校中运用这一原则，应当注意以下两点要求。第一，要有明确的目的性。在教学环境的具体调控过程中，需要增强环境的哪些特性，将要达到什么目的，学校领导或教师必须经过周密考虑，做到心中有数。教学环境中绝不允许随意涂红漆绿，装扮点缀。第二，要根据具体情境灵活运用。环境因素是可变的，在不同的情境下，它们所起的作用是不同的。例如，桌椅排成圆圈形，有利于讨论式教学却不一定同样有利于讲演式教学。因此，在运用这一原则时，应当根据情境的变化，具体问题具体处理，不能生搬硬套。只有这样，对教学环境的调控才能获得理想的效果，增强特效原则才能真正发挥应有的作用。

（三）利用优势原则

利用优势原则是指在教学环境的调节控制过程中，要充分利用学校已有的有利环境条件，为教学活动创造一个良好的环境。实践证明，利用学校已有的有利条件创建良好教学环境，是一条经济有效的途径。一般来说，不同地区、不同学校在环境条件上是有一定差异的，但任何学校在环境方面又都有自己的特点和优势，充分挖掘和利用已有的环境优势，就有可能推动整个教学环境的改善，从而给教学环境的建设带来突破。例如，南方的学校可以利用雨量充沛、空气湿润等自然优势，在校园里广植花草树木，用绿色来装扮美化环境；革命老区的学校可以利用当地光荣的革命传统对学生进行思想教育，以此促进优良校风的形成；而城市的学校，则可利用已有的物质条件，为学生创造一个良好的学习环境等。这样的实例，不胜枚举，每个学校只要充分挖掘，都可发现自己环境条件上的潜力和优势。运用这一原则，应当注意以下两点要求。第一，要因校、因班制宜。不同学校、不同班级中的具体情况千差万别，学校领导和教师应当密切结合本校、本班的实际情况，有针对性地利用环境中业已形成的有利条件，诸如优良的校风、班风，良好的人际关系，优秀教师的先进事迹，美丽的校园景观等，为学生创建良好的学习环境。那种舍近求远，一味模仿别人，脱离本校、本班实际的做法应当坚决予以制止。第二，要因地制宜。学校教学环境与当地社会、自然环境有密切的关系。只要充分挖掘和利用，当地的自然环境、风土人情、文化传统等都可以成为促进教学环境建设的有利因素。因此，在环境建设方面，只要充分利用本地、本校的优势，每所学校都可以成为一个有自己特色的、环境优雅的学习场所。

二、调配课堂教学情境应实施课堂互动

在课堂上有些特定的任务只有教师才能完成的，如只有教师才能剖析教学标准；只有教师才能计划各个单元的教学；只有教师才能不断地评价学生对知识的掌握程度，并且对教学策略进行调整，从而帮助学生熟悉掌握知识；只有教师才能给学生评判成绩。

(一)互动前提——培养学生自主学习的设计能力

学生在课堂上的基本任务就是对教师所教的知识形成正确的理解。此外，学生还要能维护教室和课堂上的一些日常事务，学生能够每天预习新知识、制订自己的学习目标、主持课堂讨论活动、收集试卷和作业本等。因此，想要学生更好地学习，我们就必须明白：在正确的帮助下，学生能够完成的事情比我们认为他们能够完成的事情要多得多。实际上，教师必须先确保在学生面前表现出正在做自己的本职工作，他们才会在课堂中做教师期望他们做的事情。职业教育以就业为导向，学生就业后会面临职业生涯发展及适应社会等诸多问题，因此要具备自主学习能力。中职教师要具备根据学生的特点培养学生的自学意识和自学方法的能力。根据《专业标准》第36项"引导和帮助学生设计个性化的学习计划"，中职教师要具有判断学生的兴趣爱好、智能特征和性格特点的能力，要具有启发学生对未来所从事职业的兴趣的能力，要具有培养学生制订学习目标、学习计划、学习方式和途径并予以实施的能力。这就要求中职教师具有在实践中学习的能力，并能够将这些能力总结归纳并传授给学生。

(1)准备好上课所需的一切工具。

(2)确定要讲解的内容，教到什么程度，期望学生有什么行为表现，你和学生将会采取哪些步骤进行学习，学生会产生什么学习效果，以及这堂课会接触哪些学习要点。

(3)提供清晰的学习方向和目标。

(4)和学生积极互动。

(5)对所教的内容表现出热情，对学生的成功给予鼓励。

(6)给学生提供有效的帮助。

(7)对学生的进步给予积极的反馈，及时调整自己的教学方式。

(二)有效课堂互动个案

(1)让学生自己管理课堂，或者让他们主动遵守课堂中的日常规定。例如，轮流为缺席的学生做笔记，这不仅能锻炼学生互助互爱的品格，而且也可以有效帮助缺席的学生。

(2)巧妙利用小组合作学习或者交互式教学法，让学生更积极地参与学习。

(3)给每个学生发一张作业完成时间表，要求学生依据时间表妥善安排自己的时间，在交作业之前要求学生认真检查作业。这样就把完成作业的责任放在学生肩上，这不仅有利于学生更积极地完成作业，而且能有效锻炼学生的责任心。

(4)和学生一起对每个单元的学习做一个约定，规定为了完成各个单元的学习学生必须做的事情。让学生自己选择是否签署这份约定，一旦签署这份约定，就要让他们承担起相关的责任。

(5)要想让学生自己完成学习任务，可以参考以下指南：弄清楚作业的特点；明确可能的误区，告诉学生如何避免这些误区；确定为了有效完成任务所需要的资源，并且将这些资源提供给他们；明确告知学生如果没有完成这项任务将承担的后果；当学生完成任务时，要及时反馈信息。

(6)利用由斯特朗、西尔弗和佩里博士提出来的四步法帮助学生完成学习任务，帮助学生改善并加深他们对某个主题的理解：引入概念；提出问题；要求学生在某些方面运用这个概念或者技能；让学生自己解决问题。学生也可以以小组合作的形式来运用这个概念解决问题。在学生自由讨论的时候，你可以巡视教室。如果有必要，可以指导学生深入解读概念，也可以帮助学生弄明白他们可能会遇到的疑惑，鼓励学生积极寻求解决问题的办法和对策。最后，将学生召集起来，让他们解释为什么他们的办法和对策会行之有效，发动学生对这种方法和对策进行一次全班大讨论。当学生在探讨什么有效、什么无效的时候，问他们一些具有启发性的问题，从而帮助学生更好地掌握方法和对策。

下面的问题是讨论学生在班级里应担负的责任：我如何知道你是否对学习尽责了？我会看到什么样的表现呢？我如何知道你对班级的成功尽责了？什么样的表现，表明你能够为班级的成功贡献一份力量呢？在公告板上记录学生的回答，这样就可以时刻提醒学生在班级中所应承担的责任。

为了弄清楚学生应该如何在班级里履行他们的职责，教师要和学生一起制订班级的日常规定。例如：家庭作业(学生如何收集家庭作业，如何更好地完成作业)；迟交作业(学生如何把它交上来，如果迟交作业需要承担什么后果)；缺席(当学生缺席时，如何补习错过的学习内容）；更新成绩（你多久公布一次成绩，你把成绩发布在哪里，学生如何记录自己的成绩）；开始上课（开始上课的信号是什么，一节课将如何开始）；下课（下课的信号是什么，如何解散学生，学生如何离开教室）；出勤（你如何对出勤进行记录，将如何处置上课迟到和无故缺席的学生）；做笔记（学生应该使用什么方式做笔记，他们如何保存笔记，如何利用笔记进行学习）；考试（如何布置考场，如何制订考场规范，如何上交试卷）；讨论（学生如何加入讨论，由谁来推动讨论，如何结束讨论）。

三、调配课堂教学情境的模式

课堂教学环节根据教学目的、教学任务、教学材料等因素的不同，可以采取不同的模式。

（一）系统分析模式

系统分析模式是在借鉴工程管理科学的某些原理基础上形成的。这种模式将教学过程看作一个"输入—产出"的系统过程，"输入"是学生，"产出"是受过教育的人。这一模式强调以系统分析的方法对教学系统的"输入—产出"过程及系统的组成因素进行全面的分析、组合，借此获得最佳的教学设计方案。美国心理学家加涅（R. M. Gagne，1916—2002）和布里格斯提出了系统分析模式应遵循的十个基本步骤：（1）分析和确定现实的需要；（2）确定教学的一般目标及特定目标；（3）设计诊断或评估的方法；（4）形成教学策略，选择教学媒体；（5）开发、选择教学材料；（6）设计教学环境；（7）教师的准备；（8）小型实验，形成性评价及修改；（9）总结性评价；（10）系统的建立和推广。

（二）目标模式

这一模式又称系统方法模式，是由美国教学设计专家迪克（W. Dick）和科瑞（L. Carey）提出的。其基本程序有九点。

1. 确定教学目标

根据总目标确定教学的行为目标，行为目标应对学生学习活动的预期结果、课程中的重点、难点及其他特殊要求有明确的规定。

2. 进行教学分析

确定教学目标后，要通过对目标的进一步分析，确定学生应掌握的各种知识、技能和技巧，并确定掌握某种技巧的过程或步骤。

3. 分析学生的现实发展水平

学生的现实发展水平主要指学生已有的知识、能力水平、学习准备状态和一般的身心发展特点，这些情况都是教师必须事先予以认真分析和准确把握的。

4. 列出操作目标

在完成前三项工作的基础上，教师要进一步列出具体的、可供操作的目标，亦即对已确定的教学目标做进一步分解和细化。

5. 确定测验项目的参照标准

这项工作要求以教学目标为依据，设立测验项目的要求与目标所陈述的行为类型的应有关联。

6. 确定教学策略

为达成预定的目标，教师必须考虑采用何种教学策略和方法来有效地实施教学。

7. 选择教学材料

这项工作要求教师根据教学需要，合理选择和利用资源，如学生学习指南、教师指导书和试卷等。

8. 进行形成性评价

教师或教学设计人员可以从三类形成性评价中获得有益的反馈，即个体评价、小组评价和学科评价。

9. 修正教学

根据形成性评价所得到的资料，发现教学中的不足之处，从而修正教学方案。

这一模式的基本特点是强调教学目标的基点作用，它最接近教师的实际教学，即在课程规定的教学内容、教学目标的条件下，如何根据学生的初始状态传递教学信息。多数教师因为还不具备良好的课程开发能力，还不能够改变现有的课程及其所规定的教学内容和教学目标，他们只能在微观上研究"如何教"的问题，以及怎样更快、更好地组织教学信息并用有效的方法传递给学生。因此，这种模式设计过程系统性强，具体的设计步骤环环相扣，易于操作。[①]

(三)过程模式

过程模式是由美国新泽西州立大学教授肯普(G. E. Kemp)提出的。这一模式与目标模式的主要区别在于它的设计步骤是非直线型的，设计者根据教学的实际需要，可从整个设计过程的任何一个步骤起步，向前或向后。

过程模式的设计步骤主要包括：(1)确定教学目的和课题，主要是解决在教学中想要完成什么的问题；(2)列出学生的重要特点，如学生的一般特征、能力、兴趣和需求等；(3)确定学习目标；(4)确定学习的主题内容，主要是将学习内容具体化和可操作化，如列出所要学习的事实、概念、原理等；(5)预测学生已有的学习准备状况，如已有的知识经验水平和学习能力等；(6)构思教学活动方式和策略，选用教学活动的资

[①] 李秉德：《教学论》，255 页，北京，人民教育出版社，1998。

源;(7)计划教学活动进行的时间安排;(8)即时评定学生学习目标的达成状况,适应性地评价和修正教学方案。这一模式的基本特点是灵活、实用,教学设计人员可以根据教学情境的需要有侧重地设计教学方案。

教师在课堂教学中的行为及策略运用是教学实施过程的主要方面,从而构成了主要的教学行为策略。有学者对教师课堂教学实施行为进行了分类,见表5-1。

表 5-1　教师课堂教学实施行为分类[①]

课堂教学实施行为				
教学行为				管理行为
主教行为			助教行为	
呈示行为	对话行为	指导行为		
语言呈示	对话行为	阅读指导	动机的培养与激发	课堂规则
文字呈示	讨论	练习指导	有效的课堂交流	行为问题管理
声像呈示		活动指导	课堂强化技术	课堂管理模式
动作呈示			积极的教师期望	课堂时间管理

四、调配课堂教学情境应处理好突发事件

突发事件是指在中等职业学校教育教学过程中突然发生的、意想不到的特殊事件。它往往对正常的教学秩序有较大影响,必须迅速做出反应,给予特殊处理。突发事件一般有三种情况:第一,来自外界的"他扰型事件",危害程度也各异,严重的可能有地震、火灾等,轻微的可能只是天气的突然变化等;第二,来自教师的"自扰型事件",如感觉不适或突发疾病,体育课或实训课意外摔倒甚至受伤等;第三,来自学生的"生扰型事件",这是突发事件的主要类型,如学生之间打架、课堂纠纷、实训操作不当造成危险、学生突发疾病、财物失窃等。由于突发事件具有突发性、紧迫性和冲击性的特点,教师必须在思想上高度重视。遇到这样的情况,教师特别是年轻教师要善于运用自己的教育机智,保持冷静,克服自己的畏难情绪,耐心帮助学生,以理服人,发脾气、体罚学生都只能适得其反。如果发生紧急事件,教师应果断采取措施,稳定住其他学生。如果自己一个人难以解决,立即指派学生去请其他老师来协助解决。突发事件无法预料,没有统一固定的处理模式,需要教师运用教育机智灵活应对。

(一)修炼内功,提升境界

要想妥善处理好难以预料的突发事件,教师应努力提高自己的应变能力和处理水

[①] 施良方、崔允漷:《教学理论:课堂教学的原理、策略与研究》,27页,上海,华东师范大学出版社,2009。

平。要勤学习，不仅要学习本专业的专业知识，更要加强对《学校突发事件应急预案》等各种相关法律、法规的学习，从中理解遇到相应事件时的基本处置程序；还可以多阅读相关的论文或经验介绍。要多交流，学校里有不少经验丰富的教师，平时应该多观察、多请教、多交流、集思广益，不断积累各种事件的处理策略和方法。要常模拟，多做突发事件的模拟练习，可在头脑中模拟突发事件，设计多种方案，想象解决过程，从中选出最佳方案。对突发事件的处理要在"妥善"二字上做文章。不仅要处理，而且还要处理得好。应该让突发的"事故"悄然间转变成"故事"，将危机"无痕"地转化为可以利用的生成性教育教学资源，教师应该追求这样一种教育的水准和艺术。

（二）保持冷静，分析态势

保持冷静是妥善处理突发事件的必要前提。中等职业学校教师要善于控制情绪，切忌慌乱、冲动、感情用事。根据具体的事件，教师还应做好必要的询问，当好倾听者，尽快对事件做全面了解。如果属于危及学生人身安全的严重紧急事件，应立刻采取行动。如地震火灾，应根据学校的应急预案，快速有序地组织学生疏散和撤离；如学生发生呕吐晕倒等情形，应及时联系校医和班主任，并密切观察情形以帮助诊断；如遇学生打架，应及时制止，情节严重者应上报学校德育部门继续处理。

（三）选择时机，斟酌方法

处理突发事件应该注意把握最佳时机。有的事件需要趁热打铁，当场及时处理，如果拖延则会影响处理效果；有的事件却不妨暂时搁置，如当事学生情绪非常激动，难以心平气和地接受教育时，就可以进行"冷处理"。教师在处理突发事件时，要针对不同的人、不同的事，采取灵活多样的方法。一种方法不能奏效时，不妨另试他法。教无定法，贵在得法，教师应在方法上多花心思，多做文章。处理事件之后，教师还应做好反思和记录的工作。这次处理效果如何，做得好的地方有哪些，哪些地方还可以改进等。只有不断反思，再碰到类似事件的时候才会更加游刃有余。

处理突发事件时应特别注意：第一，要合法，如《中华人民共和国义务教育法》《中华人民共和国未成年人保护法》等，不能有随意停课、搜身等行为；第二，要合理，以理服人，特别要顾及学生的自尊心，适时给学生一个台阶下；第三，要宽严相济，注意宽容与严格、正面教育与纪律管理、表扬、奖励与批评、惩罚的平衡。

第四节　开展课堂学习指导

一、学习目标指导

学习目标指导是实现学习目标的蓝图，一般应该包括学习目标、学习步骤、学习评价等方面。

(一) 引导和帮助学生设计个性化的学习目标

学生制订个性化学习计划是实行自我控制、自我管理的前提，能减少时间的浪费，提高学习效率。学习一定要有计划。"凡事预则立，不预则废。"有没有学习计划对学生的学习效果有着深刻的影响。因材施教是教育教学的基本原则之一。不同的学习个体其家庭背景、学习基础、认知能力、学习兴趣等方面都具有差异。因此，引导和帮助学生根据个体情况制订适合个体特点的学习计划是教师的重要任务。学习计划既要针对不同的个体，又要针对不同的内容。学生需要在教师或者其他教育者的帮助下提高制订学习计划的能力，尤其是针对不愿意学习的中等职业学校的学生而言更应如此。目标不能订得太高，也不能太低。

(二) 学习目标达成度的检测措施

1. 预防性课堂管理

预防性课堂管理认为课堂行为管理的出发点在于教学设计，如果教师能精心设计并执行教学活动，就可以预防问题行为的发生，教师必须对课堂上的活动和做事程序进行先行组织，建立课堂常规，使学生清楚地了解教师期望的行为。从课堂管理的硬件设置来看，教师需要设计一个舒适而有序的课堂环境，如课桌摆放整齐、学生座位安排有序、教室内物件摆放整洁等。从课堂管理的软件设置出发，教师需要建立一套切实可行的常规管理制度，在建立这种制度时可以考虑与学生经过充分讨论、共同协商，考虑到学生生理和心理上的需要，帮助学生学会处理环境中可能产生的变化。[①]

2. 把握教学关键行为

关键行为指的是课堂表达的清晰度和可接受性。如果教师的教学有着很高的清晰度，那么他的教学行为就能最快得到预期结果，所以教师的认知或口头表达需要清晰流畅。教师在讲授新的教学内容时需要考虑到学生的可接受性，在上课开始前要先明确本课的学习目标，在教学过程中应缓慢地、清晰地提供指示。根据学生的不同程度的能力水平进行教学，运用图示、例子、树状图等来解释说明内容，每章节后要对教学内容进行小结，加深学生的记忆。

3. 利用技术多样化的教学陈述

教师可以通过自身教学手段的变化使学生集中注意力，如在课堂上提出的问题和与学生常识相违背的例子；运用多种呈现形式如讲授、个人实践等进行教学；通过眼神接触、姿势等多种身体上的变化方式带动学生情绪；通过学习材料、设备的使用和教师空间的利用实现教学时陈述的流畅性和生动化。教师可以借助各种工具和信息资

[①] 张乐天：《教育学》，249页，北京，高等教育出版社，2013。

讯，如课本和相关参考材料、音像资料、计算机辅助教学与多媒体课件，以及互联网上的信息等来辅助课堂教学的进行；围绕课题，以形象的图像或视频影片促进学生对知识的理解和记忆，激发学习动机，使学生学习活动处于积极状态，从而提高教学效率。

二、布置学习任务

学生活动的基本条件中包括活动本身必需的物质材料等要求，也隐含了教师的间接指导。教师提供的活动条件主要包括物质条件和信息条件。物质条件主要包括活动工具（如锤子、锯、米尺、计算器、针等）、活动材料（如木料、布料、种子、花盆等）和活动场所。信息条件包括使用图书馆、观看录像、听讲座、参观访问等。

(一)教师要确定活动主题

选择主题总的原则是要接近学生的生活实际和经验。制订学生活动目标。学生活动目标一般可分为态度、能力和知识三类。表述实践活动目标时，要把重点放在态度和能力而不是知识上，侧重目标的方向和性质而不是量化水平。活动的方法选择主要依据学生的年龄特征，学生活动的具体内容、活动的方法和组织形式的设计，不应过于细化，要留有一定余地，以充分发挥学生的自主性。

(二)促进自主学习活动的引入

引入自主活动时，教师应使学生明确活动主题、活动目标和活动内容，并激发学生参与活动的兴趣。为了有效激发学生的活动兴趣，教师可以通过问答、讨论、参观或观察等方式引入课题。让学生讨论或师生共同商讨自主学习活动的方案设计，既有助于学生对学习目标、内容和安排方式的理解，又可让学生提出自己的修改意见，使学生感到这些活动是自己的活动，进而提高他们的参与意识。学生的自主活动展开后，教师应把学习的主动权交给学生，而教师主要是通过间接指导来维持、促进学生积极参与和学习。

(三)注重实践过程的指导

学生的自主实践活动相对于学科课程下的学习活动而言，是一种自主程度更高的活动，更加强调实践活动的过程。正是由于这种变化，教师指导也由帮助学生有效获得具体知识、技能转向为引导学生成功开展实践活动。从学生自主活动的学习类型来看，活动指导行为主要有体验学习指导、探索学习指导和解决问题学习指导三种表现形式；从学生自主活动的组织形式来看，活动指导行为又有个别活动指导、小组活动指导和班级活动指导等表现形式；从教师对学生指导的作用形式来看，有显性的直接指导和隐性的间接指导两种表现形式。

三、指导学生巩固新知识

(一)利用启发式教学引导学生总结新知识或技能

启发式教学是教师在教学过程中发挥主导作用,充分调动学生学习的主动性和积极性,激发学生独立、自主地把新材料与原有的认识结构联系起来,融会贯通地掌握知识,形成新的知识体系的一种教学方法。启发式教学满足了好奇心、想象力、冒险心和挑战性为代表的创造性个性。① 苏格拉底的"产婆术"和柏拉图的"对话教学"思想对启发性教学的产生提供了理论依据。20 世纪后期,启发性教学模式形成,皮亚杰和布鲁纳对此做出了很大贡献。我国的启发性教学原则可以追溯到春秋时期,孔子在《论语·述而》中讲到:"不愤不启,不悱不发,举一隅不以三隅反,则不复也。"朱熹对孔子的启发性教学进一步进行论述:"愤者,心求通而未得之意。悱者,口欲言而未能之貌。启,谓开其意。发,谓达其辞。"继承古人的教育思想,华罗庚、苏步青都采用启发式指导教学,促进了知识学习和智力发展的结合,其核心在于不断地变换问题,连续简化问题,将其转化为较熟悉的问题来解决。他们将解题过程分为弄清问题、拟订计划、实现计划和回顾四个阶段。

(二)培养学生将专业知识运用到职业工作中的实践能力

设计教学内容和教学过程,需要具备所讲授课程的专业知识,对于职业教育的教学尤其是专业课的教学,还应具备将专业知识运用到职业工作中的实践能力。并且,要在职业工作中不断深化专业知识,按照"理论—实践—理论"的原则,进一步提升专业知识和实践能力,并将它们运用在教学过程和教学内容的设计之中。教学要遵循和实现知识内部的启发性,教师教学是使用各种教学手段来激发学生学习的兴趣,授予学生学习的主动权,这个过程就是实现启发性教学的过程。教学的各个阶段是受启发性制约的。如"感知教材"是为了形成点象、"运用教材"是为了掌握知识、技能。这些阶段都是贯穿着启发性并受其制约的。

(三)引导学生运用职业教育教学原理的能力

职业教育的教学过程和教学内容设计,要遵循职业教育教学理论和基本原则,要能够将基本原理和他人优秀经验运用到教学过程和教学内容的设计之中。中职教师将专业实践能力和职业教育理论运用能力相结合,在实践中总结并归纳职业工作流程并提取工作任务,根据职业教育教学原理和方法,对其进行教学化处理,设计教学过程和教学内容。专业课教师要具有设计工作过程导向专业课的能力,公共课程教师要能够将相关职业内容融入所讲授的课程中。

---

① 陈琦:《教育心理学》,294 页,北京,高等教育出版社,2005。

从教学内容的角度来看，这种启发性的帮助应由易到难，以符合学生的认知规律；从思维的角度来看，这种启发性的帮助应由远到近，以提高思维强度。简单、容易的内容在启发时，距离目标的起点可远些，以提高思维强度；复杂、困难的内容在启发时，距离目标的起点可近些，以节约学习的时间。教师创设教学情境要避免抽象地谈概念如何运用，要把每个概念的教学涵盖充分的实例，分别用于说明不同方面的含义，各实例都可能同时涉及其他概念原理，而不是情境与教学内容相分离。这样学生才可以多角度理解概念，并将其与具体情境联系起来。为了使教学过程性契合或顺应学生的思维，使两种过程性"合拍"，教师也需要设身处地的从学生实际出发来进行教学。当教师的思维带上了学生的色彩，教的过程就与学的过程就融为一体了。

第五节　巩固新课

一、归纳总结知识或技能

（一）反思性教学推动新课巩固

反思性教学是 20 世纪 80 年代以来教师心理研究出现的新领域。熊川武于 1999 年出版的《反思性教学》一书，标志着反思性教学这一议题已经进入我国教育界。熊川武认为，反思性教学是将"学会教学"与"学会学习"结合起来，努力提升教学实践合理性，使自己成为学者型教师的过程。探究其源，洛克和黑格尔对"反思"一词都谈了自己的观点，但是真正深入挖掘并研究反思理论的是美国实用主义教育家杜威，他于 1933 年出版了《我们怎样思维》一书，杜威就成为反思型教学研究的鼻祖。继杜威之后的美国学者萧恩于 1983 年出版了《反思性实践者》一书，正式将反思性实践这个术语用于教育教学中。1992 年，英国的格里菲斯和唐提出了比萧恩更为具体可行的反思性教学理论维度的构架。反思性教学是教学主体借助行动研究，不断探究与解决教学目标、教学工具等方面的问题，将"学会教学"与"学会学习"结合起来，努力提升教学实践合理性，使自己成为学者型教师的过程。教师在教学实践中作为一个终身学习者，是要不断地对自己的教学进行思考、评价，在此过程中实现自我专业发展的。

反思性教学要求教师用批判的眼光看待教学中出现的问题，并善于通过积极的探究寻求问题的答案。反思是一种挖掘事物本质的方法。反思性教学的反思不是经验性教师教学后简单回想自己的教学情况，而是一种可重复实验的研究意义的反思，是用科学和人文统一的方式解决处于教学决策、技术及伦理等层面的教学主体和教学目的，以及教学工具等方面的问题。

(二)非正规评价促进学生重点知识掌握

我们通常所说的教师反思是指一种反思行为,即教师事后对自己工作的审视、分析、批判或对自己的经验总结。它是一种有预期的构成性意识,总是能够伴随和指引着教师的教育教学实践,它使得教师能够表现出一种对教育机会的敏感和自觉。在此基础上,教师可采用非正规评价促进学生发展。非正规评价强调即兴、即时、即地的评价。它的评价内容生活化,评价方式弹性化,评价结果全人化、适时化,是正规评价的补充和发展。教学评价是对以前的教学活动做出判断,但是更应该把评价结果作为以后教学的依据或为以后的教学提供借鉴。教学中,教师针对自己具体的教学问题,不断反思自己的教学理念和教学行为,通过借鉴别人的经验和思考与自己的经验理念进行分析比较,从而得出解决问题的方法。反思性教学是一个师生合作交流经验的过程,是一种群体反思的活动。除了在课堂上师生间的双向探索,教师在课后、备课时也要进行更深层次的交流,反思彼此在教学活动中出现的问题并且寻找解决方法。

二、引导学生运用知识经验

(一)调控教学方法,因材施教

调控教学方法要考虑课程内容与职校生的实际,但有时课前选定的教学方法,却不能达到理想的教学效果,如采用启发式教学却往往"启而不发";组织职校生讨论,职校生却讨论不起来或难以深入;安排职校生实施工作任务,职校生却难以启动或提不出什么问题等。这说明课前所选定的教学方法没有真正符合职校生的实际情况,这时就必须做适当调整,及时改换另外一种更符合职校生实际的教学方法,以免对课堂教学失控,完不成教学任务。还需要说明的是,教学有法、教无定法、贵在得法。对教学方法的调控,是教师调控教学过程的重要部分。教师可利用如下方法拓展学生思维和激发潜能。

第一,在学年初,老师应该要求学生确定至少三个自己的优势,并将其列成一份优势清单。在整个学年里,可以利用这份清单丰富课堂教学,并将其作为讲解新知识、展开课堂讨论的线索,激发学生的学习热情,以此增强他们的专业知识和技能。

第二,让学生模仿不同的思考过程,包括完成一项复杂的任务。例如,针对同一项任务让学生想出不同的解决方案。鼓励学生探索适合他们自己的学习过程、学习形式和学习需求。

第三,教学生多角度思考问题。例如,利用课外的资源深入了解所学知识。不再强调问题只有一个正确的答案,可以让学生就一个问题找到几个答案,或者就一个事件说出好几个观点,或者要求学生就某个有争议性的问题,进行支持与反对的辩论。

主体性教育提出没有差生而只有学生的差异,造成学生成绩差异的原因有很多,如学生思维水平的高低、学习风格的限制、学习动机的障碍等。在实际情境中，动机因素和能力、风格的因素是交织在一起、相互作用的。因此，教师必须从动机的激发维持和学习方法的指导等多方面入手，一方面提供与学生学习风格相匹配的教学方式，另一方面帮助学生认清自己的学习风格从而改进其学习策略。教师提出具体、明确的学习目标，使学生对学习意义有一定的认识，使其产生积极性和主动性。在教学过程中，要不断创设学生自我表现的机会，使学生在学习过程获得肯定和成功的体验，给学生以成功的期待，这种外部肯定就可以进一步转化为学习的内部动机。

(二) 以人为本，促进参与

主体性教学思想萌芽于欧洲文艺复兴时期，人文主义教育家抨击中世纪经院主义教育的弊端，肯定人的价值和地位，倡导人性解放。法国教育家卢梭主张自然教育，在西方教育思想史上是"新教育和旧教育的分水岭"。美国实用主义教育家杜威发展了卢梭的教育思想，将以"教师、教材、课堂"为中心的传统教育向以"学生、经验、活动"为中心的新教育转变。瑞士心理学家皮亚杰发生认识论中的建构论倡导主体积极的、能动的建构，与主体性教学一脉相承。受杜威教育思想的影响，陶行知先生创立了"生活即教育"的理论。他的"教、学、做合一"思想为主体性教学的产生奠定了理论基础。随后我国教育理论界和实践界学者开始大规模地探讨主体性教学理论与实践的工作。北京师范大学裴娣娜教授指出：推行素质教学，实施主体性教学，必须树立现代教学观念；要诚心诚意地将学生看作教学活动的主体；主体性教育的思想体现在教学观上，其典型表现形式就是发展性教学。

主体性教学能够使学生发现自己独特的品质，在其个体认知当中，理性思考、个人的情感、生活实践中的体验、个人的历史脉络全都参与进来，形成理性与感性的协调整合。在上课时教师应允许各种思考和价值观被讨论、被尊重、被倾听、被了解，鼓励学生做各种概念的交流，并且试图让学生形成更深刻的观点，这对学生人格发展也会起到一定的促进作用。主体性教学强调的是人的完整发展，所以主体性教学的教学活动是完整的，它表现为教学目的、过程、内容和方法的完整性。就我国的历史和现实情况来说，教育教学要适应社会主义市场经济体制发展需要，就必须自觉地以培养受教育者的主体性为目标。就人类社会发展而言，主体性教学学会学习的这种价值是普遍的、永恒的。并且随着社会发展程度的提高，其价值也会越来越高。

第六章　课后反思与教学评价

中职教师要具备全面的教育教学评价的能力,教学评价有助于教育教学的顺利开展,改进教学中的不足之处。同时,对学生进行评价,在肯定学生取得的成绩之余,还能发现问题和不足,帮助学生改进;对教师进行评价,并依此对课堂教学、校内外实训实习情况、学生思想品德和职业道德教育提出改进意见。《专业标准》第50～52项指出:中职教师应"运用多元评价方法,结合技术技能人才培养规律,多视角、全过程评价学生发展。引导学生进行自我评价和相互评价。开展自我评价、相互评价与学生对教师评价,及时调整和改进教育教学工作"。

第一节　教学反思

教学反思有利于教师明确"路标"、构建健康心理、提升反思层次的作用,同时还能有效增强教师对自身反思活动、进行自我评价和拾漏补遗的能力。学校与教育主管部门应对教师的反思活动因势利导,为反思活动提供必要的平台。教学反思活动具有内隐性、批判性特点,更是一项复杂性的实践技能。

一、明确教学反思内涵及分类

教学反思是教师对复杂的教学实践及其行为背后的理论进行主动的、不断的审视、探究与分析,改进自身的教学行为以实现自身专业发展的教学技能。教学反思有助于教师自身的经验成为一种经过批判和检验了的反省经验,使教师真正实现"经验型"向"专家型""技术型"向"研究型"的反思性实践中的角色转变,从而促进教师专业自主发展的终身化。从反思的时间节点上,可以将教学反思分为三类。

(一)课前反思

课前反思主要在备课阶段进行,它有助于发展教师的智慧技能。在以往的教学经验中，教师大多关注教学后的反思，忽视或不做教学前的反思。其实教师在教学前对自己的教案及设计思路进行反思，不仅是教师对教学设计的再次查漏补缺、吸收和内化的过程，更是教师关注学生，体现教学以学生为本的理念。

(二)课中反思

课中反思直接指向课堂教学，主要解决课堂教学活动中出现的问题，使教学高质高效地进行。课堂教学实践中教师要时刻关注学生的学习过程，关注所使用的方法、手段和达到的效果来捕捉教学的灵感，及时调整设计思路和方法使课堂教学达到最佳效果。

(三)课后反思

课后反思是教师在课后对整个课堂教学过程进行思考性回忆，包括对自己的教学观念和教学行为、学生的表现、教学的得失进行理性的分析等，可写课后心得或教学日记，这对新教师非常重要。除此以外，还有周后思或单元思，即一周课或一个单元讲完后反思，发现问题及时纠正；月后思即对自己一个月的教学活动进行梳理；期中思即通常的期中质量分析，这是比较完整的阶段性分析。通过期中考试，召开学生座谈会，听取家长意见，从而进行完整的整合思考。①

二、连贯教学反思过程

教学反思贯穿于完整的教学过程，才有利于教学生态的系统平衡。笔者围绕教学目标、学生、教师三个维度分别从反思教学目标完成情况、反思学生学习状况、反思教师教学机制来说明教学反思在教学过程中的重要地位和作用。

(一)反思教学目标完成情况

教师课堂教学要尽量确定好一个量化的目标，以便考察自己是否完成了这一目标。教学目标的落实不仅是对教学环节的完成，而且要关注学生对知识掌握的程度。要提高教学质量，仅仅从教师研究教材、研究重点难点、研究如何讲这个层面上还远远不够，只有摸清学生发生错误的情况，使学生认识到错误并通过不同的方式得到改正，有效课堂、有效学习、大面积提高教学质量才有保证。鼓励学生自己动手，积极主动地参与、思考、探索。用自己的爱心、细心、耐心树立学生的信心，激发他们的学习兴趣。夯实基础，追求有效性是课堂教学目标达成的着眼点、落脚点。

(二)反思学生学习状况

教师要善于对学生课堂反映情况进行持续关注。无论教师自认为技巧多高、方法

---

① 廖瑛：《重视课后反思 促进专业成长》，载《甘肃教育》，2007(20)。

多好,如果学生反映平淡也不算是一节好课。如果备课环节不能把学生的学习情况考虑充分,那么教学过程中学生的学习状态不理想就不可避免。此时,教后静思,就会对上课学生的表现有更多的了解,从而可以反思自己在教学中的得与失。学生是学习的主体,课后反思必须重视学生的学习状况。学生课堂表现沉闷,缺乏热情,情绪低落势必影响教学效果。学生只有对学习有积极的情感,才能保持学习的动力并取得成绩。消极的情感不仅会影响学习效果,而且会影响学生的长远发展。因此,教学中教师要自始至终关注学生的情感,努力营造宽松、民主、和谐的教学氛围。教师及时记录学生情感的变化是完善教学,提高教学水平的一个重要依据。

(三)反思教师教学机制

教学过程不是一成不变的,而是时时充满变化,这就需要教师临时发挥,灵活机动的处理。面对突发事件教师要临时改变教学计划,从课堂生成角度激发学生的学习兴趣,使任务型教学在真实的情景中得以有效展开,更好地让学生体验到"学中用,用中学"的教学效果。教学不能按部就班进行,应及时发现新信息,改进教学思路,调动学生学习的积极性以提高教学效果。同时,课堂亮点也是教学过程中出现精彩难忘的片断,如引人入胜的导言,引发学生积极参与讨论的案例等都是教学成功的重要因素。如果长期坚持课后反思,经验会越积累越多,教法也会越来越灵活有效。对教学过程的关键事件进行总结和沉淀,有助于教师在教学过程中进一步提升教学机智。[①]

三、提升教学反思策略

(一)以"写作"为载体的自我反思

教师通过对教育教学活动进行主动的、持续的思考和分析,可以改进教育活动,促进自我教育能力的提高。以写作为载体的自我反思,不仅有益于使自己的思考和认识清晰化、条理化,而且有益于形成对教育本质比较系统的、深刻的认识。教师对课堂教学实践的认识与感受通过文本写作的方式予以记录和表达,对教学实践主动地、及时地进行回顾、批判、分析与重构,从而提高教学实践的合理性,重建个人教学观。[②] 教师进行"写作式"自我反思的方式有很多,既可以是对教学实践进行总结回顾式的教学反思日记,也可以是对教育事件的叙述,还可以是对理论文献的解读。教师把反思的结果记录下来会促进自己进一步反思,渐渐地就形成了反思的习惯。教师可以缩小反思角度,甚至可以写成个案研究文章,通过对个案的反思来检测教学策略是否得当,从而深化对教与学规律的认识,提高把握教学过程的能力。

[①] 王凯:《重视课后反思》,载《天津市教科院学报》,2013,(S2)。
[②] 高祥:《促进教师专业发展的教学反思策略研究》,硕士学位论文,沈阳师范大学,2011。

(二) 以"交流"为载体的集体反思

反思不仅以个人内省的方式存在，还存在于教师之间互相交流、批判、共鸣的学校场合中，教师在平等与自由沟通的条件下相互启发、共同成长。"课例研讨"作为代表性的集体反思，使教师在与"他人"的对话中重新审视与解构教学实践，实现"现在的我"和"已有的我"的反思性对话。课例研讨以观摩、评课、议课的方式将教学中大家共同面对的教学问题作为研究对象展开的交流活动，使教师围绕着教学目标、教学内容、教学方法等教学实践中的共性问题进行交流与讨论。教师在与同事讨论、解决教学实际问题、分享教学经验的过程中，指向问题的解决和实践的提升，从而实现理论、知识和实践的整合，丰富教师实践智慧，从而创建一个持续的、多元的"学习共同体"。

(三) 以"研究"为载体的行动研究

行动研究要求教师以"研究者"的视角看待教育情境，在对教学实践进行系统的研究中来解决实际教育问题。教师的行动研究不是一种独立的研究方法，而是一种集实践、反思、研究于一体的研究方式，是教师为研究教育问题而运用的多种有效的研究方法的综合与深化，既可以是对课堂教学实践的研究、对教育理论的解读，也可以是以研究者、反思者的身份参与到校本教研中。教师在行动研究中掌握了科学研究的过程和方法，提高了对行动的反思和分析解决问题的能力，有力地促进了教师的专业成长，实现了个人价值。

教学反思的真谛就在于教师要敢于怀疑自己，敢于和善于突破、超越自我，不断地向高层次迈进。教学反思可以激发教师终身学习的自觉冲动，促使教师不断探究与解决自身在教学中存在的问题，激活教师的教学智慧，探索教学内容，构建师生互动机制及学生学习新方式。因此，教学反思是一种有益的思维活动和再学习活动，更是优秀教师专业发展中必备的教学技能。

第二节　确定评价内容

一、评价教学内容

考试是为了检测学生对课程内容的掌握程度，因此重新定义成绩就显得尤为重要，教师应向学生解释成绩真正意味着什么。假设我们以 A，B，C，D 四个等级来划分成绩。通常，学生和家长都会认为，A 意味着高水平，B 意味着中上水平，C 意味着平均水平，D 则意味着低水平。从这样的观点看来，成绩仅仅是对学生学习水平的一种笼统的评价，而不是反映学生对课程掌握程度的评价。如果教师想给学生提供有效的反馈信息，那就必须帮助他们正确理解成绩的意义。出于这样的考虑，我们应该将成绩重新定义，A 意味着学生已经掌握了课程内容并超出了掌握的水平，B 意味着掌握或大体掌握了课程内容，C 意味着学生仍然需要努力才能掌握课程内容，但只要用心一定会有很大进步，D 意味学生需要补充更多的基础练习。由上可知，成绩重点反映的是学生对课程内容的掌握情况。[①] 当学生理解了成绩的真正意义，他们就能准确掌握哪些知识自己已经掌握，而哪些知识仍然需要巩固，从而激发学生的学习热情，努力提高学习成绩。如果学生把成绩视为一种积极的反馈，那么他们将更加愿意努力去提高自己的成绩。

二、评价课堂结构

课堂结构是学生、学习过程和学习情境的相对稳定的组合模式，包括课堂情境结构和课堂教学结构。在教学实施的全部过程中，营造良好的学习环境和氛围，培养学生对未来从事的职业的兴趣爱好，激发他们的好奇心和自信心，从而激发他们的学习动力和进取心，为就业奠定良好的基础。评价最重要的意图不是为了证明，而是为了改进。[②] 评价课堂结构也意味着从以下几个方面改进教育教学工作。

（一）评价校内学习环境

学习环境是指作用于学习主体，使其产生一定的情感反应的客观环境。中职学校的校内学习环境主要指课堂教学、实训教学和文体活动等环境中，作用于学生而使其产生积极或消极的学习情感反应的环境。中职教师创设教学环境时，要紧密结合本校专业所涉及的职业，将职业要素融会在教学环境中，使学生逐步了解和感知未来所从事的工作，激发学生的好奇心和兴趣，调动学生的求知欲，使学生乐于探究即将从事的职业的相关问题。

（二）评价校外实践环境

职业教育的教学环节还包括校外实践。因此中职教师在营造良好的校内学习环境的同时，还要注意营造良好的校外实践环境，使学生能够比较顺利地实现从学校到工作的过渡。校外实践环境基本上是现实的工作环境，与校内重兴趣培养的学习环境有很大的区别，中职教师要更加关心在校外实践的学生，使他们能够承受身体和心理的不适应感，帮助其调整心态，适应职场。[③] 这也是中职教育的一部分，是中职教师营造良好的校外实践环境能力的重要体现。

---

① 罗宾·R. 杰克逊：《教学可以很简单》，131 页，北京，中国青年出版社，2013。
② 黄光扬：《教育测量与评价》，6 页，上海，华东师范大学出版社，2002。
③ 吴全全：《中等职业学校教师专业标准解读》，151 页，北京，北京师范大学出版社，2015。

(三)评价学生兴趣培养

中职生的年龄正处于由青少年向成人过渡的时期,其兴趣、爱好尚不稳定,特别是对未来的人生规划、职业发展等方面还没有完全定型。中职教育以就业为导向,除部分学生升学外,大部分中职生要走向工作岗位,迈入职场工作的第一步,也是其人生发展较为重要的一步。中职教师要具有营造良好的校内学习和校外实践的环境和氛围的能力,培养学生的职业兴趣,使其热爱本职工作,不断进取,在职场中取得良好的发展。大多数中职生在初中教育阶段文化课的学习成绩不是很理想,而且还有相当一部分中职生的家庭生活条件不是很好。这些学生的挫折感较强,自信心往往较弱,表现为要么自卑,要么外表强硬但内心脆弱,对未来、对人生比较迷茫。中职教师通过良好的校内外学习环境和氛围的营造,激发学生学习文化课程和职业知识与技能的兴趣,培养学生的成就感和成功意识,逐步建立起自信心,使其能够在今后的工作和生活中,积极面对挑战,勇于克服困难。

三、评价教学艺术

(一)评价教学搭档的有效性

在同事中,找一个有责任感的搭档,和这个同事一个星期碰一次面,相互回顾彼此在教学中所取得的进步。只有坚持定期汇报所取得的进步,才可以对自己的教学计划负起责任。尽管你的搭档可能会在你遇到困难的时候给你建议,但是他的角色并不是指导你,而是问一些探究性的问题,如"你为什么没有像你所想的那样取得那么多进步?"或者"看起来你好像成功地度过了一周,你这个星期做了什么不一样的事情,把这一改变归功于什么呢?"这些问题可以帮助你对自己的进步进行反思,促使你遵循自己的教学计划。搭档的积极反馈还可以在一定程度上增强你的教学信心。找到一位可以把你训练成为高效能教师的导师。在挑选导师的时候,你可以挑选某个已经是高效能教师的前辈,对你进行常规训练。如果你目前正在研究某种教学方法,也可以找一个特别精通这个方法的人,让他为你提供具体的训练。你需要和导师经常碰面,在制订某个教学计划的时候,要真诚地向导师请教。当你在执行教学计划遇到困难时,要及时向导师寻求帮助和支持。在取得进步时,要请求导师帮助你分析进步,并制订下一步计划。

(二)评价教学优势发掘

教师在长期教学实践中逐步形成的,富有成效的一贯的教学观点、教学技巧和教学作风的独特结合和表现,是教学艺术个性化的稳定状态的标志[1],是教师的人格、学格和教格的统一体。为了能让教师完全将这些原则纳入教学过程,就需要找到适合自

---

[1] 李如密:《教师教学风格对学生的影响机制探析》,载《上海教育科研》,2013(5)。

己的方法。就拿反馈这个方法来说，有的教师可能会对每个学生的试卷写一份极其详细的反馈；有的教师可能写的反馈信息很少，但是会在每次考试之后找学生谈话，并根据学生的表现设定下个单元的课程目标；有的教师可能会用红笔在学生试卷上错误的地方写评语，以此作为反馈。这些教师所采用的方法都是最适合自己实际教学情况的方法。如果想要知道如何以一种最适合的方法来进行教学，你就要想一想自己的课堂实践。当然在教学实践中你会不断地调整你的教学方法，久而久之，你的教学也会越来越成功。也许你会想：有些教学实在是没效果，因此需要彻底的改变。或者，你看这本书是因为你打算在教学实践中进行一次彻底的改变。但是，实际上，马上进行彻底的改变是不现实的。想要马上进行彻底的改变不仅注定了你会失败，通常还会让你对改变产生怀疑。因此，在教学上坚持持续地改善也许是一种最为有效的方式。

(三)评价专业发展进度

与其一次性进行大的改变，不如按部就班地调整教学方式。这样才更能做出利于学的改变，并将这些改变真正变成实践中的一部分。高效能教师通常有很强的执行能力，会主动做很多事情。同样重要的是，他们也懂得适时停止那些不应该做的事情。也就是说，教师必须停止那些有趣但不能帮助学生真正掌握课程目标的事情。教师不能再将学生没有完成任务归咎为学生很懒，这意味着你必须督促学生自觉地承担大部分的学习任务，而不是你替他们完成。只有这样，你才能有更多的时间去做那些真正紧要的事情。

教师如果在寻找速成之法，那么很抱歉地告诉你：没有。不论谁曾向你做出什么承诺，可以肯定的是，一天甚至一个月的时间之内不可能产生持久的改变。只有经过时间的考验，你的这些改变才会慢慢成为你实践中不可分割的一部分，你在教学工作中所做出的调整也才会变得更有价值。如同所有的学习需要过程一样，成为一个高效能教师同样也需要过程。即使你步入了高效能教师的行列，为了提高你的教学实践水平，你仍旧有很多事情要做。作为教师，我们永远都不能停止学习。如果我们自己都没有亲身实践终身学习这一理念，我们如何期望自己能够激发学生终身学习的兴趣呢？成为高效能教师的关键在于要关注过程而非最终的结果。

四、评价课堂管理

我国教学过程的主要环节，包括备课、上课、作业布置、复习辅导和考试与成绩评定等。在中等职业学校，还包括实验课、习题课、课堂讨论、自学指导、社会调查、教育与生产实习、毕业论文与设计等。教学过程中任何一个环节的削弱和失控，都会给教学质量带来不利的影响。所以，对于教学过程各个环节都必须注意管理。对于各个教学环节的管理工作，应由教学管理人员和教师一同进行。当然，在进行具体工作时，他们各人都有许多工作是不能相互替代的。但总的说来，应在目标和要求上的认识一致，而且有许多工作还可一起做，不要把管理者与被管理者分得太清楚。

(一)评价常规课堂教学管理

课堂教学是保证完成教学任务取得良好教学效果的主要环节。一方面，教学管理者要为师生上好课创造良好的环境与气氛。其经常而具体的工作是搞好课堂教学的常规管理，如课堂纪律、教室清洁卫生、教室管理办法及填写教室日志等。另一方面，教学管理的重要工作就是搞好课堂听课。听课有随时听课和有计划听课两种。前者是了解教师平时在自然情况下的教学情况，后者则大抵有一定的目的，例如有时是为了比较不同教学方法的效果，有时为了比较不同教师的教学风格的异同，有时为了帮助青年教师或新任课教师改进教学，有时则是为了推广某种先进的教学经验或方法。听课的目的不同，参加听课的人员与组织形式也不相同。最常见的听课形式是观摩课，也有叫教学实验课的。听完课后，要和任课教师进行亲切而认真的讨论研究。对他在教学上的优点与已经取得的成绩给予充分的肯定；对于他的不足之处则应在指出之后共同商讨改进的办法。对于观摩课，则应在听课之后及时地组织听课人员进行教学评议。分析评议要从教学效果入手，要把教学目的、内容和方法各因素结合起来进行分析，提出建设性意见。要充分发扬民主精神，各人有不同意见可以保留。对于一时难以做出结论的问题，可留待以后继续探讨研究解决。

(二)评价作业布置与辅导

作业的布置与批改，是课堂教学的延续，也是检查教学效果的基本途径之一。布置作业的分量要适中，避免学生负担过重现象。作业及时收回后教师认真对待。教师要从批改作业中发现教学上存在的问题，不断地加以改进。辅导是上课的必要补充，也是贯彻因材施教原则的重要途径。教师要针对学生的不同情况区别对待，不能把辅导变为对全体学生的重新讲授。教学进行到一定阶段，就要组织学生进行单元复习，引导学生在已有知识的基础上再进行分析综合、掌握知识结构体系，总结有效的学习方法。教学管理者要利用辅导和单元复习的机会，检查了解教师的教学效果。

(三)评价考试与成绩评定

对于教学效果和学生学习成绩的了解，一般都是通过考查、考试进行的。考查可在课堂教学过程中，通过提问、答疑和书面练习等方式进行。考试是总结性考查教学效果的方式，一般安排在期中、期末进行。教学管理者既要掌握平时考查情况，又要对考试科目、日期、命题、方法和考场纪律等全面计划安排，对试卷批阅与成绩评定提出具体要求，做到客观、公正、准确、真实地反映学生学习程度和教师教学水平。不要追求分数指标，也不要以分数排名次，更不能以分数高低作为衡量教学效果的唯一标准，挫伤师生的积极性。

五、评价教学效果

(一)学生认知学习的评价

认知学习把知识分为陈述性、程序性和策略性三类。因此，学生的认知学习主要是指学生对知识的理解、掌握和运用的过程。对认知学习的评价一般可以采用测验、行动观察、实验、评定等方法，其中测验是使用最多、最经常和最便利的；同时，其结果与其他评价方式相比较具有较强的客观性。而且，以测验为核心的认知学习评价也是学生学业评价理论研究中最早和最成熟的部分，在现行的学生学业评价中，测验依然居主导地位。测验就是通过让学生回答一系列与教育目标相关的有代表性的问题，从学生对问题的回答中提取信息，并根据一定的标准进行判断的过程。现代的测验手段源于中国古代的科举考试，其理论发展源于20世纪，现在则进入了多种测验理论的并存的时期。现行较有代表性的理论有经典测验理论、项目反应理论、概化理论和自适应理论。以下是中等职业学校教育中比较常用的测验类型。

1. 准备性测验和结果性(终结性)测验

这是依据测验目的进行的分类。准备性测验一般是在教学前和教学过程中进行的，也称诊断性测验或形成性测验，它可以采用标准参照测验的方法。教学前的测验主要是为了了解学生的知识准备情况，为合理地组织教学提供准确的资料和信息。教学中的测验主要在于及时反馈教学效果和学生对所教知识的掌握情况，如单元测验等，以便教师根据测验所获得的信息，对学生进行更有针对性的教学指导，及时采取补救措施。[①] 结果性测验也称终结性测验，一般是在一个学期结束或一门课程完成时进行，测验的目的主要在于鉴别学生的学习状况，具有一定的区分意义，可以采用常模参照测验法。相比较而言，这一测验的组织较为严密，实施过程较为严格，试题难度适中，尽量对所有的学生都有较强的鉴别力和区分度。所以，它强调测验的准确性，以便达到此类测验的目的。

2. 标准化测验和教师自编测验

这是依据测验编制方式进行的分类。标准化测验是按照一定的方法和步骤，由学科专业人员和测验编制机构共同编制。在编制过程中，一般有测验指导书或测验大纲，以此根据测验大纲制订出的测验命题细目表，而后再编制出成套试题；同时，还要对试题进行检测，严格制订评分标准，统一要求阅卷步骤，提供解释分数的常模等。因此，标准化测验突出的优点就是测验结果具有较高的信度、效度和较强的客观性，从而使标准化测验成为学生学业评价的重要手段之一。教师自编测验主要是指教师根据

[①] 全国十二所重点师范大学：《教育学基础》，318页，北京，教育科学出版社，2013。

自己的教学情况、经验及对教学目标的认识，自行设计与编制并确定评分标准的测验。教师自编测验一般是个体经验式的，缺乏严格的论证过程。因此，此测验的信度和效度不如标准化测验，客观性较差，容易使测验结果不准确。但是，由于它的编制过程较为简单、使用简便，而且可以根据不同教师的情况和需要随时进行调整，针对性较强，所以在中等职业学校中应用较为广泛，尤其在小范围内如教师任教的班级、学校等以及在实施形成性评价中使用较多。

3. 客观性试题测验和主观性试题测验

这是根据测验试题的应答方式进行分类。客观性试题是学生在测验中从事先提供的多种答案中确认出一个正确答案，如选择题、是非题、匹配题等。客观性试题强调试题答案的确定性，评分标准统一且易于掌握，可以完全克服主观因素对评分标准的影响，直接用机器评分，阅卷方便；而且，由于答题方式简单，较少书写，在单位时间内可以测验较多题目，因此使测验内容的覆盖面广、容量大，减少了随机因素的影响，保证了测验效果的可靠性。但是，其局限性也较为明显，如试题编制难度较大，不利于有效测出学生对问题的思考过程以及组织材料的能力、文字表达的能力和创造力，而且无法排除猜测答案的可能性。客观性试题一般适用于检验学生对基本知识的记忆和判断能力。

主观性试题是让学生根据对测验所提问题的认识和理解，用自己的语言来形成答案，如简答题、论述题、案例分析题、应用题、作文题、比较题等。主观性试题强调学生的主动性和答题中对所提问题的思考过程，这有益于测试学生分析问题和解决问题的能力，是对较高级思维过程和能力的测验。但是，由于这类试题的主观性强、评分标准也难以统一，而且测验中较费时、题量小、覆盖面窄，所以，主观性试题测验效果的可靠性和有效性相对较低。

(二)学生技能学习的评价

学校教育中将学生技能学习作为独立项目予以评价且实施较多的主要有以下评价。

1. 口头语言表达技能的评价

口头语言表达技能包括使用特定语言回答问题的能力和为获取一定信息提出问题的能力。在现代语言中，口头表达技能与听力是重叠的。具体而言可以从六个方面予以评价。(1)语用。正确运用语言知识，进行语言交际。(2)语脉。说话有条理，表达通顺连贯。(3)语态。神态自然，并有恰当的表情。(4)语意。说话意思清楚明白。(5)语汇。说话具体，用词丰富生动。(6)语量。能自主地控制音量和速度。其中，语用、语脉、语态三个方面尤为重要。在评价学生口头语言表达能力中使用最多的是口试，它分为间接、半直接、直接三种形式。间接测试要求学生听或读一段材料后，用书面形式回答问题，如英语考试中的听音测试，一般较多地使用在大规模的统一考试中,但效果较差。直接测试主要是通过教师与学生面对面的交流来评价学生的口头语言表达能力。这种测试能综合反映学生的表达能力,但是,评定过程受主试者的影响较大,主观性较强。半直接测试是使用课文、图片、录音磁带、计算机等设置说话情境和提示,主试者与被试者不直接当面交谈,用磁带录下被试的回答,事后请多名教师做出评定。

2. 实验操作技能的评价

实验操作技能是一项综合性的技能,包含对知识的理解、分析、实验态度、实验技术等内容,是职业学校教学中的一项重要内容,也是进行科学研究的基本手段。在学生的认知过程中,通过实验可以加深对知识的理解,培养动手能力,同时也是衡量教学效果和学生学力的一项重要指标。实验操作技能的评价主要是指对学生使用和直接操纵相关的仪器设备或处理实验材料,动手进行实验操作及应用实验研究问题的能力等方面的评价。实验操作技能的测试一般可以通过对学生实验过程的观察和对学生实验报告的检查来获取评价材料,可以采用观察法、实际操作法并辅以笔试和口试。就评价的具体内容而言,实验操作技能一般通过对仪器和设备的使用、实验操作、实验记录和报告、实验设计等项目的测验实施评价。

3. 动作技能的评价

动作技能的形成一般经历三个阶段,即泛化阶段(粗略地掌握动作阶段)、分化阶段(改进和提高阶段)、自动化阶段(动力定型阶段)。动作技能发展的最重要特点表现为动作的熟练化和自动化,动作的准确性和协调性是评估的重要内容。由此,动作技能的评价不宜依靠量化的手段予以实施,而较多地运用观察方法给予定性的评价。在学校教育中,以动作技能为基础的课程主要有体育、音乐、美术等,其实施主要是依据各学科的教学目标及对动作技能的发展要求进行等级化。这里主要谈谈体育运动技能的评价。

一般认为,构成动作的要素有七个方面。(1)身体姿势。即身体和身体的各个部分在做动作过程中所处的状态和位置。它属于动作的空间特征。(2)动作轨迹。即身体或身体的某一部分在做动作时所移动的路线。它属于动作的空间特征,可以是整个身体重心的轨迹,也可以是身体某一部分的轨迹。(3)动作时间。即完成动作所需要的时间或是动作所持续的时间。(4)动作频率。即周期性动作在单位时间内重复的次数。它属于动作的时间特征。在一定时间内,动作重复的次数越多,频率就越大。(5)动作速度。即在单位时间内,人体在空间的位移。它属于动作的时空特征。(6)动作力量。即身体移动时对外部物质对象所产生的物理作用。它属于动力学特征。(7)动作节奏。这是动作的快慢、用力大小、肌肉收缩和舒张与时间间隔的长短、合理交替的一种综合特征。它既具有时间、空间特征,也具有动力学特征,是一种综合性特征。

(三)学生情感学习的评价

对学生情感学习评价的分类，现在并没有一个统一的标准体系。在布卢姆的《教育评价》中主要应用"教育目标分类学"把目标根据等级层次排成一个连续体，并将这一连续体描述成为一个内化的过程，在这个过程中，情感成分从单纯觉察开始，经过一定的动力阶段，最后达到对一个人行为的控制。这一内化过程主要由五个范畴组成：接受、反应、估价、组织、性格化。同时，这五个范畴又各自可进一步分解为十三个不同的层次水平。这些目标覆盖面广，实际上已经趋近于把个人的性格特征几乎完全表明出来，有些目标已经超出了单个教师力所能及的范畴，显然在教育教学实际运行中有相当的难度。因此，目前在学生的情感学习评价中一般由三个类别构成：兴趣、态度、品德。对学生情感的评价需要注意以下三个方面。

1. 一般采用观察法和问卷法

在评价实施中重在诊断性评价和形成性评价，终结性评价通常较少使用。学生情感学习的评价不宜采用认知学习评价中使用较多的单一而具体的量化评价模式。

2. 应尊重学生的学习情感表现

学生的学习情感是一个富有个性色彩的要素，是家庭、学校、社会共同影响的结果。因此，学生的学习情感是多方位和多层次的，既有来自学生年龄阶段的客观差异，也有来自个体的主观差异，在评价中应认可这一差异性，并尊重学生的学习情感。

3. 应保护学生的个人隐私权

情感通常被认为是私有而非公有的，对学生情感学习的评价势必要涉及个人的隐私，而且要给学生的情感学习评价出分数、等级，似乎也不容易为大家所接纳。所有这些必然影响情感学习评价的有效实施。事实上，当教师在评价过程中忽视情感学习评价时，在教学过程中也极容易忽视学生的情感学习。

总之，学生情感学习的评价在教育教学的评价实施中，其评价技术存在一定的问题，有一定的难度，并受一定条件的局限。但是，许多情感目标能像某些认知目标一样较快地达到，并能予以评价。因此，教育教学中的情感目标和评价已经越来越成为大家关注的焦点。

第三节 确定评价标准

一、确定教学目标评价标准

教学目标是设计教学过程和教学内容的基础，教学过程和教学内容是实现教学目标的过程和载体。因此，正确理解教学目标是教学过程和教学内容设计能力的重要组成部分。只有正确理解了教学目标，中职教师才能围绕教学目标设计过程和内容，才能将教学目标中的关键点设计在教学过程和教学内容的关键环节中，使教学过程和教学内容形成对教学目标的有力支撑。[①] 所以，中职教师参与教学目标设计工作并具备相应能力，有助于教学过程和教学内容的设计能力。

教学目标评价包括：评价学生在学习过程中的积极性、态度，在教学过程中的参与程度，作业完成情况等；评价学生在实训实习过程中遵守劳动纪律、安全制度、操作规范等情况，以及完成任务的情况；评价学生各类考核、考试的情况。以一学期、一学年或三学年为阶段，对学生的德、智、体、美、劳等方面，进行全面综合的评价，评价学生在该阶段中所发生的转变、进步和成长，以及学生存在的不足，提出改进建议，并将这些评价信息以恰当的方式反馈给学生，使其了解自身的进步和不足。通过评价，促进学生的成长与发展。根据中职学生特点进行评价，如果学生的文化基础课或理论课成绩长期不好，可以尝试对其用其他方式进行评价，如评价其动手能力、语言表达能力等。同时，根据职业教育以就业为导向的特点，评价学生对即将从事职业的兴趣和热情程度，评价学生是否符合相关职业所要求的素质、能力及对相关知识的掌握情况。通过这些测评，可以评价学生在职业方面的优劣，帮助他们树立自信心和培养学习兴趣。一次课的教学目标一般是课前事先就确定好的，但是由于各方面因素的影响，有时课前确定的教学目标与学生的实际情况会产生偏差，有的目标可能定得太低，有的目标可能定得太高，这时就有必要对既定教学目标做适当调整，以便符合学生的实际情况；有时需要舍去一些次要的目标，这样教学才更有针对性，重点就能更加突出。

（一）一般目标和具体目标相结合

教学计划和教学大纲提出了各门学科的一般目标。但是，在课堂教学中却不能停留在一般目标上，而要以一般目标为指导，确定更为具体的教学目标。在教科书的笔写中需要对具体目标做出规定，直接组织教学活动的教师更需要根据自己所面临的实际情况确定更为具体的教学目标。教学的各项一般目标和具体目标应当呈现出互相联系、互相支持、互为因果的关系。没有具体目标，一般目标便失去了依托，成为空中楼阁；没有一般目标，具体目标就缺乏统一的指导，变成一盘散沙。[②]

在课堂教学中，有的教师偏向于为学生提出远大的一般目标，忽视"细小的"具体目标，结果便使学生感到那些大目标过于空泛、渺茫、可望而不可即，因而也就失去了积极努力去实现的热情；有的教师则热衷于为学生规定一大堆具体、琐碎的作业目

[①] 吴全全：《中等职业学校教师专业标准解读》，143 页，北京，北京师范大学出版社，2015。
[②] 李秉德：《教学论》，68 页，北京，人民教育出版社，1998。

标，却不考虑通过这些目标的实现要达到的更高层次的一般目标是什么，其结果就会使学生陷入盲目、机械的活动中，产生枯燥、乏味和厌倦的感觉。所以，我们应当尽量避免这两种偏向，努力使一般目标和具体目标有机地结合在一起。

(二)集体目标和个人目标相结合

集体目标是对特定学生集体的共同要求，是全体学生都应当达到的最基本的目标。就中等职业学校教学而言，由于对全体学生都有进行文化基础知识教育和基本技能训练的要求，所以集体目标必须是全面的，不允许过分偏重某些目标，而忽视另一些目标。个人目标则是在集体目标的基础上，根据学生的原有基础、志趣、能力倾向和发展方向确定的适合个人特点的目标。这不仅仅表现在要求高低的差别上，而且表现在侧重点的不同上。由于一部分学生要继续升学，另一部分学生可能较早进入社会，因而个人目标也可以有偏重升学准备和偏重职业训练的区别。但是，无论个人目标偏重什么，都必须全面达到最基本的集体目标。这也就是说集体目标和个人目标是统一的，不应该人为地加以分割。

(三)难度适中

无论是一般目标还是具体目标，集体目标还是个人目标，都要难度适中。正如前面所说的，既要使学生"跳一跳，摘桃子"，又要使他们"跳一跳"就能摘到"桃子"。但这里有很大的个别差异。同样的目标，能力强的学生嫌太容易，能力差的学生嫌太难。自信心强的学生，希望目标有一定的挑战性，否则就激发不起强烈的动机。而自信心较弱、期望值偏低的学生则希望目标不要太难，否则就会产生畏惧心理，如果连遭失败就会感到气馁。所以，在确定教学目标时，教师应当在研究学生上下工夫，从本校、本班级的实际出发，从每个学生的实际出发。

(四)便于检测

教学目标要发挥标准作用，就必须是可检测的。如果教师提出的目标是含糊不清、笼统的，那就难以检测；如果教师提出的目标是明确、具体的，那就便于检测。例如，有的教师在上课前总是说"这节课你们要学会……"。怎样检测学生"学会"的情况？看来这样的目标是难以检测的。就拿英文单词来说，"学会"至少可以有四种水平：(1)会认(再认水平)；(2)会拼写(记忆水平)；(3)会造句(模仿应用水平)；(4)会很自然地用于口头和书面表达(熟练应用水平)。不同水平的要求，可以用不同的方法来检测。如"会拼写"可以用听写检测，听写的速度和正确率就是很确切的检测数据；"会造句"可以用造句练习来检测，也可用改错句来检测，同样以速度和正确率来衡量。当然也可只看正确率，不计速度。在提示教学目标时，教师应当明确限定在什么水平上要求学生"学会"哪些单词。

二、确定教学内容评价标准

(一)涵盖所有的认知领域

大部分课程和教学单元包含了各种学习目标,既包括记忆事实性知识,也包括理解、分析和创造性应用具体原理。好的测试不应完全聚焦于单一的目标,比如记忆事实性知识,而应当测量教师的各种教学目标。测量更为复杂的技能,例如高难度的推理技能,比较困难也更耗费时间。我们经常会听到学生抱怨测试"没有考我们在课堂上学习的内容"。不管出于什么原因这么说的学生都认为这种评估是不公平的。因此,第一个原则是,测试应该能够清楚地考核教师对学生提及的学习目标及学习过的内容。简单来说,测试应该与教师的教学目标相一致。

(二)使用合适的测试题

根据经验可知,教师可以使用各种各样的测试题和测试形式。有些测试题,如配对和填空,是用来测试特定信息记忆的较好方式;其他试题,如问答题,则是用来检测高级思维过程和技能的较好方式。一个好的测试包括那些适合于各种特定目标的题目。后面将有更详细的介绍。

评价是教师和学生共同合作进行的有意义建构过程。学生既是评价的对象,也是评价的主体,强调学生的自评、互评等方式和家长及其他有关人员的参与。学生通过参与评价过程,能够更深入地认识自己的不足,能够更自觉地去达到教师的要求。同时,发展性评价改变单一评价主体的现状,加强自评、互评,使评价成为教师、学生、家长、社会共同积极参与的交互活动,不同的评价主体,从各自不同的角度出发进行的评价,对学生发展有着独特的作用。教师的评价体现了对学生发展的要求;而家长的评价反映了家庭、社会对下一代成长的期待,往往能提供教师看不到的东西;学生之间的互评,使学生通过评价他人来反省自己、提高自己;这种多元主体参与的开放型互动的评价体现了以人为本的评价思想,能激发学生的主体精神,促使每一个学生最大可能的发展。一般而言,教师会从以下三个方面进行评估:诊断先前的知识和技能、批阅并提供反馈、对学生的成绩作出评价并给出等级。[①] 这三个目标具有相似性,但也具有显著的差异。

(三)使测试有效、可信和公平

当学生在持续一段时间内重复参加某个测试,并获得相似的分数时,这个测试就是可信的。如果测试能检测到要测量的内容,它就是有效的。请注意,如果测试为所有学生提供了同样的获得好成绩的机会,如果它没有歧视任何一个种族、民族或性别

[①] 丛立新:《学会教学》,190 页,上海,华东师范大学出版社,2007。

的学生，那么它就是公平的。教师所设计的测试如果明确、清晰，将学生凭猜测答题的可能性降到最低，就会比那些模糊的、鼓励学生猜测答案的测试更加可信。同样，题目数量相当的测试比那些只有很少几道题目的测试更加可信。精心设计、考查大部分教学目标和教学主题的测试很有可能确保效度和公平性。给学生讲授一些必要的考试的技巧也会提高效度，因为有些时候，学生可能掌握了所要测试的信息，只是读不懂试卷上的问题。不过，单凭一次测试无法确切地了解学生掌握了哪些知识、具备什么能力。因此，在对学生做出最后的评判时，教师一定要仔细分析测试结果，并依赖多元的评价信息。

三、确定教学过程评价标准

（一）诊断先前的知识

要对特定学生进行个性化教学，或对特定班级因材施教，就要了解有关学生的能力和先前知识的可靠信息。常模参照测试和标准参照测试都致力于测量学生不同领域的能力，但是这两类测试只在阅读、语言发展和数学几门课中容易采用，也只在这几门课中运用最多。遗憾的是，它们很少被应用在其他学科领域。在许多学校，有经过专业训练的负责测试和测量的班子，还有咨询人员和专门的教育职员，可以帮助新教师诊断学生的能力和成绩。而在另一些学校中新教师就得不到这些帮助。新教师如果得不到正式的诊断信息，就不得不依赖更多的非正式的技术来评定学生的先前知识。例如，教师可在布置作业之后密切观察学生，了解这项任务对于他们来讲是困难还是容易。同样，通过聆听学生的发言，提出试探性问题，教师可能获得另一些线索，了解学生对于任何一个课题的先前知识。事实上，师生之间的问答是教师确定学生理解情况的一种主要手段。教师可通过学生的回答判断继续往下讲还是回过头来复习。皱眉、点头、眼神困惑等，也暗示了学生对某个主题的理解程度。然而，新教师应该意识到，这些动作、表情有时会被误解。因为许多学生在众人面前不愿承认自己缺乏知识或理解力，一些教师发现在小范围内与学生面谈是教师获取所需信息的一个好方法。该技术对从不喜欢参与课堂讨论的学生或表情、动作单一的学生那里获取信息特别有帮助。

（二）提供矫正性反馈

评估与评价的第二个重要目的就是把学生的学业表现反馈给他们。当诊断学生的先前知识时，有些课题和技能比其他课题和技能更容易得到反馈。命题者编制了非常精细和可靠的程序来测量那些分散的技能，如字词认知或者简单的数学运算。我们也能很容易地收集信息，了解学生跑100米或者攀爬10米长的绳子花费多少时间。生物反馈技术也可以帮助学生检测面对压力或付出努力时的身体反应。但是，当教学不再着重于这些基础技能和能力，转而关注更为复杂的思考能力和问题解决技能时，提供矫正性反馈则更为困难，因为缺乏测量这些复杂过程的可靠测试和可用程序。

(三)做出终结性评价，汇报成绩

对于许多新教师而言，大部分评估的时间和精力都花在评估学生的发展、评定和汇报进程上面。虽然一些教师不喜欢这方面的工作，而且觉得浪费时间，但是教师必须要做，而且要做好。原因前面提到过，现在重申一下：第一，学生期待他们的学习能得到评价，他们为得到好的等级评定而完成学习任务，不重视这点或这方面做得不好的教师，通常都会遇到严重的课堂问题；第二，社会已经将学生的成就、能力进行判断的工作分配给教师，如果教师不能很好地完成这项工作，对学生来说是不公平的。

表6-1 班级评估的三个主要目的

项目	诊断	反馈	评价/汇报
功能	安置学生，制订教学计划，判断学生有无先前的技能和知识	在教学过程中对师生的进步、进展做出反馈	在单元或学期末对学生进行等级评定
评估时间	单元、学期、学年开始时，或教学过程中学生遇到问题时	教学过程中	单元、一季度或学期工作结束时
测试形式	标准化诊断测试，观察表和检测表	提问、测试、家庭作业	期终考试
评价方式	常模和标准	标准	常模或标准

第四节 确定评价方式、方法

一、确定课程材料评价方法

(一)专家审查

教学材料评价的最初活动之一是专家审查，即一名学科专家对内容的准确性与完整性做出评价。一节课或一门教程的内容可通过如下三种方式中的一种产生出来。第一种是教学设计者研究课程或教程的主题，编辑来自参考资料、其他教科书或技术手册的信息，然后写出内容草稿。第二种是让参与项目的学科专家根据教学目标负责写出内容。第三种是学科专家和教学设计者合作收集内容信息并写出初稿。当教学设计者完全负责产生内容时,把所产生的内容让一名或数名学科专家审查一下十分重要。但即使学科专家参与创作内容,把所产生的材料让一名以上的学科专家审查一下也有好处。① 这是因为学科专家在指定内容的适当性与如何呈现内容上存在分歧。有时这种分歧纯粹是风格上的,这意味着学科专家在顺序、相对的侧重点、隐喻的适当性等方面有不同看法。在其他情况下,分歧将是实质性的。一名学科专家的错误或忽略的地方可能被另一名学科专家注意到了。在这两种情况下,让多名专家审查内容将会改善内容的准确性及其呈现。

专家审查通常要在教学材料的草稿或者至少部分内容完成之后尽快进行。这时可要求学科专家阅读教学材料并判断其内容的准确性。在审查过程中他们扮演的不是学习者的角色。如果发现大量问题,那么在进行下一步的材料评价活动之前将对材料进行修改。但专家的审查并不提供教学施于学习者的有效性的良好资料。进行专家审查的目的是在测试教学内容对学习者的教学有效性之前确保内容的准确、完整与相关。在这一类别下发生的一个相关活动是利益相关者的审查。利益相关者可以是一名或数名负责批准项目及其经费的管理者,也可以是学科专家。一名或一群利益相关者在教学设计者的指导下,有时与学科专家一道,阅读材料以确定内容及整个教学策略是否可接受。这有时叫做初排。

(二)开发试验

第二种教学材料评价活动是开发试验,迪克与凯里(Dick and Carey,1996)称之为"一对一的评价"。将教学材料的一种原型进行一对一(一个评价者一次面对一个学习者)的尝试。迪克与凯里建议使用来自目标受众的三种学习者,即被教师确定为高能力者、中等能力者与低能力者。每类学习者将提供不同类型的信息,这些信息在考虑修改时可供利用。在开发试验过程中,如果教学内容是通过计算机屏幕呈现的,则在学生学习课或模块时,评价者就与学生坐在一起。一名教学设计者可以监控 2~3 名学习者,但关键因素是每名参与者要独立学习材料,而不管原型是自我指导的学习还是教师主导教程的一套材料。在检查过程中设计者也可与参与者交谈,但一般情况下最好不要打断参与者。如果参与者有所困惑并提出了具体的问题,设计者应给予必要的指导。这一方法的一种变式是要求参与者报告他在学习材料时的所思所想。这种即性产生的信息是有益见识的一种有价值的来源。

在开发试验期间,教学设计者要记录下参与者的表达、困难或评论。在参与者完成之后,教学设计者可与参与者会谈,询问如下一些事情:学习活动的内容和教学是否清楚,测验问题及其指导语是否清楚,预期学习结果的适当性如何。这种对话可为

---

① [美]加涅:《教学设计原理》,314 页,上海,华东师范大学出版社,2005。

厘清学习者对课的表达、结构与逻辑上的问题提供相当多的信息。在这些信息的基础上，可以对教学内容做出系统修改。另一种修改教学的方式是确定在对学习者的分析上是否应做出改变。增加一种先决技能可能比修改课更可取。例如，一节数学课的设计者发现一名试验学生在一节涉及线性方程的问题解决的课上存在困难。看来学生缺少这节课的先决技能。对另一名试验学生的进一步测验发现了同样的问题。设计者必须考虑是否要对当前的课所需要的数学技能进行补救，或者重新设计前一节课，以便学生能获得所需的起点技能。

(三) 试点测验

第三种评价是试点测验，迪克与凯里称之为"小组试验"，在这一水平，给代表目标群体的一小组学生呈现材料。试点测验是在实验室条件下进行的，在这种条件下，教学设计者与评价者要做更多的观察并实施不是正常传输环境一部分的评价工具。典型的是，这种试点测验始于对在教学期间要教的知识技能的前测。然后呈现教学，接着进行后测，此外，还采用一份态度问卷以测量学生对教学事件不同方面的态度。还会要求学生讨论教学、前测与后测。在对前测与后测分数进行比较的基础上，从小组测验获得的信息开始回答有关学习的发生及其发生的量的问题。其他结果可提供教学呈现与问题清晰性的指标，这些信息将用来指导修改。

(四) 验证

在实践中，最常用的两种课程材料评价活动是专家审查与试点测验。因为试点测验与专家审查两种评价的费用较高，因而组织通常进行的是二者的混合。像现场实验一样，将教程呈现给一小组实际的学习者，但要像试点测验一样更关注内容、方法与结果的评价。遗憾的是，开发试验虽然有好处，但并没有像预期的那样被经常使用。这方面的一个重要原则是，对有时间参与的人才能进行开发试验。即使试验受众与目标受众有些不同，仍然可以从中学到许多关于材料清晰性与可行性的信息。在这一背景下还要记住的一条重要原则是，教学材料评价的总目标是验证。在假定学习者具有适当的先决知识与技能并由一种"知晓"内容的需要所推动，假定教学像预先设计的那样有效地予以传输的情况下，验证的目的是确定教学将在教学目标上产生成功的成就。

二、确定学生学业成就评价方法

学业评价是对学生个体学业进展和行为变化的评价。考试、测验是我们常采用的测量工具，并在测量的基础上对学生个体发展和学习效果做出价值判断。现代学业评价是以教育目标为依据，衡量学生个体的发展是否达到预定教育目标程度的过程，可以尝试对课堂讨论进行等级评价。[①]

(一)对课堂讨论进行等级评价

如果不对参与度进行等级评价,学生们可能就会认为他们所进行的这方面任务不比其他需要进行评价的任务重要。课堂讨论的等级评价是一个困扰许多教师的问题,但我们却又很难找到一个令人满意的方法来对学生的参与进行量化。教师在试图对讨论进行等级评价时所面对的问题是:"我奖赏的依据是质量还是数量?""是什么构成了有质量的发言?""对于那些一直发言却没说出什么内容的学生应如何评价?""对于那些性格内向但却有独到见解的学生又应如何评价?"有经验的教师在面对这个等级评价的困境时所采取的对策有两种。

第一种方法是给予那些始终认真准备讨论的学生及那些对讨论做出重要贡献的学生额外的分数。如果采用这种方法,讨论就必须在班级中全面地进行,并保证每位学生都有均等的机会获得额外的分数。

第二种方法是把讨论作为反思报告的出发点。在这种情况下,教师评价的不是学生的参与,而是学生对讨论进行反思的能力以及通过语言表达讨论意义的能力。如果教师能恰当地设计、运用这一方法让学生知道他们讨论后必须写反思报告,就有助于提高学生在讨论时的注意力,并有助于在讨论后继续扩展学生对有关讨论的思考。采用这种写报告的评价方式最显著的缺点则是必须花费时间阅读,并对这些报告进行等级评价。

(二)测验设计的步骤

试卷的设计是一项十分严谨和细致的工作,必须做到有计划、有步骤地进行,一般应考虑以下几个方面。首先,确定考试的目的。考试的目的和考试的形式及试题的类型有密切的关系。一般的课堂测验是为了考核学生某一学科的学业成绩,测验的主要方式是团体笔试。如数学课的测验以考核学生的认知能力为目的,试题类别宜选用客观性试题;语文课的测验除了考核学生的语文知识外,还要考核学生的组织能力和文字表达能力。因此,宜选用非客观性的测验。其次,明确所要考核的能力或表现。测验所要考核的学生的能力或表现,必须与教学目标相结合,既要考核对知识的记忆能力,还要考核高层次的认知能力。一份好的试卷要尽可能包括考核教学目标所规定的各个层次的认知能力。再次,明确所要考核的教学内容。最后,设计测试蓝图。这是试卷设计中最关键的一步。试卷蓝图通常是一张双向细目表,其中一个坐标反映教学内容,另一个坐标反映学生认知能力水平。美国教育家布卢姆把学生的认知能力分为记忆、理解、应用、分析、综合和评价六个层次。这种分类目前已被广泛地接受,

---

[①] 丛立新:《学会教学》,393 页,上海,华东师范大学出版社,2007。

测验蓝图中目标的拟定都根据这一分类体系将试题进行分类。测验蓝图可以帮助教师根据教学内容和学生能力来确定试题的形式和题目,从而合理地反映教学内容和学生能力之间的关系。

三、确定教师授课质量评价方法

教学活动是一种有目的、有计划的培养人的活动,教学评价则是教育的一种反馈系统。这就规定了学业评价并非是随意的,它必须以一定的判断准则作为根据。

(一)确定和表述待考课程的教学目标

涉及待考课程的教学目标方法可包括三个步骤:第一,以比较抽象的术语来表述课程的一般目标;第二,把每个目标分解成内容成分与行为成分两个方面;第三,制作双向细目表。双向细目表可以看做一个两维矩阵:一维为目标;一维为内容。

美国教育学家布卢姆等人提出将教育目标分为三大领域,即认知领域、情感领域和动作技能领域。关于认知领域,他又提出六个层次的分类目标,每一层次又可以分为若干子层次:认知、理解、应用、分析、综合和评价。应当指出,不同学科和课程,其教学目标各不相同,不是所有学科的教学都要达到六级认知水平的目标。在双向细目表中,不要把布卢姆教育目标分类当做公式机械地搬用。一份试卷在测试知识、能力等方面的具体内容时,还应视考试目的、对象而定。

(二)编、审试题

编、审试题是将比较抽象的教育目标具体化,使目标达到的操作。

单个试题是构成一份试卷的"细胞"。从构成看,试题可由三个部分组成,即刺激、反应和标准。刺激部分说明给定的情景和条件;反应部分说明预期的行为和反应;标准部分提供评判依据。[①]

从题型看,试题又可分为固定应答型(选择题、配对题等)和自由应答型(问答题、简述题等),两类试题各有利弊,功能及适用范围各不相同,应根据测试内容的具体情况,在全面分析的基础上选择、确定。国内外现行考试所用题型,一是全部采用固定应答型试题,如美国的GRE(研究生入学考试)、SAT(大学入学考试)和TOEFL(专为英语不作为本国母语的外国人,希望到美国、加拿大上大学或工作而设置的英语水平测试)。另一种则以固定应答型试题为主,辅之以自由应答型试题。编制考试试题,即是制作测试量尺;审定考试试题,则是检验所制量尺是否标准,这一步骤应严格遵循编制原则和程序。

第一,必须紧扣课程教学大纲和编体设计,难易适度。

---

① 教育部人事司:《高等教育学》,290页,北京,高等教育出版社,2001。

第二，在同一试卷中，通体类型试题的编写格式不应有异，要统一规格，以免应试者因格式不同而误解。

第三，试题用词要恰当，文字要简明，表意确切，与解题无关的字词应删去，与解题有关的字词不得遗漏；有关答题方法和要求的指导语，要言简意明，不致应考者费解或误解。

第四，多项选择题的备选答案，在性质上应有相似之处，但又要避免雷同或暗示；正确答案不应排列在相同位置，应随机编排。

第五，所编试题，应尽可能避免将教材、参考资料中完全相同的文字表述成试题。

第六，试题应各自独立，各题之间不要互有关联和重复，一题的正文或答案的表述不应给其他试题提供线索。

第七，所编试题应便于做答，施测易行，阅卷评分时省力，抗干扰性强。

审题是对命题人员编制的原始试题进行筛选，将符合要求、达到设计标准的试题挑选出来，编号，供预测使用。对于修改后才能使用的，审题人员应提出详细的修改意见。对初步确定的试题还要进行试测，这是传统考试与现代意义上的考试在检验试题质量上的根本区别。也就是说试题不是靠主观判断，而是通过试测让实践做客观鉴别，为正式考试挑选真正符合标准的试题，以保证正式考试的信度、效度，并为建立常模提供依据。试测要具体考查试题的内容是否反映考试的目的要求，难易程度是否适合应试者的实际水平，区分度是否达到规定的标准，试题类型是否恰当，指导语是否能为应试者理解，试题数量、所需时间以及各类试题比例是否恰当等。

（三）实施考试，取得信息

考试的实施过程由以下几个环节组成。

第一，制订考试的实施方案时，应着重考虑以下各点，并作周密设计：开始时间和工作日程；试卷印制时间、数量以及试卷规格；试卷校对、保存；试场数量，各试场受考人数、试场规则；监考人员安排、职责及工作细则；公布考试结果的方式、方法；考生对成绩有疑问的处理方式等。要根据各高校情况，对考试的实施做出周密细致的整体计划，同时制订各项规程和细则，作为参与考试实施的有关人员共同遵循的章程，以便控制考试实施的各个环节有序地进行。

第二，印制试卷是一项严肃的工作，应有严格的保密措施，同时要保证试卷印刷的质量。

第三，试场设置的原则是既要符合学生的应试心理，有利于考生发挥其实际水平，又要防止应试者作弊，如考生的座次应随机编排等。

第四，在实施考试的过程中应讲究规范，如按统一规定发卷、收卷和封卷；按统一制订的指导用语进行试前解说；对考生的提问，除统一规定的解说外，不能有任何解释和暗示。对于违纪行为，应严肃处理；同时，主试者应与考生保持和睦关系，不人为地给考生造成紧张气氛。总之，一切以试场规则为准则。

(四)阅卷评分

"分"是教育者与受教育者经常与之打交道的，但"分"的本质是什么？怎样才能客观地评定学生的成绩，给学生公正地评分，并不是一件很容易的事情。这需要对测量量表、评分的参照标准等问题做一番研究。

量表是一种用以测量的工具，也是测量活动进行的标准。量表是一系列测验的项目，其中每一个项目都要在广泛应用的基础上，根据统计结果具有一定的分值。斯蒂文斯在1946年发表的《论测量量表》中提出了依据量表本身的属性可将其分为四种类型：名义的、位次的、间距的和比率的量表。

原始分数的转换，是以常模（测验中进行成绩比较参照的两种标准）为标准参照点，把原始分数变为具有同一计量单位的分数。标准分数是使用最普遍的一种常模参考分数。它表示考生的成绩在考试总体中位置，这种分数既可把某考生的分数与其他考生的分数相比较，也可与该生不同科目或不同考试中的分数比较。

第五节 评价组织与实施

一、评价准备

近年来，国家实施了许多教育教学改革的重大项目，其中教育教学评价的改革创新是其中之一。实施过这些项目的院校和教师，积累了不少经验成果。同时，这些院校在实施教学改革项目的过程中，同样涉及了对项目自身的评价，同样也有不少好的经验方法。

(一)教师通过自主学习与实践

中职教师通过自学和参加教育主管部门组织的各种培训，获得教育教学评价的理念、思路、方法和手段。通过学习职业教育的理论及原理，获得评价的理论和思想依据，学习党和国家的方针政策，特别是教育部近年来下发的有关职业教育、人才培养质量、教育教学评价的相关文件，领会其精神、掌握其思想，并将其运用到实际工作之中。同时，学习教育教学评价的知识和方法，需要通过实践运用的方式来进一步掌握和提高。中职教师要以促进学生发展、促进就业率和就业质量、促进提高教育教学质量为目的开展评价。不能凭个人好恶、更不能以教育教学评价为手段，做涉及私利的事情。

(二)向同行等学习借鉴

中职教师可向这些兄弟院校及其教师学习，借鉴经验，提高自身的教育教学评价能力。中职教师进行教育教学评价，不仅是赋予学生一定的分数或好坏优劣，而是要通过评估，分析学生的优点和长处、存在的弱项和不足，对学生提出改进建议。通过评价，教师自己找出自身的成绩和问题，特别是在学生评价和教师互评过程中，应主动征求他人的意见，本着"有则改之，无则加勉"的心态，切不可有不满或记恨等情绪。在"打分"的同时，应尽可能说明为什么给出这样的分数，指出受评者哪些方面做得比较好，哪些方面还有不足，以及如何改进。使分数好的受评者清楚哪些地方还存在不足，使分数稍差的受评者了解自己的优势，加强自信心，加快进步的步伐，使评价达到"以评促改"的目的。

(三)在平时工作中注意积累

中职教师应经常性地总结教育教学评价的工作经验，对有效之处及时加以提炼，形成方法和规律。在这样不断的积累过程中，获得并发展自身的教育教学评价能力。根据多元智能理论，每个人的智能结构不尽相同。中职学生可能在形象思维、动手能力等方面有所专长。同时中职教育以就业为导向，不同的职业对知识、技能和素养等方面有不同的要求。因此，要根据中职学生的智能特点和职业要求对教育教学进行客观的评价。不能仅以教学内容为依据，更要以本专业的培养目标、课程的教学目标作为评价依据。教学目标和课程目标是在国家教育方针政策的基础上，各中职学校根据区域经济社会发展的实际情况，与用人单位等机构，共同制订形成的。因此评价教育教学，还要注重对教育教学目标的评价。

二、评价分析

反馈信息不仅要详细，也要讲究创意。反馈信息不仅能反映学生对课程目标的掌握情况，也能准确地告诉学生如何更好地实现课程目标。为了利用反馈信息帮助学生拥有更好的表现，有几点应该记住。

第一，反馈信息应该集中在重要的知识点上，而不是涉及所有的知识点，如果希望学生改正所有的错误，那么学生将会淹没在反馈信息中。

第二，反馈信息应该和学习目标直接相关，应该向学生明确指出现在的学习活动和学习目标的关系，以及为了实现目标下一步需要做什么。学生还应该知道什么地方已经做得很好，什么地方有待提高。

第三，确保反馈信息针对的是即将开始的学习任务，这样学生才能知道下一步该做什么，但是不能过于详细，以免学生失去独立思考的能力。

第四，用学生能理解的语言来表述有效的反馈信息。例如，与其告诉学生"下次需要更加仔细",还不如告诉他们在什么地方出现了计算或语法错误,在上交作业之前应该怎样进行检查。最后,请及时提供反馈,并给学生利用反馈信息的机会。

三、反馈调整

通过各种评估方式得到的信息将为你提供课程效果及教学方法的有效反馈。如果只是单纯地收集反馈信息,而不利用这些信息改善教学方法,那反馈信息就没有任何意义。形成性和总结性的评估都会为你提供学生对知识掌握程度的反馈信息。反馈信息也能帮助你在课堂上利用不同的教学方式来迎合学生不同的学习需求,它能帮助你确定每一位学生的理解能力、学习能力、接受能力等,以此来调整你的教学方式。例如,对那些已经掌握学习内容的学生,可以适当加快速度;对于那些不能理解复杂知识的学生,可以为他们提供简化的步骤。

另一种使用反馈信息来调整教学的方法是创设预警机制,当有学生学习吃力、需要更多帮助时,你能及时得到警报信号。如果我们一直等到总结性评估的时候才发现学生没有理解上课内容,这时候想干预就太晚了。但是,如果在你的学期计划中建立形成性评估,并合理使用这种评估方式的话,你就能实时了解学生的学习进度,并及时调整教学方法。

第七章　教学经验交流与指导

为有效提升中职学校的教育教学质量，中职学校会经常举行一系列的教研活动，为中职教师互相交流教学经验提供一个实践平台。这些教研活动的形式繁多，主要有示范课、说课、评课、精品课建设、组织实习实训、教学竞赛等，这些教研活动在提升中职教师教育教学水平、提高课堂教学质量方面都能发挥一定的作用，但其组织形式和组织过程却存在很大差异。

第一节　示范课

《现代汉语词典》将"示范"解释为"做出某种可供大家学习的典范"。根据此解释，示范课就是对现行教学起到示范作用，是组织者有目的、有计划、有组织的教学活动。每次活动主题鲜明，任务明确，引领全体教师向"理想课堂"发展，是一项有意义的教研活动。示范课作为一种教学组织形式，重在探讨教学规律、研究教学方法、推广教学经验，是教师课堂教学水平自我提高的重要途径[1]。示范课通常由课堂教学经验丰富的教师来承担，比如学校的骨干教师、学科带头人等。要上好一堂示范课，必须做好以下三个方面的工作。

一、明确示范课目的

明确且合理的教学目的，是上好一节课的纲要，如果目的不够明确，就好像射击找不到靶子，上课就会天马行空，讲到哪算哪，教学效果必定受到影响。示范课同样如此。示范课的目的主要有三个：提升听课教师的教学水平、提供教师交流的平台、提高课堂教学质量。

---

[1] 360百科"示范课"，http://baike.so.com/doc/7864530-8138625.html，2017-07-05。

第一，提升听课教师的教学水平。示范课对于听课教师来说，是非常便捷的成长途径。通过示范课，授课教师展示了自己对于教学方法、教学内容、教学思路、课堂把控及学生管理等成熟的一面，从不同的角度用不同的方式，展示了自己多年积淀下来的深厚教学功底，不仅为听课教师提供借鉴，还可以有效激发听课教师思考，提升听课教师的教学水平，有效缩短普通教师向名师成长的时间。

第二，提供教师交流的平台。示范课作为公开课的一种，是优秀教师推广教学经验的重要舞台，授课教师和听课教师可以互相交流、取长补短，示范课虽然是优秀教学经验的推广，但不可能完美，还存在一些进步的空间。新教师虽然教学经验欠缺，但思想活跃，有示范教师没有的新思路、新想法，可以为示范教师提供新的改进方向，无论是授课教师还是听课教师，都能从中学习、收获到有用的经验。

第三，提高课堂教学质量。示范课的最终目的是提高听课教师的教学水平，提高课堂教学质量。示范课无论进行的是否顺利，其效果最终都将在听课教师的课堂教学中得到体现[1]。示范课将优秀教师的教学经验展现出来，通过听课教师的努力和吸收，对比出自己的不足和欠缺之处，在课堂中进行实践和总结，最终提升课堂教学质量。

二、了解示范课对象

如前所述，示范课就是对现行教学能起到示范作用的课，示范作用的发挥是建立在授课教师对示范课对象了解的基础上，俗话说"知己知彼，百战不殆"。只有明确了听课者的身份和相关经历，授课教师才能有针对性的实施教学，示范课的示范引领作用才能得到充分发挥。一般情况下，授课教师在准备示范课时，需要事先了解示范课对象的职称、年龄情况，示范课对象的教学能力情况，示范课对象的专业背景情况及示范课对象的实践经历情况。对于本校开展的示范课而言，听课者多为本校教师，授课教师对他们的了解可能更多，但对于非本校主办的示范课而言，要了解示范课对象可能就会比较困难，在此情况下，授课教师可以先通过主办方了解具体的听课对象，然后通过微博、微信、QQ、朋友介绍等来具体了解听课教师的具体情况。对这些情况的了解和熟悉，可以帮助授课教师选择更优的教学方法与手段，组织更合理、妥当的教学内容。如果授课教师没有事先了解听课者的身份，那么就会出现教师所讲的不是听课者愿意听到的，或者教师所讲的是超越听课者学科背景之外的，激发不起听课者的兴趣与思考热情，示范引领作用也必将大打折扣。

三、组织示范课教学

了解了示范课的目的和对象以后，就要具体开展示范课教学了，组织示范课教学

---

[1] 李冰洁：《初中历史示范课研究》，硕士学位论文，扬州大学，2014。

需要注意四个问题：选择示范课的教学方法、选择示范课的内容呈现形式、把握示范课的互动形式、布置有效作业。

（一）选择示范课的教学方法

教学是一个双边互动的过程，教学方法既包括教师教的方法，也包括学生学的方法，从教师教的角度而言，教师的教学方法有很多，以语言传递信息为主的主要有讲授法、谈话法、讨论法、读书指导法；以直接感知为主的主要有演示法、参观法；以实际训练为主的主要有练习法、实验法和实习作业法。[①] 要上好示范课，首先必须改变注入式、一言堂的教法，改变学生把自己当书橱的学法，坚持把现代化教学手段与传统的有益教法相结合，给学生一个宽松、和谐、民主、平等、开放的学习环境，走进学生中间，缩短师生之间的心理距离，创设思想活跃、轻松愉快的教学氛围，让每一个学生都得到主动的、全面的发展，使其创造潜能得到充分开发，身心得到健康发展，进而培养学生的创新能力、实践能力，这是上好示范课的前提条件。教师采用何种教学方法，是由教师的教学理念、自身优势和学生的特点、教学内容等方面综合决定的。教师要上好一节示范课，必须综合这些因素，即根据教学内容难易、学生基础好坏、接受能力强弱采取不同的教法，该启发时启发，该讲授时讲授，学生可以合作解决的就让学生合作解决。只要能够实现既定的教学目标和符合教学规律，教学方法尽可能多样化。没有好的教学方法，再好的教学内容也很难引起学生的学习兴趣。有了恰当和灵活的教学方法，自然而然就能营造出活跃的课堂气氛来。但是，教师不可盲目、过度使用某种教学方法或手段，如现在的示范课为了响应多媒体教学的要求，大量使用教学课件，充斥着太多多媒体教学的味道。其实为了更好地实现教学目标，使用一些多媒体技术，无可厚非，但不是所有的课都必须使用多媒体，我们应该提倡让更多的教学手段综合进入我们的课堂，不能厚此薄彼，唯"多媒体"独尊。

（二）选择示范课的内容呈现形式

教学内容有多种呈现形式，故事、案例、视频、图示、实物演示等都可以作为教学内容的表现方式，具体以什么样的形式呈现，一方面要看教师的能力，另一方面要看课程内容的性质和特点。如在案例教学中，往往把实际生活中出现的问题作为案例，交给学生进行分析，主要培养学生的理解能力、判断能力及分析问题、解决问题的能力，这种方式对于大多数的人文学科都比较适用；再比如视频，它是现代化教学中必不可少的重要辅助工具，它更加生动、形象，能够在课堂上展现出无法实际操作的内容，许多工科院校都频繁使用教学视频，以展示实际的施工过程，效果颇佳。另外，实物演示也是职业学校教师在示范课上经常会采用的形式。在这种授课模式下，授课

[①] 张乐天：《教育学》，227—230 页，北京，高等教育出版社，2012。

教师往往会采用有关实物、教具将教学内容生动形象地展示出来，学生通过观察、思考获得知识。实物演示在数学课中经常使用到，通过实物演示，可以使数学内容形象化、数量关系具体化。

示范课的"示范"性特质，决定了教师必定会选取自己最擅长的或最新颖的表现方式，最擅长的可以使教师操作起来更加得心应手，最新颖的可以更好地吸引学生和听课者的注意力、激发他们听课的兴趣。但教师必须要知道，这种或几种表现形式必须要能被其他教师所借鉴和使用，否则，对实际教学起不到任何的示范作用。"示范课"是给全体教师平时上课起示范作用的，不是给公开课做示范的。"示范课"可以是源于平时教学的提升，但不应该完全脱离于平时教学的模式，有时为了"示范课"的需要，教师会对课堂精心设计，重新寻找一个崭新的、异于寻常的教学形式，这就会使其失去示范作用，因为平时教学中不可能耗费这么多的时间和精力，这个示范模式是没有实施空间和机会的，就像戏服只能演戏穿，平时穿不了一样。

(三)把握示范课的互动形式

师生互动是许多职业学校教师上课经常会采用的教学形式，这种教学形式活泼生动，更能吸引学生的注意力与兴趣。但是，如果互动形式把控不好，就会影响课堂效果。比如，有些教师在课堂中设置许多问题，学生成了回答问题的机器，还有一些教师对学生的回答一律持肯定和赞扬的态度，学生学得很愉快，这样的课堂，师生是动起来了，瞧着也很热闹，但这样的互动效果非常差，不是有效互动。有效互动不应该把课堂完全交给教师，由教师单独掌控，而是需要调动学生的主动性和参与热情。如果从师生互动的信息传递方式来分析的话，有效互动主要有三种基本形式。第一，双向型互动。在双向型互动中，教师与学生的信息互送、互收、互相反馈。课堂上的师问生答或生问师答是这种互动的主要对话形式。第二，多向型互动。与双向型互动相比，多向型互动在互动过程中除了师生之间的对话外，学生之间也有信息的相互作用。同桌讨论、小组合作学习、小组竞赛等是多向型互动的常见形式。第三，网状型互动。在网状型互动中，师生之间构成一张紧密联结的网，教师与每位学生都是这张网上的一个节点。这种互动的最大特点是牵一点而动全网，互动的辐射范围非常大。网状型互动强调教师与学生平等参与学习活动，信息全面开放，教师不再是唯一的知识来源。通常情况下，这种互动的载体往往是大型的数学游戏或借助现代信息技术的网上互动活动。在日常的课堂教学活动中，这三种互动往往交织在一起，在示范课中，具体采用何种互动形式，要由教师根据实际情况灵活选择。

(四)布置有效作业

上好示范课需要注意的另一个问题是要布置有效作业。作业是学生自主学习的主要形式，是课堂教学的继续，其目的在于诊断教学中的问题，了解学生对课本内容的掌握情况，巩固课堂上学习的知识，而不是测验学生，所以，教师在布置作业的时候，要把握好几个问题。首先，要考虑学生的现有水平，逐渐提高学生作业的难度，以保持其学习的兴趣；其次，要避免题海战术，不要给学生造成不必要的课业负担；再次，要选择典型的题目，既着眼于加强基础训练，又要有一定的能力训练，以提高学生分析问题与解决问题的能力；最后，在了解班级学生差异的前提下，布置有层次的作业，让不同层次的学生尝到甜头，尖子生的能力得到提高，中等生的知识得到巩固，后进生的积极性受到鼓励，使每个学生都有一定的成就感。

第二节　说　课

说课，最早于1987年由河南省新乡市红旗区教研室提出来，这一教研活动在向教师同行介绍教学经验的同时，还能促进教师之间的相互沟通与交流，从而优化教学设计，提升课堂教学效果。说课最初只在河南省新乡市应用，后来受到越来越多的教育工作者的关注。1992年12月，"全国说课研究协作会"成立，说课这种教研形式开始从河南省新乡市走向全国，随后创办了《说课研究》《说课动态》等内部刊物，形成了全国性的说课研究热潮；1997年以后，说课活动不仅形式多样，而且呈现出多学科协同发展的局面，理论研究也有了巨大进展，不仅出版了《说课论》《说课探索》等专著，还发表了大量的研究论文。关于说课的概念目前学术界还没有统一的定论，但都强调"为什么这样教"，即说明支撑教学设计和教学环节的现代教育学、教育心理学、教育思想或教育理念等相关学科理论，并将内隐的教学设计思路和实施策略通过外显的说理活动展现出来。要说好一堂课，必须注意以下几个问题。

一、明确说课的意义

说课是教师进行教学研究和经验交流的重要方式，有利于教师的专业成长与发展，有利于教师个体和群体的综合评价，有利于教学科研人员素质的提高。

(一)说课有利于教师的专业成长与发展

教师专业成长与发展的基本特点是基于教育实践，在实现观念更新的同时，开展丰富多彩的教育实践活动，提供促进教师专业发展的关键性事件，相对于教师个人长期摸索积累而成的经验，以说课、评课为重要形式的"经验移植和整合"则显得更为便捷。[1] 从具体方面说，说课既能够展现教师备课中的思维过程，又能够展现教师对课程

---

[1] 方贤忠：《如何说课》，3页，上海，华东师范大学出版社，2008。

标准、教材等的理解和把握程度,还能够展现教师对现代教育理论、先进教育经验的理解水平。同时,说课还是教师个体与听课群体之间相互交流、相互学习的良好形式,青年教师通过说课,在加强理性思维、深入剖析教材、构思课堂教学结构的过程中,可以迅速提高自己的备课能力,再通过听课教师的点评,还可以将上课时可能造成的失误、偏差提前规避,提升教学质量和效果。

(二)说课有利于教师个体和群体的综合评价

在所有的教评指标和教评方式中,说课时间短、参与人多、考核内容丰富,同时,说课还不受教学时间、教学进度、教学资源等条件的限制,经济实用、简便易行,更能反映教师的教学思路、语言表达能力及教学原理的运用,要比只看教案更全面、更科学,所以,各地在选聘教师或者评定教师职称时经常会选择说课这种教研形式。说课与评课往往结合在一起,说课体现了说课者的素质与能力,评课展现了教师群体的智慧和价值。说课教师要努力寻求先进的教学理念,把自己的素质与能力有效展现出来,听课者(往往是评课人)要努力挖掘说课者的特色和闪光点,自觉进行换位思考。说评双方围绕同一课题,各抒己见、相互启发,既锻炼了双方的教学评价能力,又促使教师在理论与实践的结合上有所提高。

(三)说课有利于教学科研人员素质的提高

如果不开展说课活动,备课就完全是教师的个人行为,教案也只有在被检查时才会呈现出来。在说课过程中,说课者要将教学设计进行口头介绍,就必须说出课的结构和为什么这样做,这就要求教学科研人员除了要加强对教师说课的能力培训外,自己首先要对课程标准、教材、教育理论、心理学理论等有深入的了解,要对课堂教学的原理、课程改革的精神十分熟悉,只有这样,才能扎实地开展说课活动。

二、明确说课的类型

说课的类型很多,根据不同的标准,有不同的分法。按学科分,有语文说课、数学说课、英语说课、音体美说课等;按目的分,有示范型说课、教研型说课、检查型说课、评比型说课;按性质分,有实践型说课和理论型说课。在现实活动中,我们更倾向于按目的将说课进行归类。

(一)示范型说课

示范型说课主要由业务水平较高的优秀教师、骨干教师承担,具有一定的指导与导向功能。示范型说课具有三大特点:第一,这类说课具有强大的示范作用;第二,这类说课是课堂教学的前期准备;第三,这类说课对说课者要求较高。

(二)教研型说课

教研型说课指的是,以教研组或年级为单位,以集体备课的形式,由一位教师对研究内容事先准备，然后对组内教师进行解说，再由听课教师评议研究内容的教研形式。教研型说课主要有四个特点：第一，成员相对固定，一般是同教研组或年级的同行；第二，教研组或年级组内的教师轮流说课，说课较频繁；第三，说课的内容形式多样；第四，说课场所和形式灵活多样。

（三）检查型说课

检查型说课由学校或教研组组织，目的在于考核教师的业务水平和工作状况。检查型说课主要有三个特点：第一，检查性，检查型说课带有对教师日常工作状况的检查性质，因此说课教师必须态度端正，说课规范；第二，考核性，检查型说课主要考核教师的业务水平和教学能力，所以，说课教师要认真准备，尽可能地体现出自身教学的最高水准；第三，严肃性，要求教师认真对待，不能随便应付。

（四）评比型说课

评比型说课由一定的机构或团体组织，是一种具有比赛性质的说课活动，这些组织机构既可以是学校、专业协会，也可以是各级教育行政机构。评比型说课的特点有两个：其一，说课内容通常不是由教师自选，而是举办单位指定的，要求参赛的教师必须严格按照指定的教学内容，在规定的时间范围内，独立进行准备和说课；其二，具有比赛性质，即有明确的说课标准和说课程序，要分出具体名次或有一定的优秀率和淘汰率。

三、掌握说课的内容

说课最初并没有固定的模式，随着人们对说课的深入研究，说课也越来越规范。从现有的说课基本模式而言，说课大体由以下几个基本要素构成：说教材、说学生、说教学方法、说教学过程、说教学评价。

（一）说教材

说教材就是要全面正确地理解教材，教材是主要的教学资源。教师教学设计的好与坏关键在于教师能否合理地处理教材，如果离开教材说课就没有了中心，就成了无源之水。说教材主要有两个目的：第一，确定学习内容的范围与深度，明确"教什么"；第二，揭示教学内容中各项知识与技能之间的相互关系，合理安排教学顺序，知道"如何教"。说教材包括三个方面的内容。

1. 说教材的地位作用

教材是课程的载体，能否准确而深刻的理解教材，教师就必须弄清楚教材编写的意图和知识体系。(1)要熟悉课程标准，在此基础上说明课标对所教内容的要求，因为课程标准是授课的依据，说课如果脱离课标，就成了无本之木，给人造成一种虚无缥缈的感觉。(2)在全面熟悉教材的基础上，还要说明所教内容是在学生哪部分知识经验的基础上进行的，是前面哪些知识的延伸与应用，又是后面哪些知识的基础与铺垫，这部分内容在整个知识体系或在整套教材中的地位、作用和意义。

2. 说教学目标的确定

教学目标是教学设计的着眼点和出发点，是对学生学习结果的预先规定，即教什么和学什么的设计。主要包括三个方面。(1)目标的完整性，课程标准把教学目标分解为三个维度：知识与能力目标、过程与方法目标、情感态度与价值观目标，说课时要关注这三个目标的完整性；(2)目标的可行性，即教学目标要符合课程标准的要求，切合不同类型学生的学习实际，并且有配套的教学资源进行支撑；(3)目标的可操作性，即目标要具体、明确，便于实施，教学目标越明确、越具体，表明教师的备课思路越清晰、准备越充分。

在对教学目标进行分析时，说课教师要注意以下几个问题。第一，新课程理念下的教学目标，是反映学生通过一段时间的学习后产生的行为变化的最低表现水准。因此，目标的陈述必须要关注学生，从学生的角度出发。第二，教学目标要围绕"学生在学习之后能干什么"或者"学生将是什么样"这两种表达方式来描述。第三，必须描述所期望的这堂课的现行教学效果，而不是很远的未来可能会产生的预期成果。第四，说课时要注意层次性，从识记、理解、掌握、应用四个层次上分析教学目标，避免千篇一律。

3. 说教材的重点、难点

抓住重点、突破难点是不同的课堂教学结构取得最佳教学效果所采用的共同方法，也是我国课堂教学历来沿用的从厚到薄、以纲带目处理教材的金点子。[①] 说课中"重点与难点"的说法与教案中"重点与难点"的说法文字表述方式大为不同。在说课中，教学重点的关键是要说清楚这部分内容在知识体系中的独特地位和重要作用、突出重点的方法以及为什么是重点的原因，教学难点侧重于说清楚其是难点的依据、难点形成的原因和突破难点的方法。而在教案中，只需点明哪里是难点哪里是重点即可，无须详细阐述。

(二)说学生

学生是学习活动中能动的主体，教学活动应当体现以学生为本，学生的发展是课堂教学的根本目标和归宿，因此，说课就必须说清楚学生，即对学生的学习情况做出准确无误的分析。重点是系统介绍学生的基本情况，尤其是关于教学活动的基本情况。第一，说清楚学生已有的学科知识，了解他们是否具备学习新内容的经验和能力；第二，说清楚学生的能力储备状态，重点是学生的认知水平和思维、情感等心理特征；

---

① 刘旭：《听课说课上课》，266页，成都，四川教育出版社，2005。

第三，能够预先判断学生对新的学习的关注和接受程度，了解学生的学习方式。在此基础上说学法，主要包括三个方面：第一，针对教学内容和教学目的，学生适合采用什么样的学习方法，这些学习方法有什么典型特点；第二，为什么要让学生采用这些学习方法，这些学习方法怎么操作；第三，在教学中，教师如何对学生进行学法指导。

(三)说教学方法

教学方法既包括教师教的方法，也包括学生学的方法，在此，重点强调教师的教。主要指的是，为了实现既定教学目标教师应选择什么样的教学手段及采用这些手段的教育理论依据是什么，即通常讲的"怎么教""为什么这样教"。具体来说包括四个方面：第一，说清楚本节课采用的最主要的教学方法以及所依据的教学原理或教学原则；第二，说清楚教师采用的教法与学生采取的学法之间有什么内在联系；第三，说清楚突出重点、突破难点、抓住关键点、把握兴趣点所采用的具体方法；第四，说明板书设计，包括安排哪些内容、怎样编排、有何个性化等。

一堂好课的教学方法通常有几大特征：(1)科学性和有效性，教学方法运用的科学性和有效性能够保证学生正确领会和系统掌握教材而不造成混乱和误解。(2)教学方法要有利于培养学生的技能和发现问题、分析问题、解决问题的能力。(3)教学方法要有利于激发学生的学习兴趣，使他们可以积极有效地参与教学。(4)教学方法要有利于学生学会质疑、学会批判，培养学生的创新意识和创新能力。(5)教学方法要有利于学生的身心健康发展，适合学生的年龄特征和心理特性。[①]

(四)说教学过程

教学过程表现为教学活动推移的时间序列，即教学活动如何引发、怎样开展、怎样结束，也就是教师准备怎样安排教学，这是说课的重点，也是说课时间最长的一个要素。教学过程可以反映出说课教师的教学理念和教学风格，使听课者了解说课者独具特色的教学安排。通常情况下，说课教师要把教学中的几个关键环节说清楚。教学过程由教学前的预备、教学中的过程安排和教学后的延伸三大环节构成。说课重在说清楚教学过程中的具体安排，即教学课时的安排和教学环节的划分，主要包括四个方面的内容：第一，说清楚教学过程的总体结构设计，重点在于如何体现课堂结构的完整性；第二，说清楚教学展开的逻辑顺序、涉及的主要环节、知识板块之间的过渡衔接等；第三，说清楚不同教学时段教与学、讲与练等关系是如何协调的；第四，说清楚应急策略，即教师对教学过程做出动态性预测，对在教学中可能发生的突发情况给出应对策略。

说课者还必须要清楚，说教学过程不需要过于详细，只要把教学过程所设计的基

[①] 刘旭：《新课程理念下的课堂教学》，269 页，成都，四川教育出版社，2005。

本环节说清楚，具体知识点稍加概括，只要听讲人能明白"教什么""怎么教""如何学"就行，无须像讲课一样讲解。一般来说，合理的教学过程有四大特征：(1)新课的引入与课题紧密结合，能激发起学生较强的求知欲望与探索欲望；(2)教学过程所出现的教学要求的序列与练习的序列，是由低层次到高层次逐步上升提高的过程；(3)教学环节的安排井然有序，环环相扣，课堂结构严谨，保证单位时间内教学的知识密度适当；(4)课堂总结简单明了，教学目标在学生头脑中能形成初步的条理与框架。[①]

(五)说教学评价

教学评价是针对教师教学元认知的能力要求而提出来的，必要的教学反馈和教学评价可以保证教学的实效性，通过教学反馈和教学评价，能够对教师教学实施的过程和状况进行有效监控，并及时进行调整。教学反馈和教学评价的形式很多，不仅可以通过师生问答的方式来实现，还可以通过课堂练习的方式来完成。在这两种方式中，课堂练习尤为重要，这是巩固知识、掌握知识、培养能力的重要环节，能够及时了解学生的学习情况。

四、掌握说课的方法与技巧

(一)选好要说的课

除了学校指定的说课内容外，自选的说课首先要考虑其代表性、典型性，能够充分体现本学科特点；其次，教师要根据本学科特点和自己的教学优势，选择自己最擅长的章节。

(二)突出说课重点

说课的内容十分丰富，一堂40～45分钟的课的构思和设计不可能什么都说，各部分内容不宜平均分配，应有所侧重。如果备课时，侧重研究一种全新的教学模式或教学方法，说课时就要重点介绍这种方法是什么、该方法的具体操作过程是什么。一般情况下，在"说教材、说学生、说教学方法、说教学过程、说教学评价"五项说课内容中，应把重点放在"说教学过程"上。

(三)突出专业特色

具备学科教学理念或学科教学理论是突出专业特色的关键。学科教学理念或理论是指导本学科教学的主线，也是说课时的理论支撑。没有本学科的教学理念或理论，说课就失去了分量与光彩。如物理课改中曾提出：从生活走向物理，从物理走向社会；注重科学探究，提倡学习方式多样化。物理教师在课堂实践中，以该理念为指导，设

---

① 刘旭：《新课程理念下的课堂教学》，270—271页，成都，四川教育出版社，2005。

计出适合本学科的教学方法，如探究式教学、实验教学、案例教学等。

(四)展示语言魅力

语言是教师最重要的创造工具，很难想象语言平淡、思维混乱、缺乏激情的教学语言会带来好的教学效果。同样，说课如果缺乏语言魅力，效果同样是枯燥乏味的。教师面对学生授课往往能够得心应手，语言表达也比较通畅，但说话对象一旦变为成年人，或者自己的同事、领导，就会缺乏自信、语言出现障碍。因此，在说课时首先要调整好心态，把说课看成自我发展、自我提高的机会，不要将其视作被审视的手段；其次，要遵循语言运用的四个基本原则。

一是"非礼莫语"。即不合理、不合适的话不要说。

二是"言之有信"。即要求表达内容要真实、不虚假。

三是"言之有物"。即说课内容要丰富，避免空话连篇。

四是"言而有度"。即语气适度、态度适度。[①]

总之，说课时要注意文字和语言，最大限度地发挥语言传播效应，体现逻辑性、连贯性和幽默性，给人以听觉美的感受。

(五)区别说课与讲课

通常说课的对象是同行、专家，讲课的对象是学生，说课主要是解说自己对某课题的理解、教学方法、教学设计、教学策略及组织教学的理论依据等。而讲课是对某课程内容进行具体详细的分析，向学生传授知识以及学习的方法。

第三节 评 课

随着现代学校教育的发展和教育改革的不断深入，评课已成为职业学校教育教学活动的一个重要组成部分，对职业学校教育教学活动的推动作用日益凸显，许多职业学校教师的教学理念和课堂教学模式的选择就是通过评课得以改变和提高。《基础教育改革纲要(试行)》中明确指出："建立促进教师不断提高的评价体系。强调教师对自己教学行为的分析与反思，建立以教师自评为主，校长、教师、学生、家长共同参与的评价制度，使教师从多种渠道获得信息，不断提高教学水平。"评课作为职业学校教师评价体系的一个组成部分，不仅要考量教师的课堂教学，还关系到教师在实施课堂教学过程中，有没有为学生创设良好的学习情境。因此，评课既是对教师教学行为的成败做分析和评价，也是对学生在教师组织的课堂中，能否取得更好的学习效果做评价。

[①] 方贤忠：《如何说课》，24页，上海，华东师范大学出版社，2008。

这就需要评价者能用成熟的教育理论对教师的课堂教学做出科学的评估，能用系统的思维对教师的课堂教学行为做出判断，而不是凭自己的主观感觉或自己的经验做评判。

一、明确评课的目的

美国著名教育评价学者斯皮尔伯格曾说："评价的目的不是为了证明，而是为了改进。"评课作为教育评价的一个重要活动，同样不局限在证明教师的课堂教学行为能力和教学效果上，而是为了发现问题，找出不足，更好地改进教师的课堂教学，使之能更好地顺应学生的学习需要和教师的专业发展需要。一般情况下，评课的目的主要有三个：第一，对课堂教学的好坏做出判断与鉴定，发现教学成败的原因，总结经验教训；第二，改进教育教学方法，每一节课都有它的成功之处和需要改进的地方，通过评课，发现亮点，改掉缺点，并把亮点和不足加以整理，使其成为能够共享的宝贵经验，并在实践中结合教师的实际改进教育教学方法；第三，通过评课，激励教师专业成长。评课需要评教学、评教师、评教法、评理念……在评课的过程中，仁者见仁，智者见智，这一过程无论是对讲课老师，还是评课老师，都是一个很好的学习机会。

二、了解评课的类型

根据不同的标准评课的类型也有所不同，根据组织类型可分为：教学研究型评课、等级评比型评课、典型示范型评课、组内随机型评课和群体展示型评课。根据分析类型可分为：教学现象分析型评课、教学技术分析型评课、教学质量分析型评课和教学价值观分析型评课。在此，重点分析第一种分类方法。

（一）教学研究型评课

教学研究型评课往往围绕一个确定的主题展开，在确定主题的指导下进行评课活动，目的不是去判定课的好、中、差，而是在专家的指引下，用批判性思维去发现问题，引发教师对教育教学的深度思考，帮助教师改进教学实践。一般而言，教学研究型评课需要调动参加研讨的每个人的积极性，让每个参与者都大胆发言，研讨发言可以评价课本身，但更重要的是要指向教学研讨的主题。围绕主题研讨，关注未来。此外，教学研究型评课对活动主持人的要求比较高，主持人要对研讨问题有一定的总结或给参加研讨活动的教师以一定的启发。

（二）等级评比型评课

等级评比型评课是对课堂教学的一般性评价，评价的主要内容是教学目标是否达成、教学设计是否合理、教学基本功是否扎实等，最终要体现出不同课的评价等级排序结果。与教学研究型评课相比，等级评比型评课更加关注课的好、中、差，通过观察学生的课堂反应、授课者的教学表现、课堂氛围的渲染和教学效果等因素，做出定性描述，如 A、B、C、D 或优、良、中、差等，有时，也会给出量化结果。在填写评价表时，针对评价项目及相应级别要求，评价结果以分数形式出现，对课堂中有特色、有启发意义的做法可适当加分。等级评比型评课是一种综合评课，既要关注到教学设计、教学实施，还要关注教师素质等方面。等级评比型评课要体现出不同学科的共性，以便在不同学科间比较和排序。对于不同要求的等级评比型评课来说，统一的评价量规和权重设定非常重要。[①]

(三)典型示范型评课

典型示范型评课指在相关组织部门的指导下，通过一定的选拔或指定，确定上示范课的教师，通过试讲后，被选定教师在一定的范围内公开上示范课，并由组织部门组织进行相关的评课。[②] 在该评课过程中，授课教师的授课情况起到了很强的示范引领作用，听课教师会把所听课当做标准和样板，不加筛选的进行模仿，从而忽视了授课教师的不足。因此，典型示范型评课对授课教师的要求很高，授课结束，专家会秉承"优点讲够、缺点讲透"的原则对示范课进行详细点评，使听课教师明确这堂课的闪光点和不足之处，以真正推动教师的专业发展。

(四)组内随机型评课

组内随机型评课是一种比较适用于学校教研组的评课形式。即任何教师可以在任何时间去听任何教师的课，听课结束，听课教师和授课教师自行安排评课。这种评课形式重点关注授课教师的教学设计和教学实施。但由于上课教师与听课教师多为同事，所以，在评课过程中就容易出现只谈优点、忽略缺点的现象，使得授课教师不能及时发现问题，最终影响评课质量及教师能力的提升。

(五)群体展示型评课

群体展示型评课针对的人数比较多，目的是为了展示教学效果，这种评课通常出现在学校的家长开放日或校庆日，参与的对象比较广泛，主要是学生、家长，有时同事、专家也可参加，整个评课过程相对其他几种形式也比较自由、轻松。一般情况下，群体展示型评课对听课者意见的收集是通过评价表的形式进行的，课前，授课教师或学校的相关工作人员会把评价表和相关材料分发给听课者，请他们匿名填写，课后提交，以保证评课结果的真实性。

三、把握评课的内容

评课主要评教学目标、评教材处理、评课堂结构、评教法运用、评学法指导、评

[①] 顾志跃：《如何评课》，926 页，上海，华东师范大学出版社，2009。
[②] 顾志跃：《如何评课》，27 页，上海，华东师范大学出版社，2009。

教学过程、评教学基本功、评学生参与度以及评教学效果九个方面。

(一)评教学目标

教学目标既是教学的出发点又是教学的归宿，教学目标的制定情况和达成情况，是衡量一节课好坏的重要标准。因此，评课首先要评教学目标。教学目标既要符合课标的要求，又要符合学生的具体实际；既要遵循教材内容，又要适应社会发展水平；既要统一要求，又要体现差别。具体而言，评教学目标需要注意如下几个问题。

首先，教学目标的制订是否全面。教学目标一般包含三个维度的内容：知识与技能目标、过程与方法目标、情感态度与价值观目标。知识与技能目标是实施另外两个目标的基础，它明确了"学什么"，提出了"学会"的要求；过程与方法目标是课堂教学的操作系统，体现了获取"知识与技能"和建立正确"情感态度与价值观"的具体途径和方法，它明确了"怎样学"，追求实现"会学"的高目标；情感态度与价值观目标是在知识与技能、过程与方法目标基础上对教学目标的深层次拓展，执教者通过言传身教，并通过积极创造有利于学生参与的机会和情境，让他们在实践中形成正确的情感态度与价值观。在传统教学模式中，教师在设计教学目标时，只注重知识领域目标，而忽视了过程与方法目标及情感目标，影响了"促进学生全面发展"的教育目的的实现。所以，在评课过程中，必须要综合考虑三个维度的目标。当然，三个维度的目标是课程目标体系，并不是每堂课都需要确定三个维度的目标，具体每堂课需要达到什么样的目标，是由教学内容来决定的，不同的教学内容有不同的教学重点，具体教学目标也会有所不同。

其次，教学目标是否体现层次性和差异性。层次性针对教学内容，差异性针对学生群体。不同的教学内容对学生的学习要求是不同的，课程标准规定：对知识与技能的学习水平以"A"(知道/初步学会)、"B"(理解/学会)、"C"(掌握/设计)等级来表示；过程与方法类的学习水平则分为"A"(感受)、"B"(认识)、"C"(应用)；情感态度与价值观类的学习水平为"A"(体验)、"B"(感悟)、"C"(形成)。[①] 评课时要看授课教师对于这些教学内容是否有深刻的理解，对于这些教学内容的目标层次是否有系统规划的意识，是否能将其转化为具体可操作的教学目标。

在一个班级中，同时存在优等生和学困生，这些学生对同一问题同一教学内容的理解和认识程度均不相同，但教学活动要正常运转，就必须要有一个统一的教学目标。在此情况下，评课时就要考察授课教师是否关注到教学目标的层次性，看教师在教学过程中如何照顾学生的个别差异，对于不同水平的学生如何区别对待，在课堂提问、指导时是否有所侧重，看教师能否让不同层次的学生都能获得学习成功的体验。

[①] 顾志跃：《如何评课》，10页，上海，华东师范大学出版社，2009。

最后，教学目标是否准确规范。教学目标体系是一个复杂的系统，包括学科教学目标、单元教学目标和课时教学目标，它们之间是从宏观到微观、从概括到具体，层层分化的关系。教师要能够区分什么是总体目标、什么是单元目标、什么是教学目标，只有通过对不同教学目标的准确定位、具体实施和长期积累，才能最终实现学科的长期目标。此外，对课堂教学目标的评价要考虑其陈述是否明确具体，在确定每课时的具体目标时，应把目标落实到与本课教学内容相关的具体要求或某项技能上，避免笼统的介绍培养某种能力，比如培养学生的合作精神、培养学生的观察能力等。

（二）评教材处理

教材是课程的重要组成部分，是课程内容的物化形态，教科书是最具代表性的核心教材。除此之外，还有大量的教学辅导用书、视听教材、电子教材等。评教材处理，就是要看授课教师对教材的理解、领会，既要看知识传授是否科学，又要看教师"改造"教材的思路；既要看教师在教材处理上是否突出了重点、突破了难点，又要看教师对内容的增减是否有道理，各环节与时间的安排是否恰当。

1. 教材处理要统观全书

教师要对教材进行处理，要先熟悉教材，准确把握教材的编写意图以及教材的知识体系。同时，还要密切关注知识与技能的相互联系和前后照应，并能根据相关理论，如学习迁移的原理把新旧知识联系起来。一方面，关注授课教师能否从旧知识引出新知识，促进学生对新知识的学习；另一方面，学生学习新知识时，教师是否注意到了内容之间的衔接，能否为学生的后续学习做好铺垫。有时，教材的逻辑顺序和教师的教学思路会有出入。评课时，评课者要看教师能否从教学的实际需要出发，根据学生的知识水平，对教材的内容进行精心设计、重新组织、恰当安排，并辅以必要的教学手段，以达到理想的教学效果。

2. 教材处理要符合课程标准的要求

课程标准是教材编写的指南，也是主要的评价依据，教材是对课程标准的一次再创造、再组织，是帮助教师达到教学要求的辅助材料，评教师对教材的处理，首先要看其是否能找准课标、教材和学生的连接点，是否能依据课程标准，依据社会、学校和学生的实际情况对教材内容进行取舍和整合。

3. 教材处理要以教学目标为依据

教学目标是对教材进行处理的依据，课堂教学要目标明确、恰当，要形成一个有主有次、前后有序、张弛有度的知识结构。在教学目标和教学重难点的处理中，要特别注意教师的教材处理在关注知识的同时，是否关注了方法、应用等方面的内容，这些内容的落实是否有合适的教学时间和教学资源的保证。

4. 教材处理要详略得当

在教学中，教师若对教学内容平铺直叙，面面俱到，学生不仅印象不深，而且不得要领，所以，教师对教材进行处理时应以教学目标为依据，根据教学内容的重要程度对知识进行归纳分类。

5. 教材处理要贴近学生生活实际

课程源于生活，教师在关注学生学科基础知识的同时，一定要从学生的生活经验出发去处理教材，要强调课程与学生现实生活和学生直接经验的联系，从社会生活和学生的日常生活中去寻求课程资源，拉近教材与学生生活的距离，务必使学生所学的是学生需要的，这样不仅有利于学生对知识的消化与理解，也有利于激发学生的学习兴趣和学习热情，提高学生学习的主动性和积极性。因此，在评课时要重点考评教师是否拉近了教材与学生生活的距离，是否立足于学生生活的实际，是否着眼于学生发展的兴趣与需求。

(三)评课堂结构

课堂结构是教师在一定教学理念的指导下，为完成既定的教学目标，对各教学要素所设计的比较固定的运作流程。简单而言，课堂结构指一节课教学过程各部分的确立，以及它们之间的联系、顺序和时间分配，所以，课堂结构也称为教学环节或步骤。不同的课堂结构产生的课堂教学效果大不相同。因此，评课必须要关注课堂教学结构的设计。

1. 课堂结构要主线清晰

主线清晰的首要环节是要有一个引人入胜的导入环节，好的课堂导入能激发学生对课程学习的兴趣和对未知课程的期待，这是学生能否主动探求新知识的关键；其次，学生兴趣被激发起来以后，要注意教学重点和难点的分配与把握，实现学生认知结构的同化和顺应，构建新的认知结构；最后，当学生对新知识掌握以后还要注意新知识的巩固与应用，该阶段，重点考评教师能否创设巩固新知识的情境，利用课堂练习、小组讨论等途径，让学生将所学的知识灵活应用。

2. 教学时间分配要合理

一节好课应该结构严谨、环环相扣、过渡自然、时间分配合理。从时间角度来看，评课者可以根据授课者的教学时间设计，能较好地了解授课重点、结构安排。看有无前松后紧(前面时间安排多，内容松散，后面时间少，内容密度大)或前紧后松现象(前面时间短，教学密度大，后面时间多，内容松散)的情况；看教师在课堂上有无脱离教学内容，做与教学目标无关的事情；看学生个人自学、小组活动和全班活动时间分配是否合理，有无集体活动过多、学生自学、独立思考时间太少的现象等。这些都是考评一堂课好坏的主要依据。

3. 教学结构调整要及时

在课堂教学活动中，随时可能会发生一些突发性的时间，打乱预期的教学设计，这就需要教师能够拥有较强的应激反应，一旦发现学生的认知结构与课堂预设结构不合理，是否能迅速作出反馈与调整。因此，评课还要重点考评教师能否根据实际情况及时调整自己的教学结构，运用恰当的教学方法突破难点、化解疑点。

(四)评教法运用

"教无定法，贵在得法。"在正确的教学理念的指导下，科学的教学方法有利于学生身心的全面发展。因此，评价教师教学方法的选择和运用是评课的又一重要内容。评价教师教学方法的选择与运用是否合适，关键需要注意四个问题：第一，教学方法要量体裁衣。教学方法的好与坏并不是绝对的，不同的课程、不同的教学对象、不同的教师，教学方法的选择和使用都会不一样，所以，教学方法的选择要灵活。第二，教学方法要多样化。教学活动是一个非常复杂的过程，这就决定了教学方法也必然是多种多样的。评课者在评课时，既要看教师所选择的教学方法是否面向实际，同时还要看教师能否在教学方法上常教常新。第三，要注意现代化教学手段的运用。"一支粉笔一本书，一块黑板一张嘴"的陈旧、单一的教学手段已经成为历史。现代化教学手段的使用越来越频繁，如投影仪、录音机、计算机、电视、电影等。第四，教学方法要能启发学生独立思考。教学是为学生的自我发展服务的，所以课堂教学必须要为学生的独立思考提供机会与空间。要启发学生主动思考，教师必须充分备课，了解教材和学生实际，能够确定哪些问题应由教师详细讲述，哪些问题可以适当让学生思考。学生能够自己完成的尽量让学生自己做，学生不能完成的教师要设置台阶让学生自己做。因此，评课时，要看教师能否有意识地设计一些具有启发性和一定难度的问题，不断引导学生质疑—释疑。对于学生正确的回答，教师能否及时鼓励，使学生体验到成功的喜悦。当学生遇到困难时，教师能否适时点拨、启发学生智慧。

当前在教学方法的问题上还存在"四个一"现象："一讲到底"，不给学生自读、讨论、思考交流的时间；"一练到底"，由一个极端，走向另一个极端；"一看到底"，名为"自学式"，实为"自由式"；"一问到底"，缺少精心设计，提问走形式。这些问题的存在阻碍了教学效果的提升，必须在评课中得到重视与解决。

(五)评学法指导

所谓学法指导就是在发挥教师主导作用的基础上，使学生积极、主动地学习，掌握科学的学习方法。"授人以鱼，不如授人以渔"，教师的责任，不仅在于让学生获得知识，更重要的是要让学生学会学习。只有让学生掌握获取知识的方法，才能提高他们学习的积极性和主动性，才能为以后的学习和发展打下良好的基础。① 因此，评课时要看教师能否根据教材内容和学生实际，适时进行学法指导，引导学生掌握科学的学习方法，提高学习效率。

首先，评教师是否有渗透学法指导的意识。评课时，要看教师在课堂上检查学生预习时，是否知道课前预习、课后复习的一般步骤和方法；在知识与技能的学习过程中，看教师能否引导学生按照认识规律，最大限度地自己去发现并掌握知识和技能，进一步获得掌握知识的规律；对于学生自学能看懂的内容，要看教师是否鼓励学生自学，培养学生的自学能力；对于学生能够讲出来的内容，要看教师是否给予学生表达的机会；对于学生能够自己动手做出来的实验或操作，要看教师是否允许学生动手尝试；对于记忆的内容，要看教师是否教给学生记忆的方法等。②

其次，评教师是否能将学法指导显性化。显性化的突出表现就是教师在设计教学过程时，要根据教材的重点、难点和学生的学习实际来确定所要指导的学法内容。例如，提出学习目标时要向学生指明学习方法；学习过程经历一段时间要指导学生在探求问题的同时展示自己的学习过程，从中反思学法。学习方法和教学方法一样种类繁多，教师要指导学生找出适合自己的方法，引导他们从被动接受知识转变为主动探索知识，把"学会"变成"会学"，这样形成的学习方法才更有利于学生今后的发展。

具体来说，评课时应重点考察以下几点：在学生探究学习的过程中，教师是否适时引导学生选择适合的学法，使学生的学习由表及里、由浅入深、由易到难；学生在学习中遇到困难时，教师能否以学生学过的知识、运用过的学法对学生加以提示，来启发学生产生联想，对困难产生新的认识；学生在学习过程中对某些问题把握不准时，教师能否适时予以指点，打通知识或理解上的关卡，使学生的学习过程得以继续；在一节课或一个内容的学习结束后，教师能否指导学生进行归纳和总结，使学生理解和掌握自己的学习过程，巩固学法、形成能力。③

（六）评教学过程

教学过程是教师的教授活动和学生的学习活动相结合或相统一的活动过程，是师生之间教学信息交流与反馈的双边活动过程。所以，评教学过程必须要关注教师和学生两个主体。

从学生角度来看，教学过程要符合学生的认知特点，评课时重点考察两方面：第一，考查学生课堂上主动学习的时间有多少；第二，考查学生课堂上主动学习的空间有多大。从教师的角度来看，一方面，要看教师能否采用区别教学和个别教学的态度

---

① 顾志跃：《如何评课》，15—16页，上海，华东师范大学出版社，2009。
② 顾志跃：《如何评课》，16页，上海，华东师范大学出版社，2009。
③ 顾志跃：《如何评课》，16页，上海，华东师范大学出版社，2009。

面对不同类型的学生,能否随时调整教学进程;另一方面,要看教师讲授的内容是否遵循科学性和思想性相结合的原则,是否通过创设情境激发学生的学习热情。

在教学过程中,教学环境也是一个必不可少的构成要素,教师和学生的学习活动均是在教学环境中得以进行和实现的。教学环境既包括教室、教学设备等硬环境,也包括教学理念、班风、学风等软环境。在考评教学过程时,我们除了要关注教师和学生两个维度,更要关注教师对教学环境的把控,尤其是授课教师对软环境的利用与创设。考察教师在教学过程中,是否实现了师生之间的对话、合作与交流,是否建立起了平等合作的师生关系。

(七)评教学基本功

教学基本功是教师上好课的必要条件,是教师完成教学任务所必需的技能和技巧,所以评课还要考察教师的教学基本功。通常,教师的教学基本功包括课堂语言、教态、板书设计与书写几个方面的内容。

第一,课堂语言。教学是一种语言的艺术。教师的语言功力关系到一节课的成败,没有生动的语言,教学效果也必将大打折扣。评价教师的课堂语言可以从这几个方面进行关注。首先,课堂语言要准确。只有用词得当、逻辑严密、推理严谨、表达准确的课堂语言才能吸引学生的注意力,才能把相关知识完整、系统、准确地传递给学生,才有助于学生对知识的理解与把握。其次,课堂语言要简洁。每一节都是按照教学计划来进行的,必须在规定的时间内使学生掌握相应的教学内容,所以,教师的语言必须要简洁干脆,不能拖泥带水。最后,教学语言的语调要高低适宜,快慢适度,抑扬顿挫,富于变化,这样才能吸引学生的注意力,激发学生兴趣。

第二,教态。据心理学研究表明,人的表达靠55%的面部表情+38%的声音+7%的言辞。教师课堂上的教态应该是明朗、快活、庄重,富有感染力,教态如果运用得当,可以产生"此时无声胜有声"的效果。丰富的表情、端庄的姿态,传递给学生的是一种语言无法给予的亲切感和优美感,无形中增强教师的感染力和个人魅力,营造出一种良好的教学环境。

第三,板书设计与书写。板书是教学内容的直观体现,好的板书可以有效展现教师的教学思路,提高学生的注意力。好的板书,首先,要设计科学合理,依纲扣本,能起到画龙点睛的作用;其次,要言简意赅,有艺术性,能提高学生的审美能力;最后,条理性强,字迹工整,能使学生一目了然。

(八)评学生参与度

学生是学习活动的主体,教学目标的实现取决于学生对教学活动的参与程度,只有学生成为学习的主体,才能产生学习兴趣,与教师共同构建富有活力的课堂。因此,评价课堂教学,不仅要看教师教的怎么样,更要看学生参与教学活动的情况怎么样。

一般而言，考察学生的参与程度，主要指的是学生参与学习的广度和深度。

首先，学生的参与面要广。所谓学生的参与面要广，指的是各种层次的学生都有参与教学活动的机会。评课时要看教师能否充分考虑全体学生的实际情况，能否针对学生程度的不同设计难度不同的问题，以激发学生的学习热情，调动学生的学习积极性，让每个层次的学生都有机会表现自己，积极主动地参与到教学活动中去。

其次，学生的参与方式要多样。不同的课程、不同的教学内容，学生参与教学的方式也大不相同。可以是师生、生生之间的提问与对话，生生间的合作学习、集体讨论，也可以是学生的独立学习、独立操作等，甚至可以是多种形式的混合，这样不仅可以形成良好的课堂氛围，还可以促进学生多种能力的协调发展。例如，在新课和以获得间接经验为主要目标的教学中，学生的参与方式较多表现为理解教师所教的内容，而在以让学生获取直接经验的活动性课程或实践性课程中，就要充分发挥学生的主体作用，让学生勤动手，积极主动地探索新知识，从而提升学生的实践能力和创新能力。

（九）评教学效果

巴班斯基说："分析一节课，既要分析教学过程和教学方法方面，又要分析教学结果方面。"课堂教学效果是评价课堂教学的重要依据。评课堂效果包括以下几个方面：一是教学目标的达成度要高，教学目标的达成度需要综合考评知识与技能目标、过程与方法目标、情感态度与价值观目标三个方面的实现程度，缺失任何一个方面都有碍于教学目标的达成度；二是学生受益面要广，这主要指的是教师能否面向全体学生，使所有学生都有一定程度的收获，使不同成绩的学生都有一定的进步；三是能正确处理预设与生成的关系，教学活动是一个复杂的过程，总是充满着各种变动和突发事件，预先安排的计划可能不会完全实现，这就需要教师在预先设想的基础上根据具体情况进行适当调整。因此，评课时，一方面，要看教师课前有无充分的预设（例如，预设学生会提出什么问题、学生喜欢什么样的学习方式等），教师预设得越充分，就越能更好地捕捉利用生成的动态资源，生成新的教学内容和目标；另一方面，要看教师能否根据动态的课堂情境灵活处理生成资源，及时调整教学进程，使教学活动和教学过程更贴近学生的成长和发展。教学效果的评析，有时也可以借助于测试手段，即上完课，评课者通过一些练习题对学生的知识掌握情况当场进行测试，然后通过统计分析对课堂效果做出评价。

四、选择评课的方法

评课的方法通常有四种，表格分析法、整体分析法、片段剖析法及评点分析法。

（一）表格分析法

表格分析法是评课中经常使用的一种评课方法。表格分析法的关键是要根据评课标准，制订一个科学、合理、全面的课堂教学评价表，评价表一般分为主体与附属两部分，主体部分主要呈现评课标准与操作要求，例如权重、得分等，是评课者主要填写的内容。附属部分是对评课表所作的必要说明。通过这个评价表可以对课程的优劣进行充分评估。表格分析法的突出优点是，能够简洁、快速地把评课标准呈现出来，不仅能比较全面、比较科学的评价一节课，而且使用非常方便，尤其在鉴评型教研活动、竞赛型教研活动中，表格分析法的使用频率更高。

(二)整体分析法

整体分析法也称为综合法，这种评课方法不仅关注对某个细节、片段的点评，也有全方位的分析与评价。综合法重点突出三个方面：第一，本节课值得学习的地方是什么；第二，本节课的特色是什么；第三，本节课的不足及改进建议。综合法要对听课时所获取的感性材料进行理性思考，去伪存真，由此及彼，使感性材料上升为理性知识，用综合法形成的评课稿多用"总—分—总"式结构。先从总的方面评说授课者在教学实践上给自己的印象和感受，给出对授课者总的评价，再分别从几个方面去论证，最后做总结概括。一般情况下，按照这种方法形成的评课稿往往是一篇小论文。综合法评课不仅有利于教师总结教学经验，提升专业能力，还有利于上级领导把握课改趋势，调整课改策略，在总结型评课、观摩型评课、检查型评课中，整体分析法的使用频率非常高。

案例

哈尔滨市教育研究院义务教育研修部撰写的《识写结合，以写促识——哈市南市小学庞光辉识字教学风格》一文就是用综合法写的评课稿。文章开头写庞光辉的识字教学"在识中渗透写，在写中深化识，在识字教学中力求将教师的教学基本功转化为课堂教学的综合能力，将教师'教'的能力转化为学生'学'的能力"，简短的引言，确定了庞光辉教学风格的基调。接着，在文章主体部分，评课者从三个方面分别评析、论证：一是"识写结合，相辅相成"；二是"识字训练，务实求精"；三是"识字教学，探源求法"。文章最后写庞光辉的"识字教学过程融入无穷的乐趣，提高了识字教学的质与量"，点明庞光辉识字教学的特点与意义。[1]

(三)片段剖析法[2]

片断剖析法针对典型的教学片断展开评析。既可以对教学过程中导入、讲授、巩固、拓展诸环节中的某一环节进行评析，也可以对教学过程中学生的自学、讨论、自主实践诸环节中的某一环节进行评析，还可以就教学理念、师生关系、教学方法、教

---

[1] 顾志跃:《如何评课》, 37 页, 上海, 华东师范大学出版社, 2009。
[2] 顾志跃:《如何评课》, 37 页, 上海, 华东师范大学出版社, 2009。

材处理、现代信息技术运用、课堂氛围营造等方面中的某一方面引证片断进行评析。片断法与综合法最大的区别在于片断法是局部评析，综合法是全方位评析；片断法关注教学策略与技艺，综合法看重理性思考；片断法只评析"点"，综合法做"点""面"结合式评析；片断法重在微观评析，综合法重在宏观评析。片段剖析法比较简单，容易操作，也节省时间，但容易出现"只见树木，不见森林"的毛病。使用片断法最重要的是对片断的遴选。所选的教学片断必须具有典型性。典型的教学片断往往有这样的特点：个性鲜明，有代表性，能在一定程度上揭示教学本质，反映教学的某些必然规律。评析教学片断，能帮助其他教师找到解决问题的策略，看到将来创造优质课的前景，起到举一反三的作用。

(四)评点分析法[1]

评点分析法是指针对授课者实施的教学活动次序情形，及时做分析与评议。这种方法实际是一种对现场行为主体的评点，是对典型教学活动的分解性评析。由于它迅速、真实、更贴近教学生活，所以，这种方法更适合教师培训，特别是新教师培训。

评点分析法是借鉴传统语文教学中的评注法，再结合教研的特点改造而成的。评点分析法主要有点评、段评、总评三种类型。"点评"是对教学过程中师生对话的某些话语或师生活动的某些行为发表的见解。例如，书面评课时，可在话语、行为出现的位置旁加评注。"段评"就是在某一教学片段结束所作的评议，"总评"是一节课结束所作的评议，都是具有总结性的评议，包括评价、要求与希望。"段评"和"总评"常用的方法有：(1)综合式。对一节课或一个教师全部的教学实践作综合概括，提出总体上的看法与指导，既指出优缺点，也勉励其扬长避短。(2)举要式。只对执教者某些重要问题进行评议，使执教者能反思自己的教学实践，提高某一方面或几方面的认识。(3)比较式。指出本课教学的优缺点之后，与相宜的优秀课例或教学片断相比较，或与执教者以前的教学实践比较，加深对教学进退得失的认识与理解。(4)警策式。根据教学研究的进展情况，新课程实施的倾向，评课者对执教者的教学问题只简单用几个词语去点化、警策。如"此法慎用之""以学生为主体不等于教师不发挥作用"等。

第四节　指导青年教师参加教学竞赛

教学竞赛是提升教师职业能力水平的有效方法之一，是教师们交流切磋教学方法、教学手段和教学技巧的重要舞台。为加强职业学校青年教师队伍建设，激励和引导青

---

[1] 顾志跃：《如何评课》，37页，上海，华东师范大学出版社，2009。

年教师积极投身教学工作，青年教师教学竞赛逐渐成为职业学校提高青年教师教学能力的重要举措和途径，被列入教师培养培训计划。从某种意义上说，"青年教师教学竞赛"是培育名师、发现名师和推介名师的重要渠道。指导青年教师参加教学竞赛，一方面能在一定程度上反映职业学校的教学情况，另一方面能够提高参赛教师的课堂教学能力，对教学水平参差不齐的青年教师来说有着非常重要的意义。教学竞赛的实际效果能否达成，除了与教师本身的素质有密切关系以外，还与教师赛前是否做足功课有关，这就需要指导青年教师明确参赛目的、制订详细的参赛计划、做好参赛准备，同时还要指导青年教师做好参赛总结，为以后参赛提供经验准备。

一、指导青年教师明确参赛目的

（一）指导青年教师明确参赛是为了提高自身的教学水平

广大青年教师事业心和上进心很强，希望有机会展现自己的教学能力和教学水平，并得到领导和同行们的认可和称赞，但由于缺乏培训、帮助和指导，而难以很快实现。青年教师教学竞赛为这些青年教师提供了提高教学能力和教学水平的机会。[①] 从青年教师的角度来看，教学竞赛给青年教师提供了充分施展教学魅力的机会和平台，教师一方面可以通过竞赛展示自己的教风教态、教学责任心和教学设计，还可以借助专家的点评考查自己对教材的处理能力、对所教课程内容的理解和熟悉程度、课堂教学组织能力等，可以说教学竞赛是对参赛青年教师的教学能力和水平的一次全面展示和检阅。参赛教师从决定参赛开始，就在选择课题、收集材料、设计教学思路、应用多媒体技术等方面做认真细致的准备。在准备过程中，还能够得到教授、专家、领导及同事的指点和帮助。竞赛结束后，评委组还会对参赛教师的临场表现做出比较客观、真实地评价，指出参赛教师的优缺点及需要进一步改进的建议，为参赛教师及在场的所有教师发扬优点、克服不足指出努力奋斗的方向。这个经过认真准备、反复磨炼的比赛实践使青年教师经历了一次全面的素质训练，能帮助青年教师弥补课堂教学的不足，有效提升青年教师的教学水平。

（二）指导青年教师明确参赛是为了取长补短，不断更新教学内容、教学方法与手段

教学竞赛是教师相互沟通与交流的重要渠道，呈现出典型的"百花齐放、百家争鸣"的特点。参赛教师的学科背景、教育经历有所不同，所选课程涵盖面比较广，每位参赛教师都有自己独特的教学方法和教学技巧。教学竞赛提供了一个互相学习的公共平台，不但可以促进参赛人员之间的互相学习，也有利于激发比赛观摩人员的思考。例如，在教学竞赛中，参赛教师先进的教育理念可以帮助青年教师弥补在育人经验、

---

① 熊志勇：《讲课比赛对提升青年教师教学能力的作用》，载《重庆科技学院学报（社会科学版）》，2011(3)。

教学艺术和教学技巧等方面的欠缺，引导他们关注和了解教育教学现状，潜移默化地培养他们的责任意识、创新意识和学习意识。现阶段，职业学校的大多数教学仍然采用传统的教授为主，课堂上的教学内容很多，大多数课堂时间都是老师在讲，学生在听，与职业学校的"实践性"特点严重不符。通过教学竞赛，青年教师可以体验不同的课堂教学方法与手段给学生带来的变化，尝试给学生更多自主学习的时间、更多师生探讨的机会及设计、更多让学生自由表达思想的环节。在以后的教学过程中，主动在教学方法和策略上做出一些改变，直至渗透到青年教师的教育理念中去，使之成为一种常态教学。

二、指导青年教师制订详细的参赛计划

(一)指导青年教师有计划地选择参赛的类别和级别

比赛类别决定了比赛的性质，比赛级别决定了比赛的层级，青年教师的能力和兴趣各有差异，所以在指导青年教师参加教学竞赛时必须注意参赛的类别和级别。首先，从比赛类别上看，青年教师要参加的比赛必须要符合教师的学科背景，这决定着教师是否有参赛资格。其次，从参赛级别上看，青年教师必须要知道比赛的具体层级，是国家级、省级、市级还是校级，不同级别的比赛对参赛教师的参赛资格要求也会有所不同，只有难度和要求适合青年教师参加的竞赛，才能够让教师发挥出水平，在其专业能力得到提高的同时树立和增强自信心。如果参赛教师的参赛作品能够获奖，还会对学校教师产生激励作用。如果竞赛难度和竞赛内容不适合教师参加，就会大大影响教师的完成效果和参赛积极性，甚至还可能伤害教师的自信心。所以，必须要指导青年教师选择与自己能力和兴趣相契合的比赛类别和级别。

(二)指导青年教师准备好参赛的材料

任何一项教学竞赛，无论是校级、省级还是国家级，都对参赛材料有一定的要求。通常情况下，教学竞赛往往需要教师提供与竞赛内容相关的教案、PPT、讲课稿等。这些参赛材料一般都作为教学竞赛成绩评定项目之一，是评委深入了解教师教学能力的依据。例如，"教案是教师为顺利开展教学活动，根据教学大纲和教科书要求及学生的实际情况，以课时或课题为单位，对教学内容、教学过程、教学方法等具体设计和安排的一种实用性教学文书。教案主要包括教材分析、学生分析、教学目的、重难点、教学准备、教学过程及练习设计等"；[①] PPT的制作要简单、明了、清晰，避免文字过多及背景图案过于花哨；讲课稿是为进行讲课准备的文稿，内容要翔实、逻辑要清晰。

---

① 《说教案》，http://www.docin.com/p-406933780.html。

(三)指导青年教师做好时间安排

高水平教学的一个重要环节就是对教学时间的把控。对刚入职的年轻教师来说，在教学初期往往比较困难，因为受到知识经验的限制，他们对教学内容的理解还有一定的局限性，所以在讲课时往往感觉时间长，内容少，重难点讲解不清。但经过一段时间，随着教学实践的深入和延长，他们对教学内容的理解会不断加深，课堂拓展的内容也会不断增加。这时，讲课就体现为时间短、内容多、重点不突出了。所以，在教学竞赛中，参赛教师对时间的控制能力经常被作为评委打分的一个重要考量标准。要求教师在规定的时间内，对教学内容的时间合理分配、讲清难点、突出重点。时间超出或不足都要扣分。通过教师赛前反复的练习，教师会不断调整教学时间与语速，对于教学时间的控制能力自然就会有明显的提高。

三、指导青年教师做好参赛准备

(一)指导青年教师了解比赛规则

任何一项比赛都有比赛规则，既然是规则，那就意味着所有的参赛选手都必须遵守，否则就会影响比赛成绩甚至被取消比赛资格。因此，所有参赛教师必须首先要熟悉比赛规则，明晓比赛流程和评分标准，知道什么是该做的，什么是不能出现的，做到心中有数。

(二)指导青年教师选择参赛内容

教师对教学内容的选择和把控是教师教学竞赛能否取得良好效果的关键。首先，要指导教师选择自己熟悉的教学内容，只有自己熟悉的教学内容才能保证教师在比赛中做到游刃有余，而教师所熟悉的内容往往是自己平时所讲的课程。因此，教师在比赛选题上，要注意从自己熟悉的课程内容中挑选，尽量能够反映教师日常课堂教学的真实效果。此外，选手的比赛时间一般比较短暂，大概在20分钟，这就要求教师在选题时要衡量教学内容的难度，如果选择的内容难度较大，则很有可能在短短的20分钟内讲解不清，如果选择的内容过于简单，又会使比赛内容过于单薄。因此，教师参赛内容难度的选择必须要适中。

(三)指导青年教师掌握参赛技巧

常言道："酒香还需巧吆喝"。如何把知识传授给学生并让学生高效的接受，很大程度上要看老师的讲课技巧，尤其在技能大赛上，教学技巧的运用，可以大大提高比赛成绩，如语言的使用。教学是"教师的教"和"学生的学"的有机结合，是师生之间的一种互动形态，而语言是师生互动的主要途径。教师的语言要精练、优美，不要"拖泥带水"，声调要抑扬顿挫，富有情绪性，这样才能吸引学生兴趣，学生才乐于去聆听。

再如现代教学技术手段的应用。在当今社会,科学技术日新月异,信息网络技术、多媒体技术等已经被广泛引入到教学中,如 CAI 课件的运用。CAI 课件集声音、图像、动画为一体的特点,可以将那些抽象晦涩的教学内容以丰富的形式表现出来,可以充分刺激学生的感觉器官,增强学生的想象力,提高学生的学习兴趣,起到巧吆喝的作用,从而能进一步提高教师的教学质量。

(四)指导青年教师调整错误观念

"普通教育看高考,职业教育看大赛"的观念近几年一直深刻影响着职业学校教师,正是在这一观念深化过程中的曲解,使很多青年教师对竞赛的目的产生了认识错位。许多院校对获奖教师在职称评定、年终评定、课时等方面的奖励促使青年教师的竞赛目的过于功利化,只重成绩、结果,从而导致部分参赛教师在竞赛时过于关注比赛形式,给人以作秀的感觉,不能真实反映教师的日常课堂教学水平。组织者、指导教师和评委专家应引领青年教师树立"重视竞赛过程、淡化竞赛结果"的观念,强调比赛不是目的,取得名次不是目标,使参赛者能自然再现课堂教学常态。

四、指导青年教师做好参赛总结

比赛结束,并不意味着比赛的彻底终止,青年教师要及时总结取得的成绩和存在的问题,为以后比赛提供经验准备,避免被同一块石头绊倒两次。

(一)指导青年教师总结取得的成绩

总结成绩,很有好处。及时总结成绩,可以提高信心,鼓舞斗志,以利前进。顺利时总结成绩,能争取更大的胜利,困难时总结成绩,可以看到光明,看到希望。青年教师教学竞赛结束后,无论成绩如何,都要认真总结自己的优势,通过和其他选手的比较,知晓自己的长处所在,以后继续保持。例如:有些教师的多媒体课件制作得非常精美,让评委眼前一亮;有的教师讲课非常幽默、有激情,给了观众一场听觉盛宴。这些都可以作为经验继续保持下来。

(二)指导青年教师总结存在的问题

教学竞赛结束后,除了要指导青年教师总结所取得的成绩,还要指导青年教师总结存在的问题。只有善于总结经验教训,才能避免重复错误的行为;而错误的行为,只能带来更大的失败。无论是成功者还是失败者,在比赛过程中,几乎都不能做到十全十美,瑕疵经常会出现,即使竞赛内容经过了精雕细琢,也会有不足。如有的教师为了在比赛中获得佳绩,设计了许多讨巧的、精彩的、容易讲授的内容,但是这些经过精挑细选的教学内容与课程大纲并不吻合,还使教师的教学带有一定的"表演"成分,被评委质疑为"作秀",影响比赛成绩。这些可能都是在比赛过程中会出现的问题。

(三)指导青年教师提出改进措施

总结了经验教训，下一步就是整改措施了。要改进自己的不足，就必须要深入挖掘问题存在的原因，对症下药，就好比孩子发烧，我们不能盲目地给孩子吃退烧药，必须要找出孩子发烧的原因，是因为积食还是因为有炎症，或者是其他方面的原因，不找出发烧的具体原因，即使吃了退烧药，也不会真正的治愈。所以，分析问题产生的原因是青年教师必须要做的一件工作，了解了原因以后，再进行针对性的改正。

第五节　主持精品课程建设

教育部为深化教学改革，以教育信息化带动教育现代化，于2003年4月颁布了《教育部关于启动高等学校教学质量和教学改革工程精品课程建设工作的通知》(教高〔2003〕1号)，正式启动中国精品课程建设项目。精品课程建设是全面提高教学质量的载体，可以使学校课程体系得以改革、教学模式得以转变，对教学质量和人才培养质量提高具有重要作用。而所谓的精品课程是指具有一流教师队伍、一流教学内容、一流教学方法、一流教材、一流教学管理(即"五个一流")等特点的示范性课程。精品课程是学校教学质量与教学改革工程的重要组成部分，分为校级、省级、国家级三个级别。随着学校精品课程影响力的不断增强和课程资源规模的不断扩大，中职学校也逐渐开始实施精品课程建设，2010年教育部印发了《中等职业教育改革创新行动计划(2010—2012年)》，明确提出"鼓励学校开发特色课程和精品课程"，全国各地陆续掀起了建设中职精品课程的热潮。主持精品课建设逐渐成为中职教师的一项必备素质与技能。主持精品课建设必须注意三个方面的内容。

一、明确精品课程建设的意义

(一)明确精品课程在师资队伍建设中的作用

拥有一支卓越的教师队伍，是精品课程建设的必要条件和先决条件。在精品课程建设过程中，一大批有能力、有内涵的教师也被培养了出来，这是一个相辅相成的过程。精品课程建设离不开"一流的教学内容、一流的教学方法、一流的教材、一流的教学管理"，而这些都是由教师来具体操作与实施的，教师在操作的过程中，要达到"一流"的水平，是相当困难的，对教师的要求也非常高，所以，在精品课程建设的过程中，教师的素质也逐渐得以提升。

(二)明确精品课程对优势资源共享的作用

精品课程建设有利于对优势资源的共享，通过精品课程建设，学校之间可以共享资源，充分地利用这些优质的资源，提高精品课程的利用率，将精品课程的作用发挥到最大。教育部在评审精品课程时要求将全部内容上传到网络上，包括教学大纲、电子课件、教案、录像，以及参考文献和习题库，使得广大师生都能通过这些优质资源提高个人的能力水平。对于学生来说，精品课程的学习没有时间上的限制，可以随时通过网络进行学习，并且可以与名师进行深入交流。而对于教师而言，可以与其他院校的教师进行网络沟通，互相探讨教学经验，取其精华，去其糟粕，共同提高。

(三)明确精品课程对促进教育观念转变的作用

精品课程"五个一流"的特质要求教师必须要转变传统的教育理念，以适应新的课程传播途径和新的课程需求。例如：在教师观方面，由昔日知识的传授者转变为学生学习的促进者；在教材观方面，由封闭走向开放，即教师不应该再是教材忠实的阐述者和传授者，而是根据学生的需要和教学的实际，灵活地、创造性地研究教学内容和教学方法，对教材作革新性和批判性的使用。不是"带着教材走向学生"，而是"带着学生(或是在师生互动中)走向教材"。

(四)明确精品课程对促进学生学习自主性提高的作用

许林勇曾指出，"在开放的教育环境下，学生的自主性学习主要表现为：学生能够保持良好的学习动机，能够对学习时间及进度做出合理的计划和安排，能够合理地选择、使用多种学习资源，有效地进行学习交互活动，并能够根据实际情况制订学习方案"[1]。共享精品课程的优质资源，发挥网络平台的互动价值是提供学生自主性学习能力的重要媒介。

二、确定精品课程建设的内容

精品课程建设的内容主要有如下几个方面：组织教研活动，打造优秀师资队伍；组织教学内容，突出职业导向；重新组织教材，提高人才培养质量；突出实践教学，培养学生的专业技能；改革教学方法和手段，提高教育教学效果；打造精品课程的网络平台，实现网络优质资源共享。

(一)组织教研活动，打造优秀师资队伍

如前所述，拥有一支卓越的教师队伍，是精品课程建设的必要条件和先决条件。所以，从某种意义上而言，精品课程建设与其说是精品课程的建设，还不如说是卓越教师队伍的建设，各个学校，包括职业学校在组织精品课程建设的过程中，要把重点放到人——师资力量上来。卓越的教师队伍并非教师的简单集合，在精品课程建设的

---

[1] 许林勇、赵晓华等：《基于国家精品课程医学统计学网络平台教学改革的探索》，载《中国现代医学杂志》，2010(11)。

过程中，教师作为主要参与者，在从无到有、从粗到精的课程建设中始终"关注共同主题、合力解决问题、打磨教学设计、分享课堂教学"，最终才逐步形成较为稳定的团体。《教育部关于启动高等学校教学质量与教学改革工程精品课程建设工作的通知》中的指示精神（七个方面的内容）：其中一个方面是"切实加强教学队伍建设，要由学术造诣较高、具有丰富授课经验的教授主讲（高职精品课程要由本领域影响力较大并具有丰富实践经验的教师主讲）"。"要逐步形成一支结构合理、人员稳定、教学水平高、教学效果好的教师梯队，鼓励有企业背景的教师参与教学团队"。从中可以看出，该文件明确提出了精品课程建设对教师团队的要求。因此，精品课程建设需要教师队伍的共同努力，并非一人之力能为之。而这样一支高水平的师资队伍的组建是一件非常困难的事情，通过组织丰富多彩的教研活动来提升教师素质与能力成为了一项必不可少的方式与途径。

（二）组织教学内容，突出职业导向

精品课程建设的核心是对课程即教学内容的改革。教学内容质量的高低对精品课程建设起着至关重要的作用。对职业院校而言，教学内容要以职业为导向，突出职业学校的"实践性、实用性"特征，依据专业相关技术领域职业岗位的任职要求，以技能型人才培养目标，以职业能力培养为重点，深入开展基于工作过程的课程体系改革。为此，精品课程的教学内容要能够体现新时期社会、经济、科技的发展对人才培养提出的新要求，能够及时反映学科领域的最新科技成果，并广泛吸收优秀教师先进的教学经验，积极整合优秀教改成果。其中，专业课程可以根据行业企业发展需要和完成职业岗位实际工作任务所需要的知识、能力、素质要求，选取教学内容，为学生可持续发展奠定良好的基础。要遵循学生职业能力培养的基本规律，以真实工作任务及其工作过程为依据整合、序化教学内容，科学设计学习性工作任务，教、学、做相结合，理论与实践一体化。①

（三）重新组织教材，提高人才培养质量

教材建设是精品课程建设的重要组成部分。精品课程建设需要形成一批高质量的教材。从内容上看，精品教材应该是我国各类教材中质量水平最高的教材；从形式上看，精品教材应该更多地体现立体性，即采用"立体化"的形式。"立体化"教材建设应是多种媒体有机结合的立体化工程，除了需要建设基础课程教材、专业课程教材、教学参考书、学习指导书、实验课教材以外，还应建立动态教材和电子教材，并列入教学计划和授课计划，电子教材的形式要有人性化，便于学生自主学习，最终提高人才培养质量。"重新组织教材要求学校必须'用精品、出精品'。'用精品'就是在教学中坚

---

① 《精品课程建设方案》，http://www.doc88.com/p-112695167462.html，2017-08-15。

持选用高质量的优秀教材。'出精品'就是鼓励学术水平高，教学经验丰富的名教师及其梯队编著水平高、有特色、反映教学改革的教材。"①

(四)突出实践教学，培养学生的专业技能

职业教育与普通教育属于完全不同的教育类型，职业学校的精品课程建设必须要遵从职业教育发展规律，高度重视实验、实习、实训等实践性教学环节，大力开展实践教学内容、教学方法的改革。比如，尽量结合企业在生产中的具体要求，开设综合性、实用性和探究性的实验或实践，不断提高学生的动手能力、创新能力和创业能力。再比如，加强情境教室和开放实训中心建设，为学生的实践教学提供真实的工作环境，满足学生生产性实训或仿真实训的需要。"学校与行业企业要大力开展合作共同搞好校外实训基地建设，做到布点合理、功能明确，能够满足学生了解企业实际、体验企业文化的需要。"②同时，要积极引导、鼓励、指导学生考取相关职业资格证书或专业技能等级证书，努力提升证书的获取率。此外，还可以积极组织、指导学生参加各级各类技能竞赛活动，扩大学生参与面，提高获奖率。

(五)改革教学方法和手段，提高教育教学效果

传统的教学方法以教师为中心，重视知识的传递与讲授。研究者们认为，精品课程中的教学方法一定要改革传统的教学观念、教学方法、教学手段和教学管理，合理地运用现代信息技术等手段，最终实现"四个转变"，即"从传统灌输性教学转变为探索性教学；从验证性实验转变为综合性实验；从应答性考试转变为创作性考试；毕业论文(设计)从模仿性训练转变为研究性训练"③。在教学手段和方法上，应将现代教育技术手段融入学生的学习过程中，根据课程特点，积极使用网络技术，实现教学与管理的网络化。同时，关注学生的认知思维过程，通过动手与动脑相结合的教学方式，即通过实践性教学和实践性练习，加深学生对课程内容的深层次认识和理解。但需要注意的是，在精品课程建设过程中，新的教学手段的使用，并不意味着对传统教学手段的否定，传统的讲授方法在特定学科知识内容的学习上也有其不可替代的作用。

(六)打造精品课程的网络平台，实现网络优质资源共享

精品课程是以互联网为建设载体、以多媒体信息技术为实现手段的优质课程，具有"开放性、共享性、示范性"的特点。因此，在精品课程建设中，必须进一步完善精品课程相关的课程标准、教案库、课件库、习题库、试题库、实验指导书、资料库等课程基本资源，在此基础上创建网络教学平台，建立精品课程专门网站与教学资源，

---

① 孙新波、查慧：《高校精品课程建设研究综述》，载《黑龙江高教研究》，2011(12)。
② 《精品课程建设方案》，http://www.doc88.com/p-112695167462.html，2017-08-15。
③ 张玉柯、梅玉明：《以质量为核心大力开展精品课程建设》，载《中国大学教学》，2004(9)。

充分发挥精品课程的辐射功能与带动作用。同时，遴选国内先进而稳定的平台服务商，构建在线开放课程公共服务平台。坚持以公益性服务为基础，建立在线开放课程和平台可持续发展的长效机制。并根据教师、学习者的需求变化和技术发展，开展课程建设、课程应用以及大数据分析应用等培训，提高在线课程建设水平和数字化资源建设质量。

三、确定精品课程建设的途径

精品课程建设的途径主要有：明确精品课程建设的指导思想、拟定精品课程建设申请报告、组建精品课程建设的梯队、凝练精品课程的特色、加强对精品课程建设的动态监控和管理。

(一)明确精品课程建设的指导思想

由于不同学校在人才培养目标、办学条件、师资水平、学科发展水平及对精品课程的认识角度的差异，课程建设的指导思想也不尽相同。例如，吉林大学在精品课程建设中明确提出：精品课程建设要遵循"加强基础、注重应用、增强素质、培养能力"的原则，有计划、有目标、分阶段、分层次地开展精品课程建设工作；以建设科学规范的管理机制为先导，以抓好教师队伍建设为前提，以课程内容和教材建设为核心，以现代教育技术为手段，以网络教育资源建设为依托，以提高教学效果和人才培养质量为目的，切实实现"优质教学资源共享，提高教学质量和人才培养质量"的目标。[①] 尽管各个学校在精品课程建设的指导思想方面有所差异，但都一致认同如下观点：课程建设目标应与学校定位相适应，与特定的人才培养目标相匹配，与社会需求相吻合。

(二)拟定精品课程建设申请报告

拟定申请报告是精品课程建设的首要环节，申请报告大多以申请书或申报表的形式呈现，主要包括课程在专业及人才培养过程中的地位作用、课程负责人情况、课程团队情况、课程建设的现状(主要包括：教学大纲等教学文件的完善程度；选用或自编主要教材及辅助教材情况；实验、实训等实践性课程开设情况；课程教学内容、教育方法改革情况；现代教育技术的应用及效果；考核与评价方式的改革等)、课程建设的目标与预期成果、课程所需教学条件现状及改善构想。

(三)组建精品课程建设的梯队

精品课程建设离不开一流的教师队伍，一流的教师指的是思想品质好、学术造诣高、教学能力强、教学经验丰富、教学特色鲜明的精品课程负责人与主讲教师。一流的教师队伍指的是责任感强、团结协作、有合理的知识结构、年龄结构、人员稳定、

---

① 侯治富等：《精品课程建设目标及实现途径的研究与实践》，载《中国教育》，2005(12)。

教学水平高、教学效果好的教学团队。一般情况下，团队中具有高级职称的教师应达到30%以上，专业类课程"双师型"教师应达到70%以上。从教师类别上来看，要搞好校企合作，引进行业企业人员担任学校兼职教师，并逐步达到符合课程性质与教学实施要求的比例。加强实践指导教师的培养，提高实践指导教师的操作能力与指导能力。注重研究型教师梯队建设，使精品课程主讲教师能够承担教育研究或教学改革项目，并取得市级或市级以上成果。这些都是确定精品课程建设的必备条件。

(四)凝练精品课程的特色

精品课程建设重在过程，但衡量课程的精品性也必须通过一定的特色体现出来。其主要衡量标准体现在五个方面。第一，应具有一两名国际或国内知名的教授学者，发挥该学科课程的学术带头人作用；建立有利于优秀教师脱颖而出的良性机制，培养一批高素质并具发展潜力的中青年教学和学术骨干。第二，有多人次获国家和省级的集体和个人荣誉。第三，取得重大的教学改革和建设成果，在国内产生广泛影响。第四，人才培养素质高，以学生在与该课程相关的竞赛中获奖的层次与数量来衡量。第五，毕业生对该课程给予较高评价。

(五)加强对精品课程建设的动态监控和管理

动态监管对保证精品课程建设质量十分重要。相关院校要在精品课程建设中出台相应的规章制度，重点把握几个环节："严格申请评审程序，确保评审的公平、公正、公开；定期开展精品课程建设年度和中期检查，提出建设性意见和建议；严把验收关；建立科学的评价指标体系，并依据办学主体自身发展需求和社会需求、课程发展特征和世界教育趋势、课程改革方向和教育政策等，对课程建设指标体系进行调整，实现监管过程和验收指标的双重动态管理，明确精品课程质量的时代特征，确保课程的创新性、先进性、科学性、适用性及示范性。"[1]

第六节 组织实习实训活动

实习，顾名思义，就是在实践中学习，是学生在工作前的一段培训。实训是职业技能实际训练的简称，指在学校控制状态下，按照人才培养规律与目标，对学生进行职业技术应用能力训练的教学过程。按照不同的分类标准，实训的形式也有所不同，具体包括：从时空上分，有校内实训和校外实训；从形式上分，有技能鉴定达标实训和岗位素质达标实训；从内容上分，有动手操作技能实训和心智技能实训。实习与实

---

[1] 侯治富等：《精品课程建设目标及实现途径的研究与实践》，载《中国教育》，2005(12)。

训都强调实践训练，但也有一定的区别。如实习是把学生直接安排到工作岗位上，在工作中学习，更适合以动手操作为主的职业训练。实训是通过模拟实际工作环境，来提高学生的专业技能、实践经验、工作方法等。职业教育的技能性和职业性特点决定了中职教师必须具有组织学生进行实习实训活动的能力。

一、明确实习实训的目标

实习实训是学生从理论走向实践的关键环节，也是学生从学校走向工作岗位的第一步。为了将学生培养成为既具有高深理论知识，又具有强大实践能力的全方位人才，实习实训是必不可少的。通过实习实训，学生可以将学校所学的理论知识灵活地运用到工作中去，并从工作中培养发现问题、分析问题、解决问题的能力，为今后真正走上工作岗位打下较为扎实的基础。作为职业学校教师，要指导学生更好地参与到实习实训活动中来，首先必须要明确实习实训的目标。

(一)帮助学生了解专业行情，把握企业需求标准

"帮助学生了解专业行情，把握企业需求标准"是组织学生实习实训的第一个目标。学生由于长期生活在学校，不了解社会变化和企业动态，所以，学生对自己未来所从事的工作是非常迷茫的，而实习实训可以帮助学生了解社会、了解企业。学生在实习实训的过程中，可以与企业近距离接触，不仅可以了解企业文化，了解企业的工作流程，更重要的是可以了解企业的需求标准，知晓企业最需要什么样的人才，在此基础上，对照自己的专业和自己目前的技能，找到自身职业的差距，包括明确自己与岗位的差距及自己与职业理想的差距，并在实习结束时制订详细可行的补短计划，从而促进自身能力的提升，为学生将来能顺利地走上工作岗位打下良好的基础。

(二)提高学生综合素养

组织学生实习实训的第二个目标是可以提高学生综合素养。学生综合素养的获得与提高仅靠学校教育、靠书本、靠课堂是远远不够的，必须要依赖于实践，因为学校教育和书本知识带给学生的环境感受和心理状态都与实际工作场所完全不同，而实习实训就是学生从理论学习到实际应用的一条纽带，为学生提供了一个把理论知识应用到实际的平台。通过实习实训，学生的思维能力、创造能力和实践能力等各方面素质可以被有效激发出来，例如：通过实习实训可以锻炼学生的体质，磨炼学生的毅力；可以培养学生热爱劳动、吃苦耐劳的精神；可以培养学生良好的纪律性及爱岗敬业的精神；可以培养学生团结协作、与人沟通的能力。

(三)帮助学生科学设计就业方向及就业岗位

组织学生实习实训的第三个目标是帮助学生科学设计就业方向及就业岗位。当学生在了解自我的基础上确定未来的职业理想时，需要在真刀真枪的实际工作中检验自

己是否真正喜欢这个职业，自己是否愿意做这样的工作。举例来说，如果学生想做文案的工作，但是当她在广告公司实习一段时间后，发现自己并不喜欢文字工作或者文案工作与自己的想象差距很大时，学生就要反思自己的职业选择了，这样就可以及时地纠正和反馈学生的职业发展轨迹。

二、制订实习实训计划

科学的、切合实际的、可操作的实习实训计划是实习实训工作顺利进行的重要保证，实习实训计划的制订在很大程度上关系到整个实践过程。因此，指导教师必须重视实习实训计划的制订工作。制订实习实训计划时，关键要注意实习实训地点、项目和评价方法的选择与确定。

(一)选择与确定实习实训地点

实习实训地点的确定是保证实习实训顺利实施的关键，一般情况下，实训主要是在校内，选择余地较小，关键是实习单位的选择。学校、教师在确定实习地点时，必须要秉持一个基本理念，就是要立足于促进学生的长足发展。为此，学校给学生选择的实习实训场所必须要符合学生的专业特点，必须能真正地让学生得到专业技能上的锻炼和提高。另外，学校确定一批实习实训场地后，就不能对学生实习实训地点的具体选择过多干涉了，要把选择自主权交给学生，让学生从备选方案中选择自己喜欢的实习单位，或者让学生根据自己的需要和实际去联系实习单位，最后教师和学校再做简单调整。之所以学校要做最后的局部调整，是因为有些实习单位社会影响力比较大，可能会出现学生一窝蜂选择这个实习单位的现象，如果这种现象出现，学校和教师就要根据学生的实际去做一些思想工作。教师要引导学生放平心态，客观分析自己在专业知识、交际口才、思维逻辑等方面的优势和弱势，看到不同的实习机会能够给自己带来的能力和素质训练，进而找到最适合自己发展的实习岗位。要让学生知晓，成熟的企业有现代化的管理方式，可以为大学生提供职业素质上的熏陶，但对实习学生的要求也同样很高。创业型的公司，虽然规模小，各方面的管理不成熟，但却能在职业能力上给予学生更大的提升，甚至为有志于创业的大学生带去更多的关于运营模式、团队文化、创业素质要求等多方位的思考。因此，学生没有必要盲目选择成熟企业，重要的是理性思考，抓住机遇做出选择。

(二)选择实习实训项目

实习实训项目，即实习实训的内容。任何一次实习或实训都不是盲目的，必定有明确的主题或任务，这个主题或任务是学生实习实训的主线，学生的实习实训都是围绕着这个主线来进行的，如果脱离了这个主题，学生的实习与实训效果就大打折扣。例如，某机电专业学生的实训项目为"单级圆柱齿轮减速器部件测绘"；某导游专业学生的实训项目为"模拟导游服务程序"。教师在选择实习实训项目时要关注学生的学习经验，必须在学生已经熟知相关理论内容的基础上开展实习实训。

(三)确定实习实训的评价方法

在实习实训活动中评价体系是不可或缺的一个基本环节，学校和教师在确定实习实训的评价方法时需要把控四个原则。

第一，校企共评，提升效果。这是一种需要企业与学校共同参与的双方评价制度。这种评价制度充分依靠了企业的力量，把企业兼职指导教师与学校专业指导教师的评价结合起来，使评价的真实性更强。使学生既能紧紧围绕企业的生产实际行动，又能自觉遵守学校的各项规章制度，顺利完成各项实习实训任务。

第二，百分考核，规范统一。通常情况下，各个学校的实习实训效果评价以定量评价为主，"定量评价是采用数学的方法，收集和处理数据资料，对评价对象做出定量结论的价值判断，它能比较精确地检测出实习实训过程中的质量高低"[1]。在定量评价中，最常用的形式是百分法，比如将实习实训效果考核的总分定为100分，其中学校专业指导教师的评定成绩占40分，企业兼职指导教师的评定成绩占60分。根据不同评价指标的重要程度，分别设定不同的考核分值，60分以下认定为不合格。

第三，定量为主，定性补充。以定量评价为主，并不意味着完全排除其他评价方法，为了更好地提升评价效果，还可以以定性评价法为补充，"定性评价是根据评价者对评价对象的平时表现、现实状态的观察分析，直接对他们做出定性结论的判断"[2]。定性评价法中等级法使用频繁，如对实习实训中有严重违反实习单位规定被实习单位辞退、事(病)假累计超过实习实训时间三分之一、擅自终止实习实训、因违反有关规定给学校和实习单位造成严重后果等四种行为之一者实行"一票否决"制，考核按不合格等级处理。"定量为主，定性补充"能使得整个考核办法软硬结合、刚柔并举。

第四，措施有力，奖罚分明。在考核结果的处理上要做到奖罚分明，如60分以下定为不合格，合格(60分)以上才能获得相应学分，学校才推荐就业。实习实训总成绩不合格者，学校不推荐就业，学生要参加下一届的实习实训。这样可以有效发挥评价的激励、教育和发展等本质功能。

三、指导实习实训

指导实习实训主要从五个方面着手：宣传发动、介绍背景、提出实习实训要求、进行监督检查及指导撰写报告。

---

[1] 隆平、陈志雄、夏丰：《高职生实习实训质量指标评价体系研究》，载《职业技术教育》，2006(26)。
[2] 隆平、陈志雄、夏丰：《高职生实习实训质量指标评价体系研究》，载《职业技术教育》，2006(26)。

(一)宣传发动

指导实习实训的第一个任务就是宣传发动。宣传发动包括三项内容：明示任务，阐明意义，讲清目的。明示任务，即指导教师将本次实习实训的主要内容，也就是实习实训项目告知学生，使学生明晰方向，通常情况下，指导教师会把一个大的项目分解为几个具体的小任务，让学生分步骤逐一实现；阐明意义，即指导教师将本次实习实训对学校、个人、企业和社会等相关利益群体可能带来的正面影响告知学生，提升学生参与实习实训的积极性；讲清目的，即指导教师从学生的角度出发，帮助学生了解此次实习实训对学生能力的提升、未来职业的选择等产生的作用，增强学生对实习实训活动的认同感和参与热情。

(二)介绍背景

介绍背景指的是介绍该实习实训项目的宏观和微观背景。宏观背景主要是从社会、国家、人民的角度出发或者着眼政治、经济、文化、科技的发展，阐明该实习实训的必要性和迫切性；微观背景则更为重视学校、学生和企业的需要，重点阐述此次实习实训给学校、学生和企业带来的影响。

(三)提出实习实训要求

学生在参加实习实训活动之前，指导教师还要向学生提出一些具体的要求，以保证实习实训活动能够顺利开展。这些要求更多的是一种纪律要求，如某学校给学生提出的实习期间纪律要求如下[①]。

(1)按时作息，服从带队教师、工厂师傅的统一指挥、调度，不允许在外留宿，每天晚上9:30之前必须返回住处。

(2)个人服从集体，少数服从多数。任何学生不得自作主张，私自行动。如有特殊情况，必须向班长报告，并经由带队教师批准后方可离开。

(3)同学之间应互相帮助，不得惹是生非，严禁任何同学将学校里的矛盾带到实习单位去。

(4)不得进入任何社会化的娱乐场所(特别是游戏厅和歌舞厅)。

(5)严禁饮酒、在外聚会，与社会上同实习无关的人来往。

(6)进入厂区后要严格遵守工厂的劳动纪律，不得有任何违纪现象发生。个人违纪造成的后果及损失全部由此人独立负责。

(7)如有不可预料的事情发生，应及时报告带队教师及班长，大家协同处理，如果隐瞒不报，则后果自负。

---

① 《实习的目的和要求》，http://www.economicdaily.com.cn/a/wenmi/shixi/2012/1221/15714.html，2017-06-15。

(四)进行监督检查

监督检查主要指教师协同实习企业、学生实习小组负责人,对学生的实践过程进行监督检查,发现问题,及时处理。学生进入实训场地和实习单位,并不意味着学生脱离了学校和教师的监督。为提高实习和实训效果,学校仍然会采取多种途径和方式了解学生的实习实训状况。一般情况下,学生实习实训会有带队老师,但是带队老师还有其他的工作,所以不会对学生的实习实训进行全天候监督,这就需要借助实习企业、学生实习小组负责人等来协助工作。对于学生的实习实训情况,实习企业和实训单位是最清楚的,他们比带队教师更加明晰学生在实习实训过程中的情绪状态、工作表现及不足等,所以,实习指导教师必须要经常保持和实训单位以及实习企业的沟通和联系,及时发现学生问题并予以解决。此外,学生在实习实训时,为了便于教师的管理,学校和指导教师往往会指定一个实习小组负责人,帮助教师了解实习学生的动态,可以说,无论是实习企业还是实习小组负责人,他们都是实习学生和学校的联络人,起到了沟通、协调和监督的作用,是学校和教师必须依赖的资源。

(五)指导撰写报告

指导撰写报告即指导学生填写实习报告,报告实训过程及体会。实习实训报告是学生在某项实习实训活动结束后,把实习实训目的、实习实训时间、实习实训地点、实习实训部门或岗位、实习实训内容和过程、实习实训体会和收获及感谢等,用简洁的语言写成的书面报告,是实习实训学生对自身参加过的实习实训工作进行回顾总结的一种文本,一般从开始实习实训的那天起学生就要注意广泛收集资料,并以各种形式记录下来(如写工作日记等),丰富的资料是写好实习实训报告的基础。实习实训报告一般包括如下一些基本要素。

实习实训题目:应该体现实习实训的基本内容(用最简练的语言反映实习实训的内容)。

实习实训目的:任务明确,抓住重点,点出进行本次实习实训的目的。

实习实训时间:时间起止准确、清晰,符合实习实训执行计划。

实习实训单位:实习实训单位名称准确。

实习实训岗位:名称准确无误。

实习实训内容和过程:实习实训内容和过程作为实习实训报告的重点,完整记录实习实训进行时的程序和步骤,写明实习实训经历的内容和过程。

实习实训体会和收获:实习实训体会和收获也是实习实训报告的重点,要写明是否完成实习实训任务书的要求,是否解决实习实训前的疑惑;写明实习实训的真实体会和收获;写明对实习实训的意见和建议。

感谢:实习实训报告的结尾要对相关人员和单位进行感谢,如母校、老师、实习实训单位等，以及自己对将来的期望或展望。

四、评价实习实训结果

实习实训是一个动态持续过程，其效果的评测是多方面的，仅凭一份实习实训报告还不能得出客观的评价，应该考虑整个实习实训组织过程的监控。所以，指导教师在对学生的实习实训结果进行评价时，必须要综合考查学生实习实训前、中、后的表现、考查学生的实习实训报告并参考实习实训单位给出的实习实训鉴定。

(一)考查学生实习实训前、中、后的表现

众所周知，学生的实习实训效果是最直接的评价指标，所以，许多学校都非常重视学生实习实训后的表现情况，而忽略了学生实习实训前和实习实训过程中的评价。考查学生实习实训前的表现，主要指的是学生是否做好了实习实训的准备，学生对实习实训单位的选择是否避免了盲目跟风或者说是否结合了自己的需要和兴趣等。实习实训过程中的评价重点考查学生在实习实训过程中是否严格遵守了实习实训要求，是否完成了企业布置的工作任务等。其实，考查学生实习实训前、中、后的表现，关键是要求指导教师重视诊断性评价、过程性评价和终结性评价相结合的评价手段。诊断性评价是实习实训活动开始前对实习学生的状态进行的评价，过程性评价是实习实训活动进行过程中对实习学生进行的评价，终结性评价是实习实训结束后对实习学生实习效果的评价，这样能使整个评价体系更客观、更符合实践。

(二)参考实习实训鉴定

实习(实训)鉴定是由学生在上学期间参加实习(实训)的单位所开具的证明文件，需加盖单位公章，可作为今后求职时用人单位的参考。实习(实训)鉴定应包括实习(实训)单位、实习(实训)时间、实习(实训)职位、实习(实训)表现等内容。俗话说"好与不好不是'自己'说了算"。用人单位对学生在校期间参加的各个实习实训环节的效果最有发言权，因为工作中的实践效应是最客观的检验标准。所以，学校在评价学生的实习实训结果时，实习(实训)单位开具的实习实训鉴定是一项非常重要的指标。

(三)考查学生的实习实训报告

实习实训报告应该内容翔实，主要包括实习实训目的、实习实训时间、实习实训地点、实习实训部门或岗位、实习实训内容和过程、实习实训体会和收获等，能较为全面地反映学生的实习实训情况，所以，许多学校都把实习实训报告作为考查学生实习实训效果的最直接、最常用的参考指标。但是，实习实训报告是由学生本人撰写的，所以报告的真实性有待考证，不能作为衡量学生实习实训效果的唯一指标。

第八章 教育教学研究与应用

中等职业学校教师进行教育教学研究不仅能够帮助教师及时总结已有的教学经验和教学观察，还能梳理已有经验并形成相对系统的成果。接下来按照研究过程从课题来源、课题申报、开展研究、撰写报告、应用研究成果、撰写论文等几个方面，对教育教学研究与应用作较为详细的论述。

第一节 科研项目级别、来源及申报要求

在正式开展科研工作之前，即在开展课题申报、课题研究、撰写报告、应用研究成果、撰写论文之前，必须要先了解科研项目的级别、来源及相关申报要求。整体来看，科研项目可以被划分为自然科学科研项目和社会科学科研项目两大类，两类项目分别有不同的项目来源渠道；科研项目按照级别大概可以划分为国家级、省部级、市厅级和校级四个级别。按照这些不同的划分方式划分的不同级别、来源课题，在申报的具体选题、填表、申报流程、申报条件等方面的要求也不尽相同。下面以不同的级别为分类依据，按照每一级别科研项目的来源和申报要求具体介绍各级科研项目。

一、国家级科研项目来源和申报要求

国家级科研项目主要指国家层面的科研项目，是我们国家级别最高的科研项目，国家级科研项目也可以分为自然科学和社会科学两大类。按照项目的来源可以做表 8-1 划分。

表 8-1 国家级课题一览表

项目级别	自然科学项目来源	人文社科项目来源	教育学
国家级重大项目	国家重大科技专项 国家重大科技研究计划 国家创新人才计划 国家基础性研究重大关键技术项目 国家自然科学基金重大研究计划 国家自然科学基金杰出青年科学基金 国家 973 计划 国家 863 计划	国家社会科学基金重大招标项目	国家社会科学教育学重大课题
国家级重点项目	国家自然科学基金重点项目	国家社会科学基金重点项目	国家社会科学教育学重点课题
国家级一般项目	国家科技支撑计划 国际科技合作专项 国家 973、863、重大专项子课题 国家自然科学基金面上项目、青年基金、国际合作交流基金、联合基金、专项基金等项目	国家社科基金年度项目、后期资助项目；国家软科学研究计划项目	国家社会科学教育学一般课题、青年基金课题

其中，国家社会科学教育学重大课题和重点课题来源于全国教育科学规划领导小组办公室，每五年发布一次，通常在每个五年计划实施的第一年第一季度发布立项通知；国家社会科学教育学一般课题和青年基金课题也来源于全国教育科学规划领导小组办公室，属于年度立项课题。国家社科基金项目的重大招标项目、重点项目、一般项目、青年项目、后期资助项目等来源于全国哲学社会科学规划办公室，以发布国家哲学社会科学研究五年规划要点和年度课题指南的方式进行，规划要点发布时间在规划起始年的第二季度，年度课题指南发布时间在上一年的第四季度；国家自然科学基金项目的面上项目、重点项目、重大项目、人才项目、联合资助基金项目、专项项目、国际(地区)合作与交流项目等均来源于国务院国家自然科学基金委员会，属于年度立项，一般在上一年第四季度发布立项通知。国家 863、国家 973、国家科技支撑计划、国家科技合作计划等均来源于科技部。

不管是自然科学还是人文社科国家级别的相关课题在申报时相关要求比较高，这里以国家社会科学教育学重大课题和重点课题为例进行简要介绍。2016 年 2 月 24 日全国教育科学规划领导小组办公室发布《教育部办公厅关于做好全国教育科学"十三五"规划 2016 年度课题组织申报工作的通知》，公布了重大课题和重点课题指南，并规定申报重大和重点课题的，其名称须与指南保持一致，不得自行更改或添加副标题，需参加现场答辩，不参加答辩视为自动放弃。流标的重大和重点课题，可以通过委托形式进行研究。同时《全国教育科学"十三五"规划 2016 年度课题组织申报办法》也明确规定，国家重大和重点课题申请人须具有正高级专业技术职务或厅局级以上领导职务，能够担负起课题研究实际组织者和指导者的责任，同时要求课题承担单位必在相关领域具有较雄厚的学术资源和研究实力。申报国家级别的课题，不仅对申报者本人的科研能力要求比较高，对整个科研团队及其所在的平台要求都比较高，所以国家级别的课题也是相对比较难以申报成功的。

二、省部级科研项目来源和申报要求

省部级科研项目是指由国家各省级行政部门或国家部委等单位，根据国家科研计划下达的科研项目，所批准的资金来自国家计划财政。以河南省为例，能够申报的省部级科研项目具体见表 8-2。

表 8-2　河南省省部级科研项目一览表

项目级别	自然科学项目来源	人文社科项目来源
省部级重大项目	教育部新世纪优秀人才支持计划（自然科学类）（教育部科技司） 教育部科学技术研究重大项目（教育部科技司） 河南省"中原学者"计划（河南省科技厅） 河南省科技厅省重大公益、省产业技术创新战略联盟等重大专项项目（河南省科技厅）	教育部新世纪优秀人才支持计划（人文社科类）（教育部科技司） 教育部哲学社会科学研究重大课题攻关项目（教育部社科司）
省部级重点项目	教育部科学技术研究重点项目（教育部科技司） 河南省科技创新人才计划（河南省科技厅） 河南省"创新型科技团队"计划（河南省科技厅） 河南省科技厅省成果转化、省院合作、科技开放合作等科技专项项目（河南省科技厅） 河南省重点科技项目（河南省科技厅）	河南省哲学社会科学规划重大项目（河南省社科规划办公室） 河南省软科学重点招标项目（河南省科技厅）
省部级一般项目	教育部科学技术研究项目（教育部科技司） 河南省科技攻关项目（河南省科技厅） 河南省基础与前沿技术研究项目（河南省科技厅） 河南省国际科技合作项目（河南省科技厅）	教育部哲学社会科学研究后期资助项目；教育部哲学社会科学发展报告项目；教育部人文社会科学研究项目（教育部社科司） 河南省哲学社会科学规划项目（河南省社科规划办公室） 河南省政府决策研究招标课题重点项目；河南省政府决策招标一般项目（河南省政府发展研究中心） 河南省软科学研究计划项目（河南省科技厅）

注：括号内为各个科研项目的来源单位。

通过表 8-2 可以看出，省部级课题主要来自于教育部社科司、科技司，河南省科技厅、河南省社科规划办公室和河南省政府发展研究中心。这些省部级项目在申报上要求也是比较高的。很多课题在申报的时候也要求申报人具有高级职称或博士学位，所以具体的申报条件要按照相关的具体要求确定。

省部级课题虽然属于同一级别的课题，但是在具体的申报选题上也是有差异的。一般来说，各部委的相关课题要求在申报的时候课题立意相对要高，最好能站在整个国家发展的角度来对课题进行论证，而河南省的相关省级项目一般要求围绕河南省经济社会发展中的相关问题进行研究，直接为河南省的相关事业发展服务。但这也不是完全绝对的，河南省的经验如果能对全国的相关事业发展做出贡献或提供借鉴也可以用来申报各部位的项目；全国的相关研究能为河南省提供相关借鉴也可以用来申报河南省的相关省级项目，这些在申报课题的过程中要灵活掌握。

三、市厅级科研项目来源和申报要求

对于教育口的相关人员来说市厅级科研项目主要指来自于教育厅和市相关部门的课题，我们以河南省的郑州市为例，相关市厅级科研项目如表 8-3 所示。

表 8-3　市厅级科研项目一览表

项目级别	自然科学项目来源	人文社科项目来源
市厅级重大	郑州市科技局重大科技专项；郑州市科技领军人才计划，郑州市科技创新团队计划（郑州市科技局） 河南省高校科技创新人才（自然科类）支持计划，河南省高校科技创新团队（自然科学类）支持计划（河南省教育厅）	河南省高校科技创新人才（人文社科类）支持计划，河南省高等学校哲学社会科学创新团队，河南省哲学重大课题攻关项目（河南省教育厅）
市厅级重点	郑州市科技局科技攻关、前沿技术研究、国际科技合作等项目（郑州市科技局） 河南省教育厅自然科学研究重点项目（河南省教育厅）	河南省教育厅人文社会科学研究重点项目（河南省教育厅） 郑州市软科学项目（郑州市科技局）
市厅级一般	其他符合学校学科发展的市厅级项目	河南省教育厅人文社会科学研究一般项目（河南省教育厅） 河南省教育厅科教规划项目（河南省教育厅） 河南省职业教育教学改革研究项目（河南省教育厅） 其他符合学校学科发展的市厅级项目

根据表 8-3 可见，市厅级项目主要来自于河南省教育厅和郑州市科技局，还有一些其他的项目，也可能是市政府的相关部门的课题。这类课题整体级别不是特别高，对申报者的要求较国家级和省部级课题来说有所降低，但是市厅级的重大和重点项目，对申报者仍有很高的要求。市厅级课题虽然也是属于同一类课题，但是在申报的时候也是有侧重的，一般来说厅级课题更多侧重于对整个省情况的研究，而市级课题主要应该研究该市的经济社会教育发展状况。但值得注意的是这仍然不是绝对的，要具体情况具体分析。

四、校级科研项目和申报要求

校级科研项目主要是指由学校各单位发布的相关项目，例如由学校教务处发布的相关教学项目，由学校科研主管部门发布的相关培育项目，由学校发展规划部门发布的相关学校发展规划的项目等，这些均属于校级项目。校级项目一般在申报的时候仅限于该学校的相关人员，其他学校的教师不能申报。且结项时主要由相关课题发布部门负责认证结项，颁发结项证书。这类课题在申报的时候一般要求紧密围绕学校发展中的重大和重要问题进行课题立意，直接为解决学校发展中的问题服务。在这里需要注意的是一些学校的培育项目，可以申报其他内容，因为这些项目是要经过一段时间培育申报更高级别的课题的。在申报校级课题时对这些课题要区别对待。

第二节 提出、论证、申报教研课题

提出、论证、申报教研课题是进行研究的基础与开始，对科学研究至关重要，它为相关研究定下范围，确定研究所采用的方法，确定研究的大概框架和研究思路，以及一些可预见的结果，直接为相关研究提供方向指导，影响到后续工作的持续开展。

一、发现教研问题

发现教研问题是研究最关键的步骤，因为如果没有发现问题，就没有后面的研究。发现教研问题要求中等职业学校教师要有强烈的问题意识，时刻关注、思考教学、实践、实习、备课等过程中存在的各种各样的现象，善于发现其中存在的问题，并升华这些问题到理论层面，有试图解决这些问题的主观积极性。只有这样才能保证及时地发现问题，归纳问题，并深化及最后提出问题。要想发现教研问题，可以多观察自己或本校教育教学活动，也可以通过观察他人或校外教育教学活动，或通过学习前沿教育教学理论来提出教研问题。

(一)观察自己或本校教育教学活动,发现趋势性问题

自己或本校教育教学活动是发现教研问题最主要的来源渠道。因为不管任何人总是对自己身边的人和事最熟悉,也最了解这些事件和问题的相关背景,相同或相似的环境给予了开展研究较好的资源优势,如便于获得第一手的资料,进行全面、客观和科学的研究,这在一定程度上不仅能够提高研究的效率,还能够相应地节约研究成本,为本校的科学、可持续发展提供直接的参考和借鉴。鉴于这些优势,所以中等职业学校教师在发现教研问题时,最便捷的途径就是多观察、思考、留意自己或本校的教育教学活动,从中发现有学术价值和实践价值的问题,并加以研究。观察自己或本校教育教学活动,发现趋势性问题,要求中等职业学校教师要做到以下两个方面。

第一,时刻保有问题意识。问题意识是我们发现并提出科研问题最宝贵的理念。在日常的工作中,由于工作、学习、生活等各方面的压力,我们易于丧失问题意识,而多是疲于机械地应对各种各样的工作和问题,很多时候即使在这样的应付下,还有很多工作仍不能按时完成,就更谈不上带着问题意识去做这些工作了。而在这样的情况下,要想发现问题并提出问题就有很大的难度。因为我们只是机械地在处理这些事情,这些事情产生的原因、有没有改进的方法、怎么样规避这些问题等,根本没有形成问题,仍然只停留在现象层面。这样的工作和问题处理,看似把问题解决了,但从长久来看,仅仅是解决了这一类问题的一个,后面还有很多类似的问题等着我们去解决。要想从根本上解决这些问题,需要我们带着问题意识,把这些现象升华到问题的高度,进行相关的研究,并最终找到解决这类问题的根本途径。只有这样才能从根本上解决问题,从长远来看这样进行的研究能够有效降低我们的同类问题的工作量,减轻我们的工作压力。所以,作为中等职业学校教师即使在压力较大的环境下,也要保有问题意识,带着问题意识来进行工作和学习。

第二,多观察,多思考。中等职业学校教师在发现问题后,还要多观察、多思考。因为从发现问题到最后的研究当中还有很长的过程,里面还有很多问题需要思考,如发现的问题是真问题还是伪问题,这个问题是共性的问题还是特殊情况下产生的问题,在现有的条件下能不能得到解决,需要借助怎样的方法来解决等,这些问题都是我们应该观察和思考的。多观察、多思考是我们提出问题的重要保障,它为我们提出问题提供了可持续的动力。

(二)观察他人或外校教育教学活动,发现趋势性问题

观察他人或外校教育教学活动是中等职业学校教师提出问题的又一重要渠道。在我们自己或校内教育教学活动没有思路和灵感的情况下,如果能发现他人或外校教育教学活动的趋势性问题,并总结提出相关的问题,也能为科研提供很好的选题。因为中等职业教育教学研究课题存在于每个学校,并不局限于我们自己的身边和学校,拓宽眼界往往能够发现更有价值的问题，还可以把其他中等职业学校的这些做法与自己所在的学校进行对比，从中发现问题并解决问题。要做到这些就要求中等职业学校教师要做到以下两个方面。

第一，加强对外交流学习力度。要想了解他人或外校教育教学的情况，就要加强对外交流学习的力度。如果靠参加一次对外交流就找到灵感和发现问题，是不可能也是不可取的，只有多参与对外交流活动，才能多积累经验和素材，才能帮助我们发现问题。哲学讲量变积累到一定程度才能质变，同样道理当我们参与了足够的对外交流，我们离质变的路就越近。所以作为中等职业学校教师，要利用一切机会走出去，多参与相关学习交流，为提高自身水平，发现科研问题提供良好的土壤和资源。

第二，多留意，多总结。在加强对外交流学习的同时，中等职业学校教师还要多留意、多总结，处处留心皆学问，不能走马灯一样的看热闹，要真正深入进去。认真地听取别人的观点和思考，有条件的可以就自己的疑惑与其他学者、专家进行交流，碰撞火花。对每次的收获和感想要及时记录下来，总结记录有价值的问题，在自己的工作和学习中坚持思考和追问。当问题思考成熟时，这些问题就有可能成为研究课题。很多知名学者的重要研究项目，都是他们在现实中不断追问，不断思考的结果。

(三) 了解前沿教育教学理论，结合实际提出问题

除了观察自己、他人、本校、外校的教育教学活动，通过了解学习前沿的教育教学理论，也能提出研究课题。因为随着社会经济、政治、人口、政策等的变化，为了适应发展了的社会，我们的教育教学理论也在不断地发展，而先进的教育教学理论与实践结合的过程需要各个学校、教师的努力，所以通过学习前沿教育教学理论，在联系教育教学实际提出的教育研究课题往往具有很强的时效性和操作性，实践意义也较大。要做到这些，需要中等职业学校教师做到以下两点。

第一，坚持终身学习。终身学习越来越成为现代社会的主旋律，只有终身学习才能与时俱进。作为中等职业学校教师要想使中等职业教育的发展与社会相适应，就要坚持学习前沿的教育教学理论。现在的时代是知识爆炸的时代，知识更新较快，来自各方的信息铺天盖地，出现了很多交叉学科，职业教育理论也借鉴了很多学科的思想。中等职业学校教师要及时地学习、补充这些知识，为自己的教学、科研、实践所用。

第二，理论联系实际。在学习的过程中要坚持理论联系实际，不能光"纸上练兵"，要把学到的这些前沿理论联系中等职业教育教学实际。理论只有与实践相结合才有生命力，才能发挥理论的强大作用，才能作为指导实践的有力武器。所以中等职业学校教师要想提出科研课题，就要把自己学到的理论有效地联系实际，为科研服务。

二、论证教研课题

在发现教研问题之后，就是对教研课题的论证，对课题的论证主要从收集相关信

息，确认课题价值，论证课题研究的必要性和可行性几个方面来进行。

(一)收集相关信息

收集与科研课题相关的信息是进行教研课题论证的第一步。因为在进行课题论证之前，要先了解该课题的相关信息，如哪些专家研究过该课题？该课题最新的研究进展如何？最具有代表性的研究成果和结论有哪些？该课题在研究过程中还存在哪些内容的缺失或方法上的缺陷？哪些研究内容和方法能够被自己的研究采纳？只有全面收集、整理这些信息才能够对研究课题有全面的了解，这也是我们确认课题价值和论证课题研究必要性和可行性的基础。一般来说，对科研课题相关信息的收集主要包括学术文章、学术著作、相关政策文本、各类报纸、网上资料、相关研究资料等。

其中学术文章主要指通过知网、万方数据库等获得的相关学术文章，如果有条件还可以借助外文库检索外文资料。对学术文章的检索可以通过关键词，也可以通过篇名或其他的匹配方法，其目的是把所有相关学术文章都检索出来，其中尤其不能漏掉的是一些有代表性和有影响力的研究文章，这些研究往往代表了该科研课题的研究最高水平，可借鉴价值较高，对于这些文章一定要认真研读，关注其研究思路、研究方法、研究结论、有待改进的问题等。而对于其他的一些非代表性的研究，需要着重关注研究方法和研究结论。这些是进行课题论证的基础，因为在课题论证的过程中有一个很重要的部分就是文献综述，文献综述的好坏直接决定了后续研究的质量和水平，并且在课题评审时，评委对文献综述的关注度也很高，如果主要研究成果缺失，将直接影响课题是否获批。学术文章是进行资料收集的主要方面，几乎所有的课题都需要进行学术文章收集。但是也有一些科研课题，相关研究较少，特别是针对性强的研究更少，这时候一定要对仅有的文献作详细的分析，充分利用好仅有的资料。

学术著作也是相关信息收集的重要方面，因为很多已经成熟的研究成果往往以学术著作的形式呈现。学术著作相对来说对问题的分析比较全面、比较系统，里面的信息量比较大，如果能找到相关的学术著作，将对我们进一步了解该科研课题提供大量可以借鉴的内容。所以在进行相关信息收集时，一定不能漏掉对相关学术著作的收集。

政策文本是我们研究该问题的立足点，通过政策文本了解到国家对待该科研课题的态度，国家的指导方向等，这些都是研究必不可少的。中等职业学校教师在对政策文本进行收集时，一定要按照年份或时间顺序，力争收集到全面的文本信息，因为政策本身可能随着时间推移也会发生调整和变化，一定要掌握全面的政策文本信息，了解某一研究课题政策文本变化的全过程，为课题论证和课题研究做好铺垫。

各类报纸、网上资料、相关研究资料等是相关信息收集的又一个重要方面。各类报纸、网上相关资料和相关研究资料对我们了解某一个课题起到了补充的作用，我们一定要注意这些相关信息的收集。如一些专业的网站上面会刊登一些专家相对不是系统的研究，虽然仅有简短的字句，但是也不乏精辟的见解。所以，这部分资料虽然不多，但仍不能忽略。

（二）确认课题价值

在全面、系统收集相关信息，并研读相关信息资料之后，就是确认该课题的研究价值。确认课题研究的价值是保证课题不走弯路的重要方面，因为在科研实践中，有一部分课题是伪课题，没有研究的价值。当我们研究到一半才发现其没有价值，不值得研究，既浪费时间，又浪费人、财、物。所以此时一定得确认课题的研究价值。课题的研究价值，我们可以通过总结相关文献获得，也可以联系现实获得。一般的科研课题主要有理论价值和实践价值两个方面的价值，不管是具有两种价值中的两者还是一种，这个科研课题就已经是值得研究的课题了。此时的课题价值还处于初步确定阶段，最关键的是确认课题具有研究价值，如果能准确确认该课题没有研究价值就应该舍弃该课题，重新进入课题的选择环节。

（三）论证课题研究必要性和可行性

在收集到相关的信息，并确认课题具有研究价值之后，就是对课题研究必要性和可行性的论证。一个课题要想能够如期的开展，必要性和可行性是需要同时具备的。

必要性是达到一定目标所需要的条件和因素。就课题研究必要性来说，主要指研究该课题的人员、财力、时间、物质条件、网络条件、平台条件、研究基础等，讲明研究者所具有的能够顺利完成课题的相关条件保障。如课题研究人员中应该具有研究该课题的相关人员，且研究人员应该有足够的时间能保障该研究的开展；课题组要有维持开展课题研究足够的经费支撑，因为很多课题需要调研或咨询专家，需要差旅费和专家咨询劳务费等；物质条件主要包括相应的硬件、软件支持，网络条件主要指登录相关学术网站和数据库的便捷度，平台条件主要指该研究团队是否具有相关的研究平台，能为研究提供便利条件；研究基础也是专家在评审课题时看中的一个重要方面，一个有研究基础的科研团队，更容易在所研究的领域取得新的研究成果。

可行性指对过程、设计、程序或计划能否在所要求的时间范围内成功完成的确定。课题研究的可行性主要指按照课题的设计，用课题选择的方法，能否达到课题的预期目标。可行性的论证主要包括课题研究的思路、方法、技术路线，可预见的难点和重点等内容。对这些内容的详细论述，可以为课题评审专家提供一幅研究该课题的蓝图和路线，专家通过对课题可行性的论述，来判断该课题的可行性程度。

科研课题研究必要性和可行性论证是我们对课题论证的重要方面，对该问题的深入探讨能够帮助我们进一步厘清课题的相关研究内容，既能够让评审专家了解我们的意图，也能够帮助自己更清晰地认知自己所要研究的课题。

三、申报教研课题

申报教研课题主要是把自己选取的教研课题,按照其适合的申报类别开展申报工作的相关事宜。主要包括了解申报课题要求、论证课题价值和内容、填写和提交课题申请等几个关键步骤。

(一)了解课题申报要求

在对课题申报之前,首先要了解各类课题的申报要求。这是因为不同级别、不同类别的课题,对科研课题选择的倾向也不同。这里我们主要按照不同级别和不同类别的课题的不同要求进行简要说明。

就级别来看,课题大概分为国家级、省部级、市厅级和校级课题。课题按照级别不同对科研课题选择的最大要求是科研课题的研究范围。一般来说,从国家级到校级要求课题研究的范围越来越小。国家级课题要求中等职业学校教师就国家中等职业教育发展中的相关重大问题进行研究,力图解决中等职业教育发展中的重点、难点和热点问题;省部级课题要求选取省域范围内的相关问题进行研究,为本省中等职业教育的发展提供科研支撑;市厅级课题的研究范围相对更小,可以关注本市中等职业教育的某个现象;校级课题多根据本校中等职业教育发展的实践,可以直接选取本校中等职业教育发展遇到的相关问题进行研究。一方面在申报各个级别的课题时要有所侧重地选择,另一方面也要根据自己科研课题的相关内容合理选择申报的级别,以保证课题的中标率。因为如果把一个适合申报校级级别的课题用来申报国家级别的课题,课题研究成果的推广性较差,课题获批的可能性往往也较小。这些只是课题申报需要依据的原则,在具体申报课题时还要具体问题具体分析,认真研究每类级别课题最易获批的课题研究问题大小,选择最合适的科研课题进行申报。

就不同类别来看,申报的课题大概可以分为两大类:一类是学术研究项目;另一类是教学改革项目。申报这两类课题时,对科研课题的内容是完全不同的。学术研究项目要求选取的科研课题仅仅联系中等职业教育发展中的相关问题。而教学改革项目主要集中于中等职业教育发展中的相关教学问题,对相关的教育开展的研究,可以是对某种教学方法的教研,也可以是对教材进行改革,也可以是对教学内容进行的探讨,这些内容都适合作为教改项目的选题进行申报。而中等职业学校教师申报的教研课题就属于教改项目,并且也多是教改项目。

(二)论证课题价值和内容

在申报教研课题时有一个很重要的内容就是对课题价值和内容的论证,这是申报教研课题的主体部分。在前面我们已经确认过课题的研究价值,在这里就要进一步明确地写出课题的研究价值。对课题科研价值的论证一般按照理论价值和实践价值来进行论证，不要盲目夸大课题的研究价值，也不要随意缩小课题的研究价值，按照该课题的实际意义进行论证。

对课题内容的论证是申报课题的主体部分。这一部分主要包括研究该课题的思路、方法和研究内容。这一部分向我们展示了采用何种方法，沿着怎样的思路对我们研究的问题开展研究。对课题内容的论证最主要的作用是，让评审专家通过阅读课题内容，能够了解课题的研究目的，课题通过什么样的方法达到这个目的，课题在研究过程中有哪些难点和重点，课题的阶段性成果和最终成果是什么，课题最终结果的应用价值。评审专家一方面通过课题论证判断课题申报者是否对课题有清晰的研究思路及课题的论证是否合理，另一方面也根据论证判断该申报者是否具有完成该研究的相关基础和条件。

(三) 填写和提交课题申请

填写和提交课题申请是课题论证的最后一步，主要指把论证好的课题提交到相关部门进行评审。就目前来说，课题的提交主要分两个部分，即纸质材料和电子材料。纸质材料一般以学校为单位，课题申报者按照要求把相关纸质材料交到所在学校的科研管理部门即可。电子材料应该按照要求填写完整后，在规定的时间内提交到相关网站。填写、提交课题申请需要注意的事项有以下三个方面。

一是表格填写。在进行课题申报时，都会有一系列的表格需要填写。一般情况下在表格的最后、下方或者有时会有单独的文档介绍如何填写表格，表格中的内容有时需要按照要求填写文字，有的则需要填写相应的代码，一定要认真阅读相关要求，并按照表格的要求认真填写表格。还需要注意的是，大部分的课题申报都会注明在课题申报内容中，不能出现课题申报者的个人相关信息，以免作弊。在这种情况下，一定不能把自己的相关学校、姓名等个人信息放上去，否则会被取消评审资格。

二是表格数量。在进行课题申报时还需要注意的是表格需要提交的数量，特别是在有几个表格时，一定要注意每份表格需要提交的数量。有的时候还要填写汇总表并上交，一定要按照要求上交足够的课题申报表。

三是上交时间。每一类课题的申报都有截止时间，一定要注意课题申报的截止时间，在结束之前上交所有的材料。

第三节 组织开展教研活动

在课题申报并获批之后，就要及时开展课题的教研活动。因为一般课题的研究周期多是1~2年。及时开题并进行研究能够保障课题如期完成。在课题获批后紧接着要进行的教研活动主要有组织开题会议与实施课题分工、开展调查研究、分析整理资料等。

一、组织开题会议与实施课题分工

开题是为提高课题研究质量,在课题被批准后、研究工作开始前对课题研究的实施设计进行的论证活动。其目的是使研究方案更具体和可操作,研究思路更清晰,同时也使课题组成员通过论证正式进入研究状态。这是因为许多课题虽然已经立项,但实际上课题组成员往往并不十分清楚立项后该做什么和怎么做,需要通过论证寻找并弥补原研究方案中的缺陷,进而做到步骤清晰、分工明确,并细化成操作性方案。另外,很多课题都有相关的规定,即在课题获批之后的一段时间内必须开题,并且要把开题报告和开题的相关资料和图片上交到课题的管理部门。所以一定要按照要求组织开题,并保存好相关资料。

(一)组织开题会议

组织开题会议是进行课题开题的主要形式,课题的研究应该从组织开题会议开始。开题会议的主要作用是重新审视所选的课题(调整、修改、细化),听取各方面的意见,然后在消化吸收的基础上填写开题报告表,并在规定的时间内上报课题管理部门。

既然要听取各方面的意见,开题会议就需要邀请相关专家。一般情况下,开题会议除本课题组全体成员参加外,可特邀有关专家 2 位以上,也可邀请本单位课题管理机构的人员,如果需要本校对科研有兴趣的,或需要学习的教职员工也可参加,以扩大影响和受教育面,使论证会成为科研的动员会和学习培训会。确定好人员之后,就要核对各位与会人员的时间,并定下会议地点,最后通知相关人员按时与会。

开题会议的一般议程为:先由课题主持人宣读初拟的开题报告,必要时课题组成员亦可补充说明,再由专家提出建议或意见,对不明之处,课题组成员可向专家请教并进行深入的讨论。如果有时间的话,必要时还可请专家专门就本课题研究举办一个相关的理论性或技术性的讲座。会后,课题组修改开题报告,并请专家意见汇总后签名。最后将开题报告上报至发布课题的管理部门。

在开题会议上需要注意的是,一定要选择聘请术业有专攻的专家,认真听取专家的意见,做好记录,整理备案,并根据专家意见修改开题论证报告。

(二)论证开题报告

开题报告是通过开题会议要形成的下一步研究的具体方案。因为开题会议是在课题申报立项的基础上进行的,因此开题报告表面上看起来与课题申报表的内容差不多,但实际上需要在深化、清晰化、具体化方面做大量的准备。一般说申报的时候,着重在该课题的重要意义、价值和自己能够完成的条件上进行论述;而开题论证时则着重论证该课题实施的可行性,即在怎样高质量地、扎扎实实完成课题上进行构思和设计。总的来说开题报告要进一步厘清以下四个问题。

第一,进一步明确自己要研究的对象和范围,细化研究目标和内容,把研究任务定得更加具体、准确。省级以上课题立项后一般不允许更改课题名称,但有的县区级课题名称允许修改,这时可以通过论证加以修改。如申报时课题笼统定为"学生创新能力的研究",开题时确定只在小学低年级研究,而且着重研究创新能力中的想象能力,就可以把课题修改为"小学低年级学生想象能力的研究"。

第二,收集更多的最新理论和借鉴性资料,进一步寻求对课题研究有实际借鉴作用的应用性理论和方法论的指导,力争该课题能站在研究的最前沿,根据原有的理论进一步提出理论创见,作为自己的理论假设。一个课题的理论假设的深度关系到课题成果达到的层次,在准备开题论证时应该特别重视。这时需要借鉴的理论,就不能只是宏观的建构主义、多元智能或人本主义理论等观念性、理念性的理论了,要具体地去收集了解一些学科性的、方法论性质的、可操作的应用性理论。

第三,确定具体的课题研究方法及技术路线。如开题论证时就不应该再笼统地说采取实验法,而是要说清楚在哪些教学班采取什么实验措施。同样,调查法就要具体说明要调查哪些对象、调查的主要内容、调查的方法方式等。

第四,规划出课题的研究操作程序和步骤。开题论证时应该根据学校的整体计划和课题进展需要,将两者结合起来规划出在本学校可行的研究程序、步骤、时间安排和具体分工。提出更加具体的课题成果项目或对原成果项目根据实际可能性进行修改补充。

总之,开题报告表一定要在可行性上下工夫,找准突破口,尽可能全面、细致和深入地分析问题,对解决问题要有操作性的对策,千万不要完全照搬申报书上的论述。

(三)课题分工

为了保证课题的正常开展,在开题会议上还要进一步明确课题成员的分工。课题成员的分工应该本着按照能力和专业分配的原则,让每个人的研究专长得到最大可能的发挥。为了进一步说明课题分工中需要注意和经常出现的问题,下面结合一个案例谈谈课题的分工问题。案例分工的具体情况见表8-4。[①]

[①] 《课题研究:课题组如何分工更合理?》,http://blog.sina.com.cn/s/blog_7a105e8f0102vao1.html,2017-07-15。

表 8-4　案例：课题《微课程在中职实训教学中的应用研究》研究分工

主要研究人员	主 要 任 务
李老师	负责课题的总体策划与实施及与兄弟院校的教研活动
冯老师	负责课题相关的教学调度及课题的推广实施
丁老师	负责分析课题实施过程中学生接受的成效评价
徐老师	负责酒店专业实训课的操作及应用

这是目前在课题研究过程中比较典型的课题组分工的方法。表面上看课题组的老师们都"参与"了课题的研究工作，而且都有自己的研究"项目"。但仔细分析发现，这样的分工就像吃甘蔗一样，每人分其中的一小节，也只能品尝到自己所分得的那一节的滋味，至于其他部分是什么滋味就无从知晓，自然也就没有发言权。这样的课题分工存在以下几个问题。

一是比较笼统、含糊，其他成员无法参与研究工作。表面上看课题组成员都有分工，但事实上除了课题负责人外，其他人并不知道具体干什么，因此与其说是一个课题组的课题，倒还不如说是一个人的课题，其结局实际上就是课题负责人一个人进行研究工作。

二是人为割裂了一项课题的整体性。课题研究，就是解决问题的过程，具有过程性和完整性。那么，作为课题组的老师们来说，都应该熟悉和了解该项课题研究整个过程，并积极参与其中的问题解决和探索，从而提升课题组老师们的研究技能和专业素养。但上述的分工方式，人为地破坏了课题组其他成员参与到整个课题研究过程中来，无从知晓课题研究的整个过程，最多也不过干一点收集资料、设计问卷、统计数据等"杂活"。

三是合作比较困难。作为一项课题来说，分工是相对的，合作才是绝对的。之所以要组建一个课题组，其主要目的就是要发挥"团队"的优势，群策群力，共同承担和解决共性的教育教学问题。但由于分工含糊不清、人为割裂式的分工，这导致了课题组成员不了解课题的进展情况和内容，因此成员之间也无法配合与沟通，即使定期的交流活动也是蜻蜓点水式的没有什么实质性的内容。

四是课题研究侧重于工作性，而缺乏研究性。案例中，李老师的主要任务"负责课题的总体策划与实施及与兄弟院校的教研活动"、冯老师的主要任务"负责课题相关的教学调度及课题的推广实施"、丁老师的主要任务"负责分析课题实施过程中学生接受的成效评价"、徐老师的主要任务"负责酒店专业实训课的操作及应用"。不难看出，该课题的四名课题组成员都有分工，但这些分工都是其工作内容，这似乎和研究没有什么太大的关系。如此一来，这项研究就会浮于表面性，工作等同于研究，研究也就不可能深入。那么，这样的课题研究也就不会有太大的价值和意义。

课题之所以出现分工不合理的现象，这主要是课题组老师们没有弄清楚其所要研究课题的内容，即不知道该课题主要研究哪些具体的问题，因此研究思路不够明确和具体，这就直接造成了课题组没法分工或者分工不合理的情况。仍然以案例为例，对其课题题目和分工进行了这样调整。课题题目改为《中职实训教学中微课的设计与应用研究——以××学校酒店管理专业为例》，具体分工如下：李老师负责子课题"中职实训教学中微课的设计研究"、丁老师负责子课题"中职实训教学中微课视频的制作研究"、冯老师负责子课题"中职实训教学中微课的应用研究"、徐老师负责子课题"中职实训教学中微课效果评价策略研究"。上述分工是以子课题的形式，让每一名课题组成员都承担一项子课题，都有自己的研究方向和研究重心。这样，就做到了课题组成员分工明确，而且每一名成员都参与了课题的整个研究过程。这种分工是相对的，每人只是研究该项课题的其中一个方面内容，而彼此所研究的内容又是相关联的，但每一个方面内容加在一起就构成了一个完整的课题。每隔一段时间，课题组成员就可以在一起研讨，分别就所研究的子课题进行交流与沟通，交流和分享好的做法与经验，同时也要提出子课题研究过程中遇到的问题，大家可以集思广益，达成共识。因此，课题组既进行了合理的分工，同时也能够更好地进行合作。也就是在这样的课题研究中，课题组的老师们才会真正品尝到研究带来的快乐和专业成长的自信。

课题组成员的分工是必要的，也是可行的，但分工不是目的，而是一种推进课题研究顺利进行和实施的途径。因此，分工是否科学、合理，这直接影响到课题研究的进程。以子课题的形式进行课题分工，是目前课题研究中值得推崇的一种有效的课题分工方式。

二、开展调查研究

在开题会议之后课题就开始了正常的课题研究，第一项重要任务就是开展调查研究，主要包含制订调研实施方案、开展教育教学调查、组织教育教学实验、进行文献资料收集等方面的工作。

（一）制订调研实施方案

调研方案是在课题进行调研之前对课题各方面的进度做的规划和设计。这是课题顺利开展调研的基础，为调研指明了方向。主要包括要明确课题调研的目的和内容，确定调研方法，抽样方法，编制调查问卷，确定调查时间和地点并制订预调查。

在进行调研方案设计时，最重要的是要明确调研的目的和内容，这是调研方案设计的主要内容。因为调研方法、抽样方案、问卷编制等一系列的设计都依赖调研的目的和内容。但很多的研究者往往会在目的和内容还没有厘清的情况下，开展后续工作。如在还没有清晰的研究目的和内容之前，就开始编制问卷，这样不仅无法判断问卷的优劣,甚至所做的调研方案也可能存在缺陷。调研方案的制订贵在按照课题内容和目的的要求,进行科学的、合理的、可操作的设计和计划。

(二)开展教育教学调查

教育教学调查是进行科学研究的重要基础,特别是一些与教育教学联系比较紧密的课题必须进行教育教学调查。在调查时一定要明确调查的对象和原因、调查的问题和意义、调查思路和方法并对调查结论做出预设。力求通过调查获得教育教学中的第一手资料,为科学研究提供保障。在开展教育教学调查的过程中,要明确调查对象和原因、调查问题和意义、调查方法和思路三个方面的问题。

首先,调查对象和原因。开展教育教学调查一定要明确谁是研究对象,为什么要对这些对象而不是其他的对象进行调查。说到底这是一个抽样对象如何确定的问题,例如是对所有年级的学生还是特定年级的学生抽样,如果是针对特定学生群体的调查,可能就需要特定的抽样方法。

其次,调查问题和意义。调查问题和意义的确定是开展教育教学调查的核心内容,调查问题主要指就哪些方面开展调查,这是开展教学调查的关键。在调查的过程中一定要针对关键问题,设计相关调查问卷或问题,力争获取关键信息。

最后,调查方法和思路。调查方法和思路是保证调查顺利展开的策略保障。调查的方法很多,有观察法、访谈法、问卷法,可以根据需要进行选择,有时候一种方法就能满足调查的需要,但在教育教学调查中更多的时候需要几种方法的有机组合。

(三)组织教育教学实验

教育教学改革是科研课题的重要来源,同时也是教学和科研紧密结合的良好体现。在对这一类相关课题进行研究时,要以相关的教育教学实验为基础来进行研究,这就需要按照课题设计的要求组织教育教学实验。就中等职业教育来说,可以是教育教学方法的改进或者是课程内容的优化等。不管是何种内容的教育教学实验,一定要明确实验的目的,设计合理的实验步骤,并注意实验前后的对比,随时记录实验过程中得到的有效数据,以备之后的研究所用。

(四)进行文献资料收集

文献资料是我们进行课题研究的重要基础,只有在掌握足够文献资料的基础上,才能够保证研究不会走弯路,才能保证研究有所创新。在对教育研究相关文献资料进行收集时需要注意以下几个问题。

首先是文献的类型。一般专门研究教育或把教育作为研究领域之一的书籍,包括专著、教科书和科普通俗读物、名家笔记和谈话记录及其他有关书籍等。其中参考工具书如字典、词典(辞典)、百科全书、统计资料、年鉴、手册、大事记、传记等;报刊,包括专门刊载教育文献的报刊、含有教育研究栏目的综合性报刊等;教育档案,即人们在教育活动运筹管理中直接形成的具有保存价值的原始文献材料，包括教育教学活动日常记录、教育统计资料和调查报告、教育改革、教育研究学术会议文件、教育与心理测验资料、教育经验交流材料及与教育教学有关的政策法规、教育年鉴等；与教育研究有关的论文集或复印资料；各种有关的报刊索引、书目和摘要；以现代化技术手段记录的文字资料，如计算机磁盘、光盘等；非文字资料，如以声音、图像等形式记录的资料。

其次是文献的收集要求和渠道。有研究者认为，教育研究中查找文献的基本要求可以概括为准、全、高、快四个字。"准"是指文献查找要有较高的查准率，能准确查到所需的有关资料；"全"是指文献查找要有较高的查全率，能将需要的文献全部检索出来；"高"是指查找到的文献专业化程度要高，并能占有资料的制高点；"快"是指查找文献要快捷、迅速、有效率。就文献收集的渠道来看，文献查找的渠道主要有：一是图书馆和情报资料中心——这是最主要的渠道；二是建设必要的个人藏书并利用；三是参加会议，获取有关的材料；四是深入实际收集档案资料等；五是通过电脑网络查找。

再次是文献收集的方法。主要有以下四种：(1)文献查找顺查法，即按时间范围，按事件发生发展的时序，由远及近、由旧到新的顺序查找。一般能查全，但范围较广，耗时较多。(2)逆查法，即与顺查法相反，按由近及远，由新到旧的顺序查找。多用于收集新文献，省时，但难全易漏检。(3)引言查找法，即以已掌握的文献中所列的引用文献、附录中的参考文献作为线索，查找有关主题的文献。这种方法的优点是范围比较集中，获取文献资料方便迅捷，并可不断扩大线索，但易受所据文献之作者的影响。(4)综合查找法，即把以上各种方式结合使用的方法。

最后是对文献的阅读、分析与利用。查找到所需要的文献之后，就要阅读文献，总体来说要采用批判性阅读，要有所取舍。文献阅读的方法一般包括以下几种：浏览、也称翻阅、通读、精读。一般可几种方式结合使用。在阅读的过程中要鉴别文献的真伪，判断文献质量的高低，并加以利用。还需要注意的是在阅读教育文献的过程中，很重要的一条是做记录。

三、分析整理资料

在收集资料的基础上就要分析整理资料。分析整理资料主要是就收集到的资料和调研、教研获得的数据进行归类并初步形成结论的过程。

(一)选择和确定分析整理资料方法

收集到大量的资料之后，一般就要进行适当的筛选、整理和分析。有些研究，需要收集的资料比较多，面对成堆的资料，首要的任务就是要在初步阅读的基础之上做适当的筛选。筛选的主要目的在于"去伪存真""由表及里",即只保留对本课题研究有参考价值的资料。通常,对于"理性资料"要求其具备可靠性、正确性、权威性;对于"事实资料"要求其具备真实性、典型性、浓缩性。

在筛选之后是整理,整理也就是要分门别类,并以某一种或几种方法表示出来,以便于下一步的分析。如对某一课题资料,可以按历史线索分类,可以按不同的观点分类,可以按研究问题的性质分类,还可以按子课题分类等。对资料的分析,一般可分为定性分析和定量分析,而且通常在实际分析过程中,要把这两种方法结合起来,交互使用。因为定性分析与定量分析相互补充,定性分析为定量分析提供基础,定量分析的结果要通过定性分析来解释和理解。

1. 定性分析的方法

定性分析即为对资料的质的规定性做(整体的)分析,除了要运用一些哲学的观点和方法如辩证唯物主义和历史唯物主义、分析哲学、现象学、解释学等外,主要使用诸如比较、归纳、演绎、分析、综合等逻辑方法;同时还要求对分析结果的信度、效度和客观度等可靠性指标进行检验和评价。

2. 定量分析的方法

这里需要区分两种情况:一种是如果收集到的资料已经是一些数据,我们只需根据条件和需要选用适当的统计分析方法进行处理和分析便可;另一种就是对收集到的定性资料做进一步的定量分析。如要研究某一学科教材的结构问题,我们可能收集了这一学科及相关学科的许多版本的教材(包括现在的和过去的),显然首先需要进行比较,如何比较?可能就需要数量化处理,定量分析;再如要对学生在某一门学科学习中的错误进行分析,收集到各种事实的文字材料之后,定量分析可能也是十分重要的。

(二)统计数据

随着实证分析方法越来越被研究人员采用,各类问卷调查法、访谈法等依托数据的研究方法在教研课题中的应用越来越广泛。鉴于此,对相关数据进行统计就成为研究很重要的一部分。在选取好分析方法后,就要对数据做统计。在对数据进行统计时一定要紧密围绕课题研究的目的,从中梳理出有用的数据信息。在进行数据统计中需要注意的问题有以下两个方面。

1. 注意数据的代表性

如果是抽样调查数据,一定要运用科学的抽样方法,做到随机抽样,保证数据具有代表性。只有这样的数据才能达到调研的目的,为研究提供可靠、真实的数据支撑。

2. 选取方法的准确性

进行数据分析最重要的是选择正确的、合适的方法。统计研究的方法有很多种,贵在选择合适的方法。因为只有合适的研究方法才能把数据背后的规律全面、科学、准确地反映出来。

(三)进行问题归类

分析整理资料的重要目的就是把问题归类。由于教育问题的复杂性、多样性，我们通过数据分析得到的结论也是非常复杂的，对于这些复杂的问题，最有效的方法就是归类。分类研究则是对社会问题进行具体分析研究的一种重要思路和方法。

要进行问题归类最重要的就是要清楚归类的依据，争取把所有的问题都归在自己所划分的问题里面，尽量不要漏掉一些问题。并且在这个过程中还要善于抓住主要的问题，或者有可能形成创新的问题。

对教育问题现象的具体认识，可以说大致是认识或解决三个方面的内容或问题：第一，教育问题的产生或发生，包括发生的可能性、发生的原因、发生的社会环境基础等；第二，教育问题的内容和表现形态，包括教育问题的本质——教育失调的具体内容、教育失调与人的行为、教育问题的存在范围、教育问题的表现程度及状态等；第三，教育问题的影响及解决，包括教育问题对教育影响的性质、程度，解决教育问题的条件等。这些只是一般问题的归类，当然还有其他的归类方法，只要有利于课题研究都可以用。

(四)形成初步结论

在对相关问题研究之后，就要形成初步的结论。初步结论是我们运用所采取的方法，通过对相关的资料进行收集整理之后，进行归纳得到的初步的研究结果。初步结论不是该研究的具体结论，仅仅是初步的判断，结论是否正确还有待进一步的研究证明。

第四节 撰写研究报告

研究报告是描述教育研究工作的结果或进展的文件，是报告情况、建议、新发现和新成果的文献。它是教育研究工作者广泛使用的一种文体。研究报告是科研成果的集中体现，一般课题结项都要求以研究报告的形式呈现，所以撰写研究报告就成为课题研究的重要内容，也是花费研究者时间相对较多的一项重要工作。研究报告需要把研究者所进行的相关研究工作，按照一定的逻辑关系，有条理、清晰地呈现出来，在撰写的过程中既要注意内容的全面性，也要注意内容的创新性。随着社会对学术不端问题的重视，很多课题在结项时要求附上研究报告的查重证明，要求复制比不超过30%，所以在撰写研究报告时，要及时标注出引用的出处，并严格控制复制的比例。

一、确定研究报告提纲

在写研究报告之前首先要确定研究报告的提纲。在进行课题申报时，已经有了一个大概的研究提纲，在撰写研究报告时可以依据原来的提纲进行修改，也可以根据相关的研究工作重新提炼研究报告提纲。确定报告撰写提纲的过程，实际上是对所从事的研究工作进行全面总结和构思的过程，对收集到的大量材料，经过比较、提炼，进行必要的取舍和增删，精选出最有价值的论点和论据，并对篇章结构、中心思想、内容表达层次，每一章节叙述什么内容，穿插哪些图表、照片，都做缜密考虑。先列出粗纲，然后修改补充为详细提纲。有了详细提纲，便可以从全局着眼，开始撰写。

(一)凝练研究成果的基本观点

凝练研究成果的基本观点，就是把科研课题中最有价值的成果提炼出来，并把这些作为研究报告的"骨架"，在此基础上架构研究报告的提纲，所以观点的凝练对研究报告的提纲至关重要。

(二)确定研究报告结构和写作方法

研究报告是研究成果的集中体现，研究报告一般包括题目、目录、引言、正文、图表目录、参考文献等部分。各部分根据作用和内容不同，在写作上也有不同的要求。

题目是用来说明该研究的主要内容和范围的，所以要求写作时尽量用简练的语言来进行说明，不能含混不清，不能存在歧义。一般不宜超过20字，如果有些细节必须放进标题，为避免冗长，可以分成主标题和副标题，主标题写得简明，将细节放在副标题里。

目录是全文的框架，一般由作者通过设定目录的格式Word自动生成，之后可以根据需要调整字体的大小和行距，以便目录看着美观、整洁。目录在写作时也要简练，尽量用最少的字来说明每一部分的主要内容，且整体目录都应该围绕题目展开，从逻辑上对题目进行论证，不能存在离标题太远的目录。

引言是研究报告最前面的一段文字，一般用来介绍该项目的研究意义和背景。说明该项目是在什么样的背景下开展的，开展该项研究具有什么样的理论意义和学术意义，还可以简要介绍这个领域当中前人最有代表性的研究成果等。写作时要求用简练的学术语言进行说明，要开门见山，言简意赅，突出重点。一定不要长篇大论地叙述该项目的历史渊源、研究过程、研究方法等，也不要过多地叙述大家都知道的常识性内容；即使回顾历史也要扣紧文章标题，围绕标题介绍背景，用几句话概括即可。当提到研究方法时，也只是简单地提及，不需要展开具体讨论。一定不要把引言写成文献综述、历史研究或重复教科书。还要注意的是当提及自己对自己论文的评价时，一定要恰如其分、实事求是，用词要科学，对本文的创新性最好不要使用"本研究国内首创、首次报道""填补了国内空白""有很高的学术价值""本研究内容国内未见报道"或"本研究处于国内外领先水平"等不适当的自我评语。

正文是文章的主体部分。正文主要交代文章整体研究的相关内容，主要包括研究意义、研究思路、研究问题、相关结论及政策建议。要求在写作的时候，使用研究报告的语言，精确、简练、准确，不能存在含混不清的用词。在对研究意义和研究思路写作时，一定要思路清晰、逻辑严谨，在对现状问题描述时，不能随意夸大或缩小问题，总结的相关结论和提出的政策建议，一定要基于现状及问题，不能脱离现状和问题得出相关结论和政策建议。

图表目录和参考文献是文章的附录部分。为了把在研究报告中所出现的图表清晰地展示出来，可以在全文目录之后，也可以在参考文献之后，按照图和表在文中出现的先后顺序，用Word自动生成图表目录，这样便于查找相关图表。参考文献要求按照文献在研究报告中出现的先后顺序，依照参考文献的规范格式进行撰写。

(三)研究报告写作的基本要求

一份研究报告是否有意义，主要取决于它的质量，但研究者必须遵循以下基本要求。

1. 科学性

科学性是研究成果的生命所在。研究报告的表述必须观点正确、材料可靠，论证要以事实为依据，无论是阐述因果关系，结论的利弊和价值，结论的实用性和可行性，都必须从事实出发。推理要合乎逻辑，不可无根据地臆断。

2. 创造性

创造性是衡量研究报告质量水平高低的重要依据。别人没有提出过的理论、概念、教育教学新方案，新的实验方法，别人没有观察到的现象，在实验和报告中第一次获得的新的数据等，都是创造性的研究成果。

3. 规范性

研究报告的表述虽无定法，但有常规可循。在撰写研究报告时，要按照一定的格式，不能忽视最基本的规范要求。写作之前要有明确的计划和提纲，要根据研究的结构特点和逻辑顺序，研究课题的任务和内容，来考虑表达的形式和表述的方式。

4. 可读性

为了便于传播和交流，研究报告的表述应具有可读性。语言阐述必须精确、通俗，在不损害规范性的前提下，尽可能使用简洁的语言。专门的名词术语，可以用，但不能故弄玄虚。文字切忌带个人色彩。一般不采用比喻、拟人、夸张等修辞手法；不可把日常概念当做科学概念，不宜采用工作经验总结式的文字。一篇高质量的论文，不仅要有创见，也要讲究辞章，达到科学与文学、科学与美学的最佳结合。

二、撰写研究报告

撰写研究报告的过程主要包括撰写初稿，并对初稿进行反复的修改，最终形成能够提交的正式研究报告。

撰写研究报告的过程主要是根据确定的研究报告提纲，认真完成各部分的撰写。在此需要注意的是，如果在具体写作的过程中发现提纲需要微调，可以进行简单地微调，但如果是大幅度地调整一定要经过课题组的讨论，因为各部分之间的内容一定要注意协调。在写好初稿之后，最好找一个对课题研究内容比较了解的人进行通稿，严格把关，避免重复。还有就是要看各部分之间的用语是否一致，因为每个人文字风格可能会存在差异。

写好研究报告之后，经过专家的通稿，有需要修改的地方要认真按照专家的要求进行调整。研究报告撰写完成之后就应整理成册，按照要求在规定的时间内提交，如果需要提交电子版的也应该一并提交电子版。在这里还需要注意的是，在提交报告之前一定要自查研究报告是否符合相关要求，可以按照以下三个方面进行自查。

1. 研究报告重点应放在介绍研究方法和研究结果方面

科研报告的价值是以方法的科学性和结果的可靠性为条件的，而这两者又有内在的联系，因为只有研究方法是科学的，才能保证研究结果是可靠的。人们阅读或审查科研报告，主要关心的是如何开展研究，在研究中发现了什么问题，这些问题解决了没有，是如何解决的，研究结果在现阶段达到什么程度，还有什么问题需要继续解决等。因此，撰写科研报告，主要精力应花在方法和结果部分，把研究方法交代清楚，使人感到该项研究在方法上无懈可击，从而不得不承认结果的可靠性。

2. 研究报告理论观点的阐述要与材料相结合

在科研报告中怎样使自己的论点清晰有力地得到论证，这是应关注的核心问题。正如前所述，论点的证实除了必须依靠逻辑的力量外，还需要依靠科学事实的支撑，做到论点与事实相结合。科研报告一定要有具体材料，尊重事实，从事实中提炼出观点。首先在论述过程中要处理好论点与事实的关系，要求研究者首先选好事实。除了要注意事实的典型性、科学性以外，还要善于用正反两方面的事实来说明问题，揭示出普遍规律。其次要恰当地配置事实，用事实来论证，以帮助人们理解不熟悉的论点，支持新的论点和批驳旧的错误的论点，阐明蕴含丰富而深刻的论点。当然，并非所有的论点都要用大量的事实来论证。

3. 研究报告要实事求是

分析讨论要不夸大，不缩小；敢于坚持真理，不为权威或舆论所左右；在下结论时要注意前提和条件，不要绝对化，更不要以偏概全，把局部经验说成是普遍规律。

第五节　应用研究成果

应用研究成果主要包括对研究成果进行鉴定、试验和进行成果推广等相应的过程。

一、鉴定研究成果

鉴定研究成果是在研究结束后由相关研究者申请成果鉴定、组织专家进行成果鉴定、申请教研成果奖励的过程。

(一)申请成果鉴定

科技成果鉴定是科技成果转移转化的重要环节。过去主要由政府科技主管部门对科技成果进行鉴定，这种做法在评价中存在重形式走过场、重人情、拉关系等问题，影响了评价工作的客观性与公正性，2016年开始《科学技术成果鉴定办法》被废止，根据《科技部、教育部等五部委发布的关于改进科学技术评价工作的决定》和科技部发布的《科学技术评价办法》的有关规定，今后各级科技行政管理部门不得再自行组织科技成果评价工作，科技成果评价工作由委托方委托专业评价机构进行。通过第三方专业评价机构对科技成果的科学价值、技术价值、经济价值、社会价值进行客观、公正的评价，更有利于获得投资方和合作方的认可，更有利于技术交易的顺利进行，也更有利于获得政府支持。

根据规定科学技术评价工作的行为主体包括评价委托方、受托方及被评价方。委托方是指提出评价需求的一方，主要是各级科学技术行政管理部门或其他负有管理科学技术活动职责的机构等；受托方是指受委托方委托，组织实施或实施评价活动的一方，主要包括专业的评价机构、评价专家委员会或评价专家组等；被评价方是指申请、承担或参与委托方所组织实施的科学技术活动的机构、组织或个人。科学技术评价工作一般应由委托方委托专业评价机构、评价专家委员会或评价专家组作为受托方进行。

委托方应对受托方的科学技术评价工作提出明确的规范性要求，并与受托方签订书面合同或任务书。合同的主要条款应当包括：

(1)评价对象与内容；

(2)评价目标；

(3)评价方法、标准与具体程序；

(4)评价报告的要求；

(5)评价费用及支付；

(6)相关信息和资料的保密；

(7)其他必要内容。

评价费用应由委托方支出，不得由被评价方支出。根据需要或合同约定，评价合同中的评价目标、方法、标准、程序等有关内容应向社会公开，接受社会监督。

(二)组织专家进行成果鉴定

受托方接受委托后，应当根据合同约定制订评价工作方案，在取得委托方认可后，独立开展评价工作，任何组织和个人不得干涉。受托方应根据评价对象、内容及评价目标，遴选符合要求的评价专家进行评价活动。根据工作需要，委托方也可以直接遴选、组建评价专家委员会或专家组作为受托方，由受托方独立进行评价活动。受托方可以采取实地考察、专家咨询、信息查询、社会调查等方式，收集评价所需的信息资料，在定性与定量分析的基础上，进行分析研究和综合评价，形成评价报告，按时提交给委托方并由委托方归档保存。

评价报告一般应当包括下列内容：

(1)评价机构、评价专家委员会、评价专家的名称或名单；

(2)委托方名称；

(3)评价目的、对象及内容；

(4)评价原则、方法及标准；

(5)评价程序；

(6)评价结果；

(7)合同约定或其他需要说明的问题。

评价过程中收集的与评价有关的信息资料及其他需要附录的信息资料可以作为附件。评价结果由评价专家委员会或评价专家组以会议或通讯方式评议产生。对重大科学技术计划、项目、成果及重要机构、人员等的评价及合同有特别约定的，应当采取记名投票表决方式产生。评价专家有不同评价意见的，应当如实记载，并予以保密。根据需要，在保证不被侵权、不泄密和保障国家安全的前提下，委托方可以采取适当的方式在一定范围内公示、公开有关评价结果，必要时，也可以将评价结果告知被评价方或其所在单位。被评价方或其他任何单位和个人对评价结果有异议的，可以根据本办法的规定提出申诉。评价结果是委托方进行科学技术决策的重要参考依据，可作为对被评价方的科学技术研究与发展给予资助、连续资助或终止资助的依据。依据评价结果所做的决策行为，其责任由决策行为方承担。被评价方要根据正反两方面的评价结果和建议，及时调整、改进自身的科学技术活动。

评价专家应具备下列条件：(1)具有较高的专业知识水平和实践经验、敏锐的洞察力和较强的判断能力，熟悉被评价内容及国内外相关领域的发展状况；(2)具有良好的资信和科学道德，认真严谨，秉公办事，客观公正，热心科学技术事业，敢于承担责任。评价专家库应包括来自研究与发展机构、大学、企业等单位的科学技术专家、经济学家和管理专家等，并应当根据科学技术的发展趋势和管理工作的需要及时更新。各级科学技术行政管理部门应当会同有关部门和单位，建立跨行业、跨部门、跨地区、跨领域的评价专家库共享机制。

遴选评价专家应当遵守下列原则。(1)随机原则。参与具体评价活动的评价专家一般应从评价专家库中依据要求和条件随机遴选，必要时，可以遴选一定比例的管理专家、经济学家、企业家及用户代表参加。遴选组成的专家委员会或专家组应体现不同学科、不同专业技术、不同学术观点、不同单位和不同地区的代表性，并应当有一定比例的在一线从事实际研究与发展工作的专家参加。(2)回避原则。与被评价方有利益关系或可能影响公正性的其他关系的评价专家不能参与评价。已遴选出的，应主动申明并回避。被评价方可以按规定提出一定数量建议回避的评价专家，并说明理由。委托方或受托方根据需要可以在评价前或评价后以适当方式向社会公布评价专家名单，以增强评价专家的责任感和荣誉感，接受社会监督。(3)更换原则。委托方或受托方组建的常设评价专家委员会或专家组应定期换届，其成员连选连任一般不得超过两届，并应当保持一定的更换比例。

评价专家应当严格遵守国家有关法律、法规、规章和政策要求，恪守职业道德，坚持独立、客观、公正和科学的原则，并自觉接受有关方面的监督。在保障国家安全和国家利益的前提下，对于无保密要求的重大科学技术计划的制订，优先资助领域的遴选，重大项目与重要"非共识"项目、重要研究与发展机构和人员等的评价，应邀请一定比例的境外专家参与。

(三)申请教研成果奖励

申请教研成果奖励是指依托课题的相关研究内容，申报各类相关的奖项。奖项大概有国家级、省部级、市厅级，可以根据课题的级别进行申报。按照相关的要求准备材料。申请教研成果奖励有助于对教育科研成果进行评价，有助于教育科研信息的相互沟通，是使社会了解、认识并承认教育科研成果的一种必要途径，也是推广教育科研成果的前提条件。科学合理地评价教育科研成果，对于进一步调动教育科研人员的工作积极性、不断深入地进行教育教学改革及促进教育事业的蓬勃发展，都是非常必要的。

二、研究成果试验

研究成果试验是把相关的研究成果应用于实践当中，在实践中检验研究成果效用的一种方法。

(一)设计研究成果试验方案

在进行成果试验之前，一个很重要的工作就是设计试验方案。试验方案是在实验前设计好的试验过程与步骤,在其中还要注明试验对象、试验变量等,以及如何对一些无关的因素进行控制。在设计试验方案的过程中,需要注意的是一定要把试验过程中可能出现的情况进行全面考虑,并做好相关的应对准备,以免在试验的过程中出现意外情况应付不了。

(二)开展试验并总结试验结果

开展试验的过程就是按照设计好的方案一步步执行的过程,从而验证研究结果在非研究情况下的结果。在所有的试验都结束以后,对这些研究结果进行总结,最后形成相关的试验结果,作为后面研究成果推广的重要依据。开展教育试验要注意的是,教育对象是在不断变化的,一批学生毕业了,另一批新生又进校了。因此,将已经获得的研究成果,在新的教育对象中进行再实验,实际上也是一种推广应用。再实验可以由成果研究者进行,也可以由其他人进行。通过再实验,不仅可以推广成果,而且可以使已有的成果得到进一步完善和发展。

三、研究成果应用推广

研究成果应用推广是在总结试验结果的基础上,把有利于教育发展的相关结果扩大应用和实施的范围,以求促进更广范围内教育的发展。

(一)制订研究成果应用细则

在进行研究成果应用之前要制订详细的成果应用细则,这些细则是指导成果应用的主要依据。细则的制订既要结合相关研究成果,又要结合成果实施的具体环境。既然是成果应用细则,就需要在制订的过程中,尽可能细化一些问题,务必做到详细的、全面的规定,把研究成果应用过程中的相关问题都做详细的说明,以求更好地指导成果应用的过程。

(二)应用和推广研究成果

研究成果的应用和推广,主要指把研究成果在更大范围内的应用。在这个过程中,我们需要详细制订研究成果应用和推广的方案,要包括指导思想、基本思路与预期目标、重点和方向、基本原则、基本方法和实施步骤、基本措施和条件保障及相关活动安排等。一般来说,教研成果涉及面多、范围广、内容复杂、形式多样,所以不同的教研成果推广的具体形式是不一样的。根据推广的对象分为直接推广和间接推广。

1. 直接推广

由教育行政部门、各专业推广组织和学校、广大教师主办或倡议,有目的地组织被推广的成果和推广的对象,采取大小型会议形式直接交流和传播推广成果或以主管部门正式行文批转成果推广报告等方式,要所属各级单位、组织或学校、教师参照执行。这种形式称为直接推广。直接推广包括:先进成果推广交流会,先进教研成果推广专题讨论会，先进教育教学成果展览会，先进教育教学成果和推广演示活动，开展先进教研成果传、帮、带推广活动。

2. 间接推广

将教研成果推广计划、操作步骤写成书面材料或录制成磁带、电视录像片，或输入计算机网络管理信息系统，由教育行政管理部门、专业推广组织、基层各组织向教育报刊、出版社、广播电视台等推荐，广泛宣传，形成综合效应，扩大推广面积，实现成果推广的目标。这种形式称为间接推广。它具体包括局面讨论、交流，录音录像播放和组织推广专题研讨会。

各个地区、各个学校可以根据自己的实际情况制订最适宜自己情况的教育科研成果推广的实施形式。既可以采用直接推广、间接推广的形式，也可以采用将两者相结合的形式；既可以采用报告会、学术交流会，进行宣传型推广，也可以采用现场观摩进行示范型推广等。

第六节　撰写论文

一般来说，在课题研究的基础上为了扩大研究的推广面，研究者需要提炼研究的重要部分，形成相关学术论文，在公开发行的杂志上发表。依据课题研究撰写论文和一般的写论文既有区别又有联系，其主要过程有收集资料、提炼论点、确定大纲、撰写论文并修改论文。

一、收集整理文献资料

基于课题研究的成果收集论文撰写文献资料，主要是把原来进行课题研究时收集到的资料进行整理，把撰写论文需要的资料整理出来。因为课题研究时收集的资料相对较多，内容比较丰富，而撰写论文可能只需要一部分资料。所以要把和论文联系比较紧密的资料收集到一起，为研究提供文献基础。收集文献的过程中一定要把具有代表性的文献收集出来，并深入研读这些文献。

二、提炼论点和确定大纲

在收集文献的基础上，结合论文所要写的内容提炼论文的主要观点，把文章中所要研究的内容大纲确定下来。提炼的观点应是作者对所论述的问题的最基本看法，是作者在文章中所提出的最主要的思想观点，是全部论点的高度概括和集中，是议论文的灵魂，起着统帅全文、纲举目张的作用。确定论点及怎样引出论点是写好议论文的前提。一般来说提炼的论点要正确、鲜明、严密、集中、深刻、新颖。在提炼论点时，要运用辩证的观点，抓住事物的本质，选准一个角度，从大处着眼，小处着手，只有从大处着眼，才能高瞻远瞩，体现时代精神；只有从小处着手，才能以小见大，言之有理。

确定大纲，就是确定论文写作的框架。论文提要是内容提纲的雏形。一般书、发表论文和教学参考书都有反映全书内容的提要，以便读者一翻提要就知道书的大概内容。我们写论文也需要先写出论文提要。在执笔前把论文的题目和大标题、小标题列出来，再把选用的材料插进去，就形成了论文内容的提要。论文提纲可分为简单提纲和详细提纲两种。简单提纲是高度概括的，只提示论文的要点，如何展开则不涉及。这种提纲虽然简单，但由于它是经过深思熟虑构成的，写作时能顺利进行。没有这种准备，边想边写很难顺利地写下去。

三、撰写论文和修改确定论文

撰写论文就是根据前面确定的论点和写作大纲，把相关的内容丰富化。撰写论文的过程中一定要按照论文的格式进行撰写，尤其要注意的是参考文献的格式。写完之后对论文进行适当的修改，也可以请相关的专家进行修改，修改过后最终形成定稿。

第九章　教学改革与实施

教育教学改革能力是中等职业教师教育能力提升的一个重要方面。因为教育教学能力直接关系着中等职业教育的教学质量，而教学改革是教育教学能力的核心能力。要做好相关教学改革与实施就要调研和评价教学改革现状、提出改革方案、组织实施改革方案、评价教学效果。

第一节　调研与评价教学改革现状

了解教学及教学改革现状是进行教学改革的基础，主要包括要调查专业教学现状、调查专业教学改革成果及评价专业教学改革。

一、调查专业教学现状

调查专业教学现状既要了解自己和本校教育教学活动状况，又要了解他人或外校教育教学活动状况。在这个过程中，重要的是了解教育教学活动中存在哪些问题、如何改进、存在哪些值得学习借鉴或推广的内容。

(一)反思自己或了解本校教育教学活动状况

自己或本校的教育教学活动对于教师来说是最熟悉的，因为这些教育教学活动就在自己的身边。每所学校都有自己的办学传统、办学特色和办学理念，很多时候不是亲身经历，想要切身了解其中的教育教学状况是很难的，所以教师对自己和本校教育教学相对来说是最了解的。有了这样便利的条件，就可以更好地为学校教育教学改革提供条件。

(二)了解他人或调查外校教育教学活动状况

他人或外校的教育教学活动状况也可以为教学改革提供灵感和土壤，但是在这之前，我们必须深入了解他人或外校教育教学活动状况。因为不是自己亲自参与或者不在自己学校，我们需要花费更多的人力、物力和时间，有的时候还需要设计相关的调查问卷来进行调研，以获取更加精确、准确的教育教学信息。另外，在别人或外校教育教学活动中比较好的做法，我们要及时地、有取舍地吸收到自己或本校教育当中来，对于他人或外校不合理的做法。一定要及时向别人提出来，自己和本校教师在教育教学中要及时规避。

二、调查专业教学改革成果

不管是对于当地、国内还是国际的教学改革成果，当我们想要对其有全面了解时，一个很重要的渠道就是进行调查。对专业教学改革成果进行调查，就是要通过调查的方式，了解到教学改革当中的一些更加微观的，更多准确的信息，以备我们进行教学改革所用。

(一)了解当地专业教学改革成果

当地中职教学改革成果是教师必须要了解的重要内容。当地专业教学改革有哪些成果？这些成果进展到什么程度？还能有哪些改进？一般来说，由于受教师本人能力的限制或当地封闭性的限制，教师所在地的教育教学改革成果可能比较封闭，或者水平比较低。这就需要我们进一步了解国内和国际专业教学改革成果。

(二)调查国内专业教学改革成果

调查国内专业教学改革成果，就要求中职教师要及时了解国内专业教学改革成果，把一些新成果及时地吸纳到自己平时的教育教学当中来。时刻保持接受新思想、新理念的状态，把这些新的成果用到自己的教学当中或者指导自己的教育教学实践。具体来说，中职教师可以通过参加一些教学成果交流会或研讨会来了解外国专业教学改革成果，也可以通过查找相关的文献资料来了解教学改革成果。

(三)调查国际专业教学改革成果

中等职业学校教师除了要了解本校和国内教学改革成果之外，还要有国际视野，随时关注国际专业教学改革成果。对大部分中职学校的教师来说，出国参加会议不太现实，教师可以通过查阅文献或参加会议获得相关资讯和信息，国际教学改革成果也是中职教师需要了解的重要方面。但是，在把教学成果应用实践的过程中，一定要注意适用性，因为国外很多的情况和我们国内是不同的，中等职业教师一定要做认真的鉴别和分析，根据实际情况有选择地吸收。

三、评价专业教学改革

在对中等职业专业教学改革成果了解的基础上，一个很重要的任务就是对这些教学改革成果进行评价。合理、科学地评价专业教学改革是进行借鉴和学习的重要基础，评价一般包含评价成功经验、失败教训和改革方向三个方面。对于那些成功的经验，在自己的教学改革中要多加借鉴和应用；对于那些失败的教训，在教学改革当中一定要尽力规避。在评价教学改革的过程中还需要注意的就是要及时把握改革的方向，了解各类教学改革内容的未来走向，只有这样才能保证我们能走在改革的前列。

第二节　提出教改方案

了解他人、评价他人的教育教学改革，都是为了提出自己的教改方案。在组织实施教改之前要提出教改方案，教改方案的提出大致要经过确立目标、制订方案和修改方案的过程，每一步都很关键，都需要认真对待。

一、确立专业教改目标

专业教改目标是一切教改活动必须要遵循的重要依据，教改目标的确立要依据教改的内容来确立。一般来讲中职教改的内容，主要涉及理论教学体系、实践教学体系、教学模式、教学方法和教学手段等方面的改革。

以专业理论教学体系为例。中职理论教学体系是中职理论教学内容的框架，只有架构好理论教学体系才能保证中职学生学到足够的理论。所以专业理论教学体系的改革和完善一直是中职教改的主要内容，很多的专家、学者、教师都进行过相关的探讨。对专业理论教学体系的改革需要注意的事项有以下三个方面。

首先是确立中职理论教学体系改革的原则。整体来看专业理论体系的改革和完善要以"应用"为主旨，基础理论适度，完善知识面，提高综合素质，立足本校和经济发展的实际，借鉴其他地方课程改革的有效经验，面向社会，整合现有教育资源，形成具有本校特色的理论教学体系为基本原则。

其次是要设置理论教学体系改革完善的目标和任务。理论教学体系的改革是加强中职学校内涵建设、提高教学质量的核心环节。整体来说理论教学体系的改革要以能力为本位的现代职业教育思想指导下，开发和构建新的职业教育理论课程教学体系，强化实践教学，重视职业素养养成，充分体现职教课程的特色。

最后是确定教学体系改革的具体内容、改革的具体步骤和方法及相关的改革的保证措施。如扎实推进教师业务能力建设。学校通过外出学习、培训、参观、考察等多种形式积极为教师业务能力的提高创造良好条件，为教师的专业成长提供人文关怀，这些都是保证改革顺利进行的必不可少的条件。

二、制订专业教改方案

制订专业教改方案主要包括确定教改的目的、内容、实施对象和进程等方面的内容。根据教育部《关于进一步深化中等职业教育教学改革的若干意见》，教改必须以邓小平理论和"三个代表"重要思想为指导，深入贯彻落实科学发展观，认真贯彻党的教育方针，全面实施素质教育；坚持以服务为宗旨、以就业为导向、以提高质量为重点，面向市场、面向社会办学，增强职业教育服务社会主义现代化建设的能力；深化人才培养模式改革，更新教学内容，改进教学方法，突出职业道德教育和职业技能培养，全面培养学生的综合素质和职业能力，提高其就业创业能力。树立正确的人才观和质量观。要切实转变教学观念，正确处理学生综合素质提高和职业能力培养的关系，正确处理学生文化基础知识学习与职业技能训练的关系。坚持以人为本，关注学生职业生涯持续发展的实际需要，培养他们具有良好的职业道德，掌握必要的文化知识和熟练的职业技能，德、智、体、美全面发展，成为中国特色社会主义事业的建设者和接班人。在这个大方向的引导下，各学校具体的教学改革要依据本学校、本专业具体的目标而确定。

在确定过目的的基础上，要确定教改的内容、实施对象和进程。教改的内容是教改的核心，在方案中一定要明确教改有几个方面的内容，并在方案中一一列出。该方案的实施对象是哪些人也要做出严格的规定，以及对实施对象有没有特殊的要求等。改革要按照什么样的进程开展、先进行哪些改革、后进行哪些改革等。对这些问题都要做出详细的规定。

三、修改完善专业教改方案

修改和完善教改方案是确定方案不可或缺的一步，确定方案之后要进行修改和完善。首先自己要看看还存在哪些不合理或不科学的地方，也可以请相关的专家和学者进行相应的把关和指导，在此基础上进行相应的修改。

第三节 组织实施教改方案

组织实施教改方案是把教改的相关内容付诸实践的过程，在这个过程中需要制订具体的实施细则，并对开展教改的实施组织者进行培训，并有效组织教学改革的实施。

一、确定教改方案实施细则

教改方案实施细则是将改革过程中有可能遇到的一系列问题进行细化，把所有能考虑的因素都考虑进来，编制成文本并制订成教改方案的操作手册，来指导教学改革的实践。

在制订教改操作手册的过程中，一定要确定教改方案的具体实施组织者即教师，在该方案的执行过程中需要进行哪些操作及有哪些注意事项；同时还要确定实施对象即学生应该接受哪些教学改革，在这个过程中学生需要注意哪些事项；最后一个需要确定的就是教改实施的具体时间，一定要明确，从何时开始到何时结束，历时多长时间等。把这些具体的因素和内容具体化，有助于教改方案的实施。总之，教改方案制订应该尽可能细化，尽可能具有可操作性，来保证教改方案的顺利实施。

二、开展教改实施组织者培训

教改实施组织者即教师是实施教改的主体，在教改实施前需要对其进行系统的培训，使其深入了解教改的目的、方案、操作手册和相关问题，是保证教改顺利进行的重要基础。

(一)明确培训教改的目的

每项教改都有其明确的目的，在真正的教改开始之前，一定要让教师了解到教改的目的，只有这样教师在改革过程当中才能够按照教改的目的要求进行各种改革。从另一个角度来讲，教师是教改的实施者，如果他们都不能全面了解教改的目的，教改过程肯定有所折扣。在培训的过程中一定要从多个角度、全面地介绍教改的目的，务必使教师对教改目的一定要全面了解，避免一知半解或者误解，这样不仅会影响教改效果，也可能会使教改误入歧途，导致教改失败。

(二)熟悉培训教改方案

教改的整体方案是进行教改的重要依据，对教师培训的过程中一定要教师熟悉相关的培训方案，了解方案的步骤、进度和全程。通过培训要让教师对教改方案有360度全方位的认识，只要是教改方案中的内容教师都要熟悉。不管是属于自己的工作还是不属于自己的工作，都要知其然并知其所以然，只有这样才能保证后期教改项目的顺利实施。

(三)掌握培训教改方案操作手册

教改方案操作手册是教改方案的具体化和细化，里面的内容烦琐、复杂，在对教师进行培训的过程中，一定要就这些问题展开详细的培训，并多次强调，使教师对操作手册了如指掌，保证在教改实施过程中顺利进行操作。

(四)讨论交流有关教改问题

培训的过程不仅仅是对教师进行各项内容的培训，还可以就相关的问题展开交流，教师可以通过交流碰撞出火花。教师也可以就教改过程中可能会出现的问题展开预测，并讨论如何解决和规避这些问题。总之，教师可以就教改相关的话题畅所欲言，献言献策，热烈讨论。

三、组织教学改革

所有对教改方案的确定，具体实施细则的确定，最终都要通过组织教学改革来进行实践，具体来说组织教学改革主要包括提炼教学目的、设计教学内容、组织教学进程，探索教学方法、教学手段和教学模式。

(一)提炼教学目的

教学目的是教学过程所要实现的预期的教学效果。是教学工作为实现教育目的而提出的一般的概括的总体教学要求。它是各个教育阶段、各科教学都应该完成的总体教学任务，对所有教学活动都起着通贯全局的指导作用，制约着教学工作发展的总方向。在组织教学改革过程中，有一个很重要的内容就是要提炼教学目的。提炼教学目的就是在组织教学改革过程中，依据整体教育教学的目的，结合中职学校学生身心发展的特点和规律，提出该教学改革的教育目的。提炼的教学目的一定要是正面的、积极的，能够促进学生发展的，并且要紧密围绕教学改革。

(二)设计教学内容(理论与实践)

在提炼教育目的之后就要设计教学内容，教学内容是学与教相互作用过程中所传递的主要信息，一般包括课程标准、教材和课程等。教学内容来自师生对课程内容、教材内容与教学实际的综合加工。在组织教学改革过程中，对教学内容的设计一定要紧密围绕教学目的，并对教材进行研究与分析。在设计教学内容的过程中需要注意以下三个问题。

1. 分析学习对象

中职学校学生是教授的对象、学习的主体。教师要了解学生的生理、心理特点和学习兴趣、学习思想和情绪、现有知识水平，预测学生学习时可能出现的困难和问题。在分析学习对象的过程中，要对学生的学习需求，学习者的学习能力、学习者的知识背景、学习风格等方面的情况做认真的分析。对学习对象的分析可以通过观察法、谈话法、调查法和测试法来进行。

2. 分析教学内容

教学内容是为实现总的教学目标，要求学生系统学习的知识、技能和行为经验的总和。教学内容是根据具体的教学目标，解决"教什么、学什么"的问题。教学内容分析是要根据总的教学目标规定的教学内容的范围和深度，揭示出教学内容中各个组成部分之间的联系，以实现教学的最优化。教学内容分析的结果需表明：学习完成之后学生必须知道什么、能做什么；学生为了达到这样的目标，需要哪些先决知识、技能和态度，以及学科内容的结构和最佳的教学顺序等。经过教学内容分析，教师对选择何种教学策略就会心中有数。教师完成研究与分析教学内容任务的过程，就是教师认真分析教材，合理地选择和组织教学内容，科学地设计和安排教学内容并在课堂教学中表达或呈现的过程。

3. 教学设计的基本内容

一般情况下，教学设计要包含以下内容，见表9-1。

表 9-1 教学内容设计一览表

项目	要　　求	内　　容
教材与学情分析	教材分析	1. 教学内容在教材中的地位与作用 2. 本节教学内容之间内在的相互联系，与前后知识间的联系，与其他学科间的联系 3. 确定重点和难点 4. 挖掘教材内容中的过程、方法、情感态度价值观等因素
	学情分析	1. 针对施教班级学生的具体情况作学生学习水平、认知结构及学生已有经验对学习的帮助与干扰分析 2. 学生非智力因素分析。如学习态度、兴趣、学习习惯等
	教法分析	1. 针对学情采取何种教学方法 2. 针对本节教学内容，如何运用有效的教学方法开展教学，以达到高效
教学目标（三维目标）	既要体现课程标准，又要贴近学生实际	1. 力求全面，充分体现课程目标理念 2. 有针对性，具体、可操作，可观测，有效，可实施 3. 注意课时目标与终极目标之间的关系 4. 目标描述要科学，尽可能体现教学目标的四要素（主体、行为、条件、标准，尤其是主体、行为、条件） 5. 表述时可按下列两种方式。融合式：将三维目标融合在一起描述；分类式：按知识与技能目标、体验性目标（过程与方法、情感态度与价值观）分别描述
教学媒体		1. 实验媒体：实验器材、药品及分组实验准备 2. 多媒体：指出具体音视频材料 3. 学案：作为重要教学媒体，要注重生成性，明确学生活动的内容、形式、方式及评价。详细学案以附录展示
设计思路		1. 简要阐明教学设计的整体设想，有一定的理论依据与现实依据 2. 围绕教学目标，阐明达成目标的途径、方法、教学组织形式及教学策略，如如何突破重、难点，强化学生过手的具体思考等 3. 注重创新，对原教学中的问题有教改意义上的突破

续表

项目	要　　求	内　　容
教学过程	紧扣教学目标的实现设置教学环节，总体环节完整，各环节之间呈现逻辑关系。环节内容紧扣教学目标的逐步实现，教师活动、学生活动及设计意图与目标之间有一一对应关系。时间分配基本合理	1. 情境创设。力求真实、生动而又富有启迪性，充分发挥情境的功能及其与教学内容的对应。注意情景创设的多样性，如实验情境、问题情境、小故事、科学史实、新闻、实物、图片、模型和音像资料等 2. 学生活动设计。针对教学环节的具体目标，对学生活动的内容、形式（小组合作、自学等）、方法（探究、讨论、实验等）、手段（利用学案、实验等）及结果做出较为具体的预测、规划及描述。可观测，有实效性，能完成对应的教学目标 3. 教学评价设计。包括课内及课外两部分。课内评价着重于目标达成度的诊断与检测，注重其对应目标的训练价值，强化学生过手，包括知识形成过程中的及时反馈与矫正、强化及诊断。注意评价方式的多样性与可观测性，着重驱动性任务设计，如完成学案、定时检测、目标检测等。课外评价要适度控制训练量，突出基础，进一步强化过手。注意联系生产、生活实际，选择适当的探究性、开放性习题
板书设计		注重知识形成的过程性和生成性，着重体现探究环节和学生的思维过程
教学反思	在施教以后，运用新课程理念	1. 教学设计的有效性和可行性。目标是否恰当，重点是否突出、难点是否突破，方法、媒体选择及应用是否恰当，教学组织形式是否有效等 2. 是否有教改意义上的突破 3. 根据施教中的问题，提出具体改进的意见

注：教学设计与教案的区别。教案与教学设计进行比较可以看出，从关注"具体的教材教法的研究"转变为关注"以促进学生学习的有效的教学策略研究"是从传统教案走向现代教学设计的根本转折点，我们只有弄清了二者的区别，才能够真正理解并掌握现代教学设计的理念和技术，在进行教学设计时不会将二者混淆。

(三)组织教学进程

教学进程是教学活动的启动、发展、变化和结束在时间上连续展开的程序结构。人们对教学进程的认识，经历了漫长的历史发展过程。随着时间的推移和研究的深入，人们逐渐认识到教学进程的复杂性和多元性，教学进程不仅是认识过程，也是心理活动过程、社会化过程。因此，教学进程是认识过程、心理过程、社会化过程的复合整体。教学进程是一种特殊的认识过程，也是一个促进学生身心发展的过程。在教学进程中，教师有目的有计划地引导学生能动地进行认识活动，自觉调节自己的志趣和情感，循序渐进地掌握文化科学知识和基本技能，以促进学生智力、体力和社会主义品德、审美情趣的发展，并为学生奠定科学世界观的基础。

一般来说，教学进程可以从不同的层面来理解，如果从课程整体来理解，它可以是在某一个学期内所有教授内容的安排情况,在这个层面上就类似于教学计划。如果从每节课的层面来看,教学进程主要是教师就某个知识在一个完整的课堂上,如何安排时间和授课方法来实现教学目标。一般情况下,每节课的教学进程应该如下:组织教学——课前2~3分钟进教室、帮助学生做好上课的心理准备;检查复习——复习的内容可以是上一次课学习的内容、以前学过但与即将学的新知识有关;讲授新教材——注意教学方法的选用;巩固新教材——目的在于"当堂理解、当堂消化、当堂巩固",初步运用新知识进行练习;布置课外作业——说明具体要求,难度较大的作业,适当提示完成方法。

课堂教学是整个教学工作的中心环节,是提高教学质量的关键。教学效果的优劣与教师组织课堂教学能力的高低有密切的关系。课堂松散,学生无心学习,教学效果难得良好。教学周密,能有效地把学生组织起来,充分调动学生学习的主动性和积极性,将收到良好的教学效果。如果把课程进行按照课前的组织教学、课中的组织教学、课后的组织教学来划分,则每个阶段需要注意以下事项。

1. 课前的组织教学

课前的组织教学就是课堂教学开头的组织,它是组织教学不可缺少的环节。教师在上课铃响时必须到达教室门口,教师这种行为实际是暗示学生必须赶快进入教室。等学生全部进入教室后,教师要用专注的目光环视全体学生,既察看学生精神是否集中,也让学生做好上课的心理准备,以旺盛的精力和良好的纪律迎接教师讲课。

2. 课中的组织教学

课中的组织教学就是课堂教学过程的组织,是课堂组织教学的关键。教师都应很好地把握好教学过程的组织。(1)教师要设计好每节课的"开场白"。用新颖的导语可一"语"激起千层浪。在教学中选取有典型性的感知材料,采用激疑引新、巧设悬念、计算探新、以动激趣、模型探新等灵活多样且高效实用的教学手段和方法去引探新课,这是上好新授课的重要前提和艺术。(2)要循序渐进,具有层次性。在课堂教学中,教师要善于把蕴含于教材中的逻辑顺序与学生认知心理发展顺序巧妙地结合起来,科学地把握思维进展的梯度。(3)要有动有静,动静结合,突出重点,突破难点,激疑生趣,实现教与学的同步。教师必须依据教学目标和学生的心理特点,巧妙安排教学方式,把教师的讲和学生的听、教师的问和学生的答、教师的评改和学生的作题等有机地搭配起来。同时教师应紧密结合教材本身丰富的感染力,采用新颖有趣的方法激起学生寻根究底的心理趋向,促使学生的好奇心升华为求知欲,把"教"的主观愿望转化为学生渴望"学"的内在需要。(4)灵活处理偶发事件。随着教师课堂上讲授情况的变化,课堂上可能会出现部分学生精神不集中、搞小动作、喧哗吵闹等现象,影响了其他同学的听课。面对如此违纪行为时,教师不要急于批评学生,可以立即停此讲授,用严肃的目光注视学生,使违纪学生知道教师已注意到,并在用无声的语言批评他,这样做会立即纠正错误。课后教师再找犯错误的学生谈心，严肃地批评教育，并讲清为什么不在课堂上对他公开批评的道理，使学生容易接受。

3. 课后的组织教学

一堂课临近"尾声"时，学生往往注意力涣散。这时教师必须设法使他们保持对所学内容的兴趣和注意，巩固和提高对整堂课的学习效果。为此，教师可把本节课的内容以问题的形式向学生发问，或者教师用概括的语言与学生共同归纳，理清思路，这样便于学生掌握，同时使学生知道了学习上的进展，产生成功的愉悦。

（四）探索专业教学方法

教学方法是在教学思想和教学原则的指导下，师生为实现教学目标而开展的教学活动的一切方法的总和。中职教学改革就是要探索中等职业教育现代教学方法，探索适应现代职业教育发展需要，适应中等职业教育教学规律和特点，构建能提高学生全面素质、培养学生创新能力和实践能力，体现以教师为主导、以学生为主体、以实践为主线的中等职业教育现代教学方法体系。

（五）探索专业教学手段

教学手段是师生教学相互传递信息的工具、媒体或设备。随着科学技术的发展，教学手段经历了口头语言、文字和书籍、印刷教材、电子视听设备和多媒体网络技术五个使用阶段。从现代信息技术对职业教育的影响出发，广泛运用多媒体教育技术、信息网络教育技术等现代教育技术，改变教学传播媒体，提高教学效果。现在各中等职业学校都把运用以计算机多媒体技术和信息网络技术为核心的现代教育技术和方法作为教学改革、提高教育教学质量的突破口。计算机多媒体技术、信息网络技术的运用，使教学方法手段现代化，使教育产生飞跃。一支粉笔、一本教材、一块黑板、一张嘴巴这种传统的教学方法已难以独立维持。多媒体辅助教学，集声音、图像、文字于一体，计算机网络教学，集自由问答、双向交互、远距离传输于一体，使教学方法更加灵活，教学手段更加先进，教学内容更加丰富，教学效果更加显著。随着网上教育逐渐成为一种新型的重要教学手段，校园网络将使信息技术融于教育的各个环节、成为教师教学、学生学习的必要手段。这种现代化的教学模式在空间的拓展，时间概念的突破，教育对象的扩大，教学方式的本质变革，教学内容的质的飞跃，教学效果及时测定等方面都有明显的优势，是我们探索的新领域。

（六）探索专业教学模式

教学模式可以定义为是在一定教学思想或教学理论指导下建立起来的较为稳定的教学活动结构框架和活动程序。作为结构框架，突出了教学模式从宏观上把握教学活动整体及各要素之间内部的关系和功能；作为活动程序则突出了教学模式的有序性和可操作性。教无定法，学无定式，只要能提高课堂教学效益，能有效促进师生互动、生生互动，能贯彻实施自主互助合作型的课堂教学模式都是值得推广与借用的优秀课堂教学模式。教学改革的过程中一定要注意探索有效的教学模式。

第四节　评价教改效果

评价教改效果是教改的重要环节，只有对结果进行评价，才知道教改的效果到底如何。具体来看评价的过程主要包括评价成绩情况、教改对象评价教改、教师评价教改、同行专家评教改四个方面。

一、评价教改对象学业成绩变动

教改成果最直接的体现应该是学生的学业成绩，因为我们进行教改就是要提高教育教学质量，学生学业成绩的提高是教育教学质量最重要的指标。所以我们假设教改对象学业成绩提高说明教改有效果，教改对象学业成绩没有提高则教改效果不明显。对教改对象学业成绩的比较主要从纵向和横向两个方面进行。

(一)纵向对比教改对象学业成绩(与学生自己过去成绩比较)

对教改对象学业成绩的纵向比较，主要是指跟学生自己过去的成绩比较。这是进行学业成绩比较的一种很重要的方法。教改课题组可以把教改前教改对象的学业成绩与教改后的学业成绩进行比较，如果成绩有明显的提升则说明教改相对成功，如果成绩没有提升则说明教改效果不明显。在这里需要注意的是教改对象教改前后成绩的差异比较，需要通过适合的统计学方法来进行统计分析，而不能仅仅简单地看数据是否发现变化。因为有时候虽然教改对象成绩有所提升，但是却没有通过统计学的检验，我们仍然不能说教改取得了明显效果。所以这就是说要用相应的科学的统计方法来帮助我们判断，而不是简单地看数据做判断，这是对比数据差异时没有统计基础的人经常会犯的错误，在教改评价的过程中一定要避免。

(二)横向对比教改对象学业成绩(与教改参照团体成绩比较)

横向对比教改对象学业成绩，主要指与参考的团体或常模作对比，因为有一些测量试卷是有参考常模的。对于这一部分测验，我们需要把教改对象的学业成绩和常模进行对比，对比的方法仍然在采用适合的统计分析，避免主观看数据做判断。如果教改对象教改后学业成绩高于常模则说明改革有效，反之则效果不明显。

二、组织教改对象评价教改成效

教改成果的另一个重要方面就是对教改对象知识掌握、技能掌握和学习态度变化的调查，只要学生在这三个方面有所进步，我们就说教改成效是显著的。在教学中开展发展性评价，要求教师用发展的眼光看待学生，把学生看作在知识、技能、态度、情感、方法等方面都需要不断发展和完善的个体，给学生创造成功的机会，以激励学生。

(一)调查教改对象专业知识掌握变化情况

知识掌握情况是判断教改成效的重要方面，如果教改有效，则教改对象的知识掌握情况会变好。评价学生知识掌握情况的形式和内容都是多种多样，可以是口头的，也可以是书面的。评价的好处在于激发学生学习主动性，养成良好学习习惯，不至于为了应付考试、考核而临时抱佛脚。在各种各样的评价方法中，命题与考试占有不可替代的作用。考试的实施，可以利用评价对学生的学习成绩进行鼓励，对于不足提出改进意见，保证课程目标的实现，发挥其强化和教育功能。要充分发挥考试对学生的评估作用，如何命题则是关键点。那么应该把握哪些考试与命题原则呢？

第一，命题应突出体现基础性和全面性。课程理念要求关注学生发展，恰当考查学生的知识与技能。全面的考查学生对知识的掌握范围及水平，利于针对性的因材施教。在课程教学中，基础知识与基本技能依然是"基础"重要的组成部分，而且是其他基础的载体，扎实的"双基"是提高学生素养，发展创新能力与实践能力的基础，是学生发展的必要条件。命制的题目要把考查学生的基础知识与基本技能放在首位，针对学生在该学段的学习内容，命题要点多面广，难度适宜，着眼于基本要求，考查全体学生的基础情况，试题的难易度要以大部分学生都能达到的目标为底线，要按照《标准》的要求，避免偏题、怪题和死记硬背的题目，使大多数学生在练习时都能获得成功的喜悦、对学习产生浓厚的学习兴趣。

第二，命题要突出体现知识的发展性。命题在注重考查基础知识的同时，更应突出体现它的发展性。由于学生的认知起点不同，思维发展也不一致，对于一些思维层次比较高的学生来说，应给他们提供一些深层次思考的问题，鼓励他们向知识更深、更广处发展。为学生们提供充分施展才能的空间。知识本身不仅要包括一些现成结果，还包括这些结果的形成过程，学生通过这个过程，初步理解一个问题是怎样提出来的，一个结论是怎样获得和应用的，要在一个充满探索的过程中学习，从中感受发现的乐趣，增进信心。因此，我们的命题要充分体现学生知识的获得过程。

第三，命题要体现人文精神，形成良好导向。命题要体现"依标(标准)用本"，试题尽量源于实例，有利于使学生摆脱题海。试卷要体现以学生为本的人文精神，从而使全体考生能充分发挥自己应有的水平，也使试卷能更好地了解、鉴别考生的不同能力。

通过评价了解课程实施的情况，判断学生学习质量和水平，了解学习成就、问题和需要，并对下一步的实施进行有针对性的调整，发挥评价的诊断与调节功能。评价自身具有教育性，是人与人互动和交流的过程。

(二)调查教改对象专业技能掌握变化情况

在组织教改对象评价教改时，一个很重要的方面就是技能的掌握情况。中职生面临就业，能否找到一份好的工作，专业技能素质很重要。中职生必须具备的全面素质包括"软件"素质和"硬件"素质两个方面，前者指思想道德素质、文化素质、身体素质、审美素质、心理素质和创造素质等，后者指从事职业生活的关键素质，即职业技能素质。职业技能主要包括动作技能和智力技能两个方面，动作技能亦称操作技能，是通过职业实践或反复练习而形成并巩固起来的合乎法则的操作能力。中职教学改革要突出自身的办学特点，把培养学生具有从事某种职业或生产劳动所需要的知识和技能作为头等大事，在传授学生一定知识和理论的基础上，重点进行实用性和操作技能的训练，通过开放的形式和形象的教学与训练手段，促进中职生专业技能素质的养成。作为学校，不仅在思想认识上要切实提高，把强化专业技能训练的工作摆在重要的议事日程，而且在实际运作中要狠抓落实，绝不让技能训练流于形式，限于应付。

(三)调查教改对象专业学习态度变化情况

学习态度是指学习者对学习较为持久的肯定或否定的行为倾向或内部反应的准备状态。中职学校学生大多中招成绩不好，很大一部分学生都被贴上了"差生"的标签。学生难免存在自暴自弃的心理，学习积极性不高，这就要求教师在教改的过程中，要特别关注学生的学习态度，教改的进行也要结合学生的学习态度，力图促进学生学习态度的改进。鉴于这些，对学生学习态度变化的调查与评价，也是组织教改对象评价教改的重要方面。

三、组织参与教改教师评价教改成效

对中职教改效果评价的另一个主体是参与教改的教师，因为他们直接参与教改，对教改的成效有更大的发言权。教师评价教改成效的方法大概有两类，一类是开座谈会，另一类是问卷调查。不管以何种形式开展，教师在这个过程中都需要改变自己的观念。因为在传统课堂教学中，教师往往注重了学生的主体作用，而忽略自我的情感体验、内在价值。因为课堂教学过程，是教师自己生命价值和自身发展的体现。如果教师本身没有积极的态度，没有成功、愉悦的情感体验，他们在实际教学中就不能够让学生养成积极、良好的情感、态度和价值观。在课堂教学活动中，学生需要在教师创设的和谐氛围中、在丰富多样的活动情境中获得生动活泼的发展，那么教师情感、态度同样需要一个宽松的环境来激发他们的主动性、积极性、创造性，需要在教学活动中获得成功的体验，只有这样，才能保证学生的发展。教学活动结束后，教师要对自己的课堂教学行为做出反思，寻找不足，找出闪光点，改进教学策略，使教师通过课堂教学感受和体验课堂的生命活力和价值取向，逐步形成新的教学理念。

四、组织同行专家评价教改成效

同行评价是指由教研室或学校的其他老师对某教师的教学做出评定，这种评定的优势在于参与评定的教师相互之间比较了解，对本学科的教学目标、意图、内容、方法及师生的具体情况比较熟悉。因此，做出的评定比较符合实际，同时也有利于教师之间的相互学习、相互交流，提高教师的整体水平。同行评价一般采取教案诊断和课堂听课的形式进行。教案诊断就是从教法的角度出发，通过考察教师准备的教案目标是否清晰具体、内容是否得当、重点难点是否突出等，进行分析并提出建议。课堂听课是指学校组织同学科教师相互听课，在现场观察的基础上，按一定的指标对教师课堂教学进行评分。

与学生评价重点在教学态度、教学技巧不同，同行评价更注重教师对本学科内容的掌握程度及教学任务的完成情况等。一般而言，在教师教学质量评价方面，同行评价最具权威，也最能提出中肯的意见。组织同行专家评价教改一般要确定所要请的专家，再定好时间，并通知专家与会。会议开始要先介绍教改方案和教改情况，也可以临时组织专家对教改的主要成果进行观摩，在此基础上请专家进行研讨。但是如果组织不当，这种评价也容易流于形式。如果领导、专家一起评，会影响教师真实意见的表述，而如果人员太多，意见又往往过于分散、缺乏重点。此外，还有一些其他个人因素，也可能影响同行评价的真实性，这些都是我们在组织同行评价时应注意的问题。

五、教学改革总结

在进行过教改并对教改进行过评价之后，为了总结经验和成果，一项很重要的工作就是撰写教学改革总结。在撰写的过程中要介绍教学改革的过程，总结教学改革的成绩，分析教学改革的问题，借鉴教学改革的经验。在撰写的过程中需要注意的是要根据实际情况，不能夸大成绩、回避问题，也不能只写问题不写成绩。对于值得借鉴的教改经验，也要注明其适用的相关条件，防止其他学校或个人盲目借鉴。

第十章　专业发展规划与建设

专业建设是学校最重要的教学基本建设，专业建设水平决定着人才培养的格局与办学水平。课程建设、师资队伍建设和实训基地建设是专业建设的主要内容。职业学校教师，必须了解专业建设的基本知识，把握专业建设的基本要点，把自身的教学与专业建设紧密结合起来，不断提升自身的教学水平和管理水平。

第一节　制订和实施专业建设规划

专业发展规划是学校对专业定位、专业发展方向和专业建设目标、任务、措施等所做的顶层设计，对学校的改革与发展具有深远的影响。为主动适应当地经济社会发展与产业结构调整对中等职业教育专业发展的实际需求，必须重视中等职业学校专业建设规划，进一步推动学校教育教学改革。

一、制订专业建设规划

专业建设规划一般包括以下六个方面的内容。

(一)专业建设的现状

主要包括现有专业概况、专业建设的内外部条件、存在问题与困难等。专业概况主要内容包括专业开办的时间和现有办学规模。专业建设的内部条件主要有师资情况，实验、实训条件，教科研成果和经费条件等。专业建设的外部条件主要考虑当地区域经济发展的情况和人才需求分析，考虑人才需求的热点主要体现在哪些产业上。

(二)专业建设的指导思想

指导思想主要体现职业学校的科学发展观，根据区域经济产业结构的调整方向，以市场需求调研分析为基础，以可行、可能为前提，以培养适应国民经济和社会需要的中等技能型人才为目标，进一步更新教育观念，调整专业结构和专业建设策略，突出专业的优势和特色。

(三)专业建设的原则

可以分专业设置与调整和增设新专业两部分论述其基本原则。

1. 专业设置与调整的原则

专业设置与调整应有利于提高教育质量与办学效益,形成合理的专业结构和布局;有利于形成专业发展的特色与优势;有利于学校教学的组织安排与教学资源的充分利用。

2. 增设新专业的原则

增设新专业要统筹规划,分段实施,适时调整,突出重点,有计划、有步骤地进行新专业建设工作。确保重点,优先发展社会急需的、关系学校长远发展的专业;突出效益,积极发展市场竞争力强、就业形势看好的专业;培养特色,稳步发展具有地区特色、行业特色与学校特色的品牌专业。增设新专业还要进行充分的市场和行业人才需求调研,拟定专业教学计划及相应的教学文件,配备完成该专业教学计划所必需的教师队伍及教学辅助人员,加强新专业基本条件建设。[1]

(四)专业建设的目标

专业建设的目标分为总体目标和具体目标。总体目标涵盖人才培养规格、办学规模、师资、设备、实训基地、教学改革、科研教研等方面的总体目标,以及高层次的示范建设专业目标。[2] 具体目标要根据以上总体目标逐点展开详细的描述。也可以分专业设置与调整具体目标、增设新专业目标、特色专业建设目标进行具体说明。

人才培养规格要结合本专业相关的具体岗位群进行分析。专业规模主要指数量与逐年发展分布。人才培养模式主要考虑应采取校企合作、工学结合、工学交替、订单培养、2+1模式、"新三段式"等什么样的模式进行人才培养。师资队伍建设目标包括数量、学历结构、职称结构、双师型比例、专兼职比例等具体目标,主要考虑名师建设、专业基础课教师队伍建设;"双师型"专业教学团队建设;外聘兼职教师队伍建设等。实践教学条件建设的具体目标包括校内实训场所的数量与分布;与专业、课程教学的匹配;校外实训基地的数量与分布。课程建设目标包括课程建设思路和县级、市级、省级、国家级等精品课程目标。教研科研方面的具体目标包括:纵向教研科研立项、横向教研科研立项、教学成果奖、专业论文、教材、多媒体课件、公开发表作品等。[3]

---

[1] 《专业建设发展规划》,https://wenku.baidu.com/view/e4778f42be1e650e52ea997d.html,2017-01-03。
[2] 《广州铁路职业技术学院专业剖析自评报告撰写指南》,http://max.book118.com/html/2015/0622/19542042.shtm,2017-02-10。
[3] 《广州铁路职业技术学院专业剖析自评报告撰写指南》,http://max.book118.com/html/2015/0622/19542042.shtm,2017-02-10。

(五)专业建设的措施

专业建设的措施主要从明确专业方向与特色、修订人才培养方案、加强专业教学内容与课程体系改革、加强专业师资队伍建设、加强专业实验室和校内外实(习)训基地建设、加强教育教学研究等几方面展开论述。

(六)专业建设的保障措施

专业建设的保障措施主要包括：加强对专业建设工作的领导；建立专业建设正常投入机制；建立完善与专业建设配套的管理制度；组织开展专业建设的定期自我评估工作等。[1]

二、分析专业市场需求

进行专业建设，首先必须要开展社会调研，分析专业市场需求，选择专业的目标市场。主要应该掌握三个方面的情况。一是进行区域经济发展分析，了解区域经济和社会发展规划，尤其是区域产业结构调整的趋势和支柱产业发展的情况。二是要进行劳动力市场分析，了解劳动力的供求变化，了解各个专业人才供求变化。三是进行需求预测，包括人才的饱和度、可供量、可能的流动量及发展变化等。在此基础上，判断未来一定时期内人才的需求量、专业发展前景和生命周期等。

在对专业人才需求进行调研和预测时，还要选择专业的目标市场。这一目标市场就是中等职业学校人才培养所面对的主要市场。所以我们主要对这一市场人才的规格进行分析。考虑其工作性质和工作内容及从业者的职业能力，了解其应具备的专业知识、专业技能和行为方式。在此基础上，根据与同一职业领域对应的技能、知识点的重合度和相关性，进行专业归并，整合专业。

三、优化专业结构

优化专业结构包括对已有专业的整合和新建专业。

(一)专业整合

专业整合主要包括专业内涵的整合和专业外延的拓展。专业内涵的整合，首先要分析现有专业设置的优势和缺陷，对专业的招生与就业情况、师资条件、实验实训条件、与区域产业发展的适应性等进行分析。其次要确立专业整合的原则，既要把握区域经济的发展变化，又要结合学校的资源和优势。

---

[1] 《广州铁路职业技术学院专业剖析自评报告撰写指南》，http://max.book118.com/html/2015/0622/19542042.shtm，2017-02-10。

(二)新建专业

对于是否新建专业,要经过充分的论证。首先要开展专业调研,主要包括人才需求调研、专业定位调研和可行性调研。调研的方法主要包括信函调研、现场调研、网络调研等,最后完成调研报告。其次要进行专业论证。学校要成立由企业技术骨干、课程专家、资深专业教师、学校教学管理人员、学生代表等组成的小组进行详细的方案论证,之后再由企业专家、职业教育专家、专业带头人、教务部门责任人、学校领导等组成的评审小组审阅,若通过,就可向教育主管部门申报新的专业。

新专业论证报告一般包括:专业设置依据、必要性与可行性、建设思路(发展理念、专业定位、培养模式、已有的条件、预期成效等)、初步结论,还有相关附件,如调研报告、数据图表等。

第二节 制订专业培养方案

培养方案是指在一定的教育理论、教育思想指导下,按照特定的培养目标和人才规格,以相对稳定的教学内容和课程体系、管理制度和评估方式,实施人才教育的过程的总和。[①] 培养方案体现了一个专业的办学定位,明确了人才培养的质量要求,是职业学校教育教学的指导性文件,是人才培养和组织教学的主要依据。

一、确立专业定位和培养目标

专业发展定位指确定专业在学校整体专业发展中的地位,确立专业定位是学校专业规划的主要内容。

(一)确立专业定位

确立专业定位不能全凭主观估计,而要基于一定的依据。一般应考虑以下三个因素。一是基于一定的数据。专业定位需要收集与学校、行业企业有关的数据进行论证,还要考虑专业本身的特性、专业与学校目标的匹配程度等数据。二是依赖行业。职业教育的特性要求专业定位要适应行业发展的要求,所以必须研究行业最新的发展动向,不断调整专业设置。三是考虑学校实际。专业的发展离不开人财物,只有立足现实,根据本校发展情况、人才培养的特点等定位专业,才能凸显学校专业特色。

(二)明确专业培养目标

首先,要明确专业服务面向,就是确定专业为哪些行业、产业和企业服务。其次,

---

① 魏雪峰:《当前我国中职学校人才培养模式改革研究》,硕士学位论文,鲁东大学,2012。

要明确专业服务岗位，确定专业为哪些岗位（群）培养人。最后，应实地调研，弄清楚职业岗位的国家职业标准和行业标准，以及从业人员必须具备的职业资格。

专业培养目标就是用简明扼要的文字把面向的行业企业、工作的职业岗位（群）、培养成什么样的人用文字描述出来。

例如，中等职业学校计算机应用专业的培养目标为：本专业主要面向多媒体制作、影视广告、电子商务、会展、传媒、信息、教育等企事业单位，培养具有良好的职业素养和一定的计算机基本知识、掌握计算机软硬件系统安装维护和多媒体应用的基本技能，具有办公化信息处理、网页设计与制作、多媒体作品制作、动漫设计与制作、音视频制作中的一项专业技能，能在生产、服务和管理第一线从事信息技术应用工作，有职业生涯发展基础的中等应用型技能人才。

（三）明确专业培养规格

实际上，专业培养规格就是培养目标的具体化，是人才培养的质量标准。在结构上，专业培养规格一般采用三要素，即知识、能力、素质进行表述。明确专业培养规格，就是将知识、能力、素质进一步分解。分解的方法也可借鉴 WBS（工作分解结构）方法。[①] 人才培养目标与培养规格见表 10-1。

表 10-1　人才培养目标与培养规格

一级	二级	三级	四级	内涵描述
专业培养目标	知识	过程性知识	经验性知识	
			策略性知识	
		陈述性知识	概念性知识1	
			概念性知识2	
	能力	专业能力	专业能力1	
			专业能力2	
			专业能力3	
		方法能力	语言表达能力	
			计算机应用能力	
			数学应用能力	
			……	
		社会能力	管理能力	
			人际交往能力	

---

① 姜义林：《高职教育课程开发理论与实践》，78 页，北京，高等教育出版社，2010。

续表

一级	二级	三级	四级	内涵描述
专业培养目标	能力	社会能力	创新能力	
			……	
	素质	思想道德素质	政治方向、信念	
			法律意识、社会公德	
		科学文化素质	认知方法、科学态度	
			文化底蕴、审美观点	
		身心素质	身体素质	
			心理素质	
		职业素质	职业行为	
			职业道德	

二、设计专业课程计划

专业培养目标、培养规格确定后，接下来我们要考虑的是设计哪些课程才能达到培养目标的要求，这就是课程计划（教学计划）的问题。教学计划分指导性教学计划和实施性教学计划。指导性教学计划由教育部或全国行业职业教育教学指导委员会、省教育厅制订和颁发。实施性教学计划由职业学校按照指导性教学计划及有关行业和职业对人才规格的要求制订。

课程计划一般设计三方面的问题：一是该专业开设哪些课程；二是每门课程的课时是多少；三是课程的总学时是多少。

(一)开设哪些课程

开设课程要考虑以下三点：一是国家规定的必修课，主要是保障学生具备中等教育的知识能力素质，如语文、数学、英语、德育、体育、计算机基础等课程；二是根据职业岗位需求开设的课程，多是以工作过程导向的课程，即学习领域课程；三是素质拓展课程，即为提升学生就业能力和发展潜力而开设的课程，这些课程多为选修课程。

(二)确定课程课时

课程课时的确定一般应考虑三个方面：一是国家规定的课程必须开足课时；二是学习领域课程课时的确定需遵循该课程开发时的要求；三是素质拓展类课程一般应占总学时的10%以上。

《教育部关于制订中等职业学校教学计划的原则意见》(教职成〔2009〕2 号)[①]规定：每学年为 52 周，其中教学时间 40 周(含复习考试)，假期 12 周。周学时一般为 28。顶岗实习一般按每周 30 小时(1 小时折 1 学时)安排。三年总学时数为 3000~3300 学时。实行学分制的学校，一般 16~18 学时为 1 个学分，三年制总学分不得少于 170。军训、社会实践、入学教育、毕业教育等活动，以 1 周为 1 学分，共 5 学分。公共基础课程学时一般占总学时的 1/3，累计总学时约为一学年。专业技能课程学时一般占总学时的 2/3，其中顶岗实习累计总学时约为一学年。选修课程的教学时数占总学时的比例应不少于 10%。

(三)设计课程结构

课程结构就是指确定的课程呈现什么样的状态，这些课程应当分为几个类别、怎样排列、如何把这些课程分配到不同的学期。

学习领域课程设计下，传统的"公共基础课、专业基础课和专业课""三段式"课程类别已经不适应当前发展的需要了。目前，多见的课程类别为"平台式"，"平台式"分为公共基础课、专业大类基础课、专业方向课和特色课程，主要考虑到岗位群的需要。2012 年河南省教育厅编写的中等职业学校专业教学标准中把课程类别分为公共必修课程、专业基础平台课程、专业核心课程、实训课程和选修课程。

例如，中等职业学校酒店服务与管理专业学年制课程计划见表 10-2。

表 10-2　中等职业学校酒店服务与管理专业学年制课程计划

类别	序号	课程名称	考试学期	考查学期	学时数 总计	理论	实践	一 18周	二 18周	三 18周	四 18周	五六 40周
公共必修课	1	德育	1	2、3、4	144	112	32	2	2	2	2	1.酒店顶岗实习35周
	2	体育与健康		1、2、3、4	144	24	120	2	2	2	2	
	3	语文	1	2	108	80	28	4	2			
	4	英语	2	1	72	60	12	2	2			
	5	数学		1	36	26	10	2				
	6	计算机应用基础		1	54	26	28	3				

---

① 《教育部关于制订中等职业学校教学计划的原则意见(教职成〔2009〕2 号)》，http://www.edu.cn/edu_liter_5272/20090219/t20090219_359776.shtml，2017-02-20。

续表

类别	序号	课程名称	考试学期	考查学期	学时数			各学期周学时分配				
					总计	理论	实践	一 18周	二 18周	三 18周	四 18周	五六 40周
专业基础平台课程	7	旅游概论	1		36	26	10	2				2.社会实践5周
	8	旅游心理学	1		36	26	10	2				
	9	形体训练		3、4	104	10	94			2	2	
	10	饭店管理概论	2		72	60	12		4			
	11	酒水知识与酒吧管理	3		72	60	12			4		
	12	旅游服务礼貌礼节		2	54	38	16		3			
	13	旅游地理		1	72	64	8	4				
	14	酒店服务与管理英语	3、4		144	72	72			4	4	
	15	客源国概况		2	72	38	34		4			
	16	酒店信息化管理	3		72	30	42			4		
	17	酒店人力资源管理	4		72	60	12				4	
	18	酒店财务管理	4		72	60	12				4	
	19	酒店公共关系		3	72	48	24			4		
	20	饭店设备使用常识	2		54	40	14		3			
	21	服务语言艺术		1	36	24	12	2				
企业核心课程	22	餐饮服务与管理	2		108	72	36		6			
	23	客房服务与管理	3		108	72	36			6		
	24	前厅服务与管理	4		72	60	12				4	
	25	康乐服务与管理	4		72	60	12				4	
选修课程	26	中西餐烹饪基础知识		1	36	27	9	2				
	27	插花艺术		2	36	27	9		2			
	28	茶艺		3	36	27	9			2		
	29	咖啡冲调技术		4	36	27	9				2	
	30	心理健康		4	18	18					1	
		顶岗实习			1200		1200					30
		总周学时数及周学时数			3320	1374	1946	30	30	30	28	30

三、编制专业教学标准

专业教学标准是对人才培养各方面要求的整体性规定,是学校全面展开人才培养工作的基本依据,是政府规范职业学校专业建设和专业教学的纲领性文件。

专业教学标准与人才培养方案有相似之处,但又有所不同。专业教学标准的内容更详细些,还含有实训、实验装备标准等。

专业教学标准一般包括以下几部分内容:(1)专业名称(专业代码);(2)招生对象与学制;(3)职业岗位;(4)培养目标;(5)人才规格;(6)课程设置与教学安排;(7)教育教学活动时间安排;(8)成绩考核;(9)专业办学基本条件和教学建议;(10)有关说明等。①

2012年河南省教育厅印发了中等职业学校22个专业的教学标准,截至2016年中等职业学校42个专业已有教学标准。2014年4月,教育部制定了首批涉及14个专业类的95个《中等职业学校专业教学标准(试行)》;12月,又制定了第二批涉及16个专业类的135个专业教学标准(试行)。

第三节 师资队伍建设

教师是教学的主体,是搞好教学、培养人才的最基本力量,是加快专业发展、提升专业竞争力的动力之源。建设一支"素质优良、结构合理、精干高效、特色突出"的师资队伍,是专业建设和发展的根本大计。谋划一个专业不但要制订科学合理的专业发展规划,也应制订师资队伍建设规划。

一、制订师资队伍建设规划

专业师资队伍建设规划一般包括:师资队伍建设现状,师资队伍结构分析,师资队伍建设存在的主要问题,师资队伍建设规划的指导思想、建设目标等。

(一)师资队伍建设现状

主要阐述现有:专业教师总数、专任教师数、"双师型"教师人数;专职教师数、兼职教师数;高级职称教师数、硕士以上教师数;专业带头人、骨干教师数、到企业顶岗实践人数;教学名师人数、教学能手人数;团队建设数。

---

① 《教育部关于制订中等职业学校教学计划的原则意见(教职成〔2009〕2号)》,http://www.edu.cn/edu_liter_5272/20090219/t20090219_359776.shtml,2017-02-20。

(二)师资队伍结构分析

主要分析现有教师的年龄结构、职称结构、学历结构和学缘结构,找出存在的问题与不足。

(三)存在的主要问题分析

针对以上两点,详细分析现有师资队伍建设的优势与不足,以便规划具体的建设目标。

(四)师资队伍建设的指导思想

以中国共产党的先进理论为指导,落实党和国家、省市关于中等职业教育师资队伍建设的有关政策,坚持人才强校、突出特色、面向市场、就业导向的专业发展思路,适应职业教育改革创新的需要,以推动教师专业化为引领,以加强"双师型"教师队伍建设为重点,统筹规划,突出重点,加快建设一支数量适宜、素质优良、结构合理、特色鲜明、专兼结合的高素质专业化中等职业学校教师队伍。[①]

(五)师资队伍建设的目标

建设目标具体可分为整体目标、结构目标、素质目标、能力目标、团队建设目标等。整体目标注重一个时期末专任教师总数、专职与兼职教师数、师生比情况等,一般以表格的形式显示每年的发展变化情况。结构目标具体分为年龄结构、职称结构、学历结构、双师结构等,也以表格的形式显示每年的发展变化情况。素质目标要求教师要有正确的"三观",了解职业教育教学规律,忠诚于职业教育事业,树立现代职业教育理念,具有现代的教育教学观和人才质量观,具有较强的创新创业意识。能力目标就是指教师职业能力目标,一般含有专业技能操作能力、语言文字能力、计算机应用能力、教育教学能力、外语运用能力等。团队建设目标主要指教学团队建设目标,专业带头人数、教学团队数、教学名师数等。

二、师资队伍建设的保障措施

(一)全面提高教师职业道德水平

将职业理想教育与推动教师专业成长紧密结合起来,通过大力宣传职业教育、树立先进人物典型、引导职业生涯发展等综合措施,使教师坚定职业方向、爱岗敬业、热爱学生,增强从事职业教育的荣誉感、使命感,以人格魅力和学识魅力感染学生,做学生健康成长的指导者和引路人。严格遵守《中等职业学校教师职业道德规范(试

---

① 《教育部关于"十二五"期间加强中等职业学校教师队伍建设的意见》,http://www.edu.cn/shi_zi_799/20120109/t20120109_729554.shtml,2017-02-20。

行）》，完善师德考评制度，将师德表现作为教师考核、聘任（聘用）和评价的首要内容。①

（二）加大人才引进力度

引进专业教师，注重的是教师的应用技能。一方面，要积极向社会公开招聘高水平的师资，尤其要注重从全国职教师资培养培训基地引进优秀的毕业生，这些院校的毕业生一般专业思想稳固，实践技能较强，大多取得了高级或中级职业资格证书，初步具备了"双师"素质。另一方面，要注重从行业企业引进一些专业知识扎实、操作技能较强、实践经验丰富的技术人员和管理人员补充教师队伍，这些人员一般都能胜任专业理论课和专业实践课的教学任务。

（三）强化兼职教师队伍建设

基于职业教育教学的特殊性，建设一支相对稳定的充满活力的兼职教师队伍非常必要。这就要求职业学校要与行业企业建立良好和稳定的合作关系，树立人才"不求所有，但求所用"的理念，积极聘用相关企事业单位有丰富实践经验和一定教学能力的工程技术人员来校做兼职教师。另外，还可以聘用一批退休的有丰富实践经验、较强理论功底的专业人员担任"客座"教师或兼职教师。这些兼职教师，不但带来了行业企业的发展现状、生产动态等相关信息，而且为专业教学带来了生机和活力，促进了教师职业能力和教学水平的提升。继续推进中等职业学校特聘兼职教师资助项目，省级教育行政部门要建立兼职教师资源库，加大兼职教师资助力度，探索建立兼职教师"技能教学指导师"制度。②

（四）努力提高教师的专业发展能力

要按照国家和河南省有关规定，贯彻落实《中等职业学校教师到企业实践制度》《职业教育教师培养培训制度》《中等职业学校教师专业标准》《职业学校教师素质提高计划》《河南省中等职业学校教师培养培训规划（2016—2020年）》，全面推进和落实职业教育教师继续教育和培训工作，推进教师全员培训，广泛开展新教师上岗培训、教师岗位培训、骨干教师培训、教学名师培训。重视公共基础课教师、班主任培训。积极开展各种形式的校本培训。加强专业技能名师工作室的建设。要把企业实践作为中等职业学校教师继续教育的重要形式，加快培养一批在教育教学改革中发挥引领示范作用的骨干教师和专业带头人。积极推进中等职业学校教师培训国际（境外）交流与合作，在教育厅和学校的支持下，选派管理人员和骨干教师出国（境）学习和研修培训，不断提

---

① 《教育部关于"十二五"期间加强中等职业学校教师队伍建设的意见》，http：//www.edu.cn/shi_zi_799/20120109/t20120109_729554.shtml，2017-02-20。

② 《教育部关于"十二五"期间加强中等职业学校教师队伍建设的意见》，http：//www.edu.cn/shi_zi_799/20120109/t20120109_729554.shtml，2017-02-20。

升教师的专业发展能力。①

（五）制订和完善教师队伍管理制度

职业学校要根据专业发展的需要，及时制订和完善教师队伍管理制度，激发教师工作的积极性和创造性。深化学校内部改革，建立吸引人才、培养人才、稳定人才的良性机制。通过创设良好的工作环境和生活条件，形成尊师重教的良好氛围。要引导教师向教学一线、技术创新倾斜，注重教学研究和技能培养，重奖在教学、科研、技术推广等方面有突出贡献的教师。加强教师职务评聘管理，建立科学、公平的择优推荐制度，做好聘任后的管理和考核。重视专业带头人、教学团队负责人、学术带头人的选拔和培养，为他们创造良好的工作环境。

（六）加大经费投入力度

中等职业学校教师在人才培养过程中承担了多方面的工作任务，政府应将其作为特殊人才给予一定的政策倾斜，改善教师的生存环境，大幅度提高他们的福利待遇，切实把促进中等职业教育发展的政策落到实处。要建立以政府财政拨款为主、多渠道筹措的中等职业学校教师队伍建设经费保障机制。地方教育事业费和职业教育专项经费中，均要安排一定比例用于教师培养培训工作，并做到逐年增长。要落实好中等职业学校教师"双师素质"提高计划相关项目经费。职业学校也要在公用经费和其他事业收入中安排一定比例用于教师培养培训工作。

第四节　课程建设

课程建设是专业建设的重要基础，是实现培养目标的重要保障。加强课程建设，有助于形成科学、合理的专业课程体系，明确课程建设的目标和措施，打造一支优秀的教师队伍，不断提高教育教学的质量。

一、课程建设规划与措施

（一）制订课程建设规划

课程建设规划一般包括以下几个部分：课程建设的总体思路、课程建设的内容、课程建设的目标、课程建设的任务与周期、课程建设的组织实施、课程建设的实施步骤等。

---

① 《教育部关于"十二五"期间加强中等职业学校教师队伍建设的意见》，http：//www.edu.cn/shi_zi_799/20120109/t20120109_729554.shtml，2017-02-20。

1. 课程建设的总体思路

职业学校的课程建设,要体现职业教育教学规律,体现以工作过程为导向,选择与序化教学内容,改革教学方法、教学手段与考核方法。重视学生在校学习与实际工作的一致性,有针对性地采取工学交替、项目导向、任务驱动等教学模式,以精品课程建设为标准带动整个专业的课程建设。

2. 课程建设的内容

(1)课程标准。

课程标准是教材编写、教学、评估和考试命题的依据,也是管理和评价课程的基础。[①] 课程标准要贯彻科学性、思想性、先进性、系统性的原则,反映行业最新的发展情况,紧紧围绕典型工作任务确定的知识和技能,按照单元、项目或模块的要求有机地加以组织,明确具体的知识要求和技能要求。

(2)教学内容和课程体系。

课程内容要按照职业岗位和职业核心能力培养的要求,充分体现职业标准,反映职业道德、企业文化、安全规范等方面的内容,重视课程内容的更新和完善,体现社会经济发展对人才培养提出的新要求。整个课程体系应体现当地经济发展与行业发展的最新要求,突出课程设计的职业性,课程内容的实践性,课程结构的模块性,以工作过程为导向加强课程建设,处理好单门课程与整个课程体系之间的关系。[②]

(3)教材和教学参考书。

在课程标准的规范之下,专业负责人和任课教师要多了解出版信息,结合学校的办学实际优先选用系列的规划教材或精品教材。任课教师也可以结合教学实际自编教材,自编教材要在内容和体系上有所创新,形成特色。总之,选用和编写的教材也应以工作过程为导向,紧密围绕培养目标,有机结合专业办学实际和实践基地建设实际。鼓励建设一体化设计、多种媒体有机结合的地方特色教材。鼓励学校教师与行业企业专家一起开发教学信息资源库。[③]

同时,按照课程教学的实际,应尽可能地备齐相关的教学参考书、教学指导书、实验实习指导书、音像资料等,为教师教学和学生学习做好准备。

(4)实践教学。

强化实践教学是职业学校的培养特色。要坚持理论教学适度、够用的原则,注重实践教学,着力加强实训基地建设。精品课程主持教师要亲自设计实践教学,大胆改

[①] 靳玉乐:《课程论》,301 页,北京,人民教育出版社,2012。
[②] 《衡水科技工程学校精品课程建设实施方案》,http://max.book118.com/html/2014/0227/6173116.shtm,2017-02-22。
[③] 日照市教育局:《关于在全市中等职业学校开展精品课程建设工程的通知》,http://max.book118.com/html/2015/0521/17396488.shtm,2017-02-22。

革实践教学的形式和内容，鼓励创新性、综合性的实验，培养学生的创新能力和实践能力。

（5）教学方法和教学手段。

以工作过程为导向的课程设计，必然要求改革传统的教学方法和教学手段，积极探索调动学生积极思维、激发学生学习兴趣的教学方法和学习方法。积极推动"任务驱动""行动导向"的教学方法，推行理实一体化教学、案例教学和项目教学。更新教学手段，合理应用现代信息技术，重视课件建设，广泛使用计算机辅助技术、多媒体技术和网络技术。精品课程要使用网络进行教学和管理，相关的课程资源如网络课件、授课录像、课程标准、教案、实践指导等免费开放，实现优质资源共享。

（6）考核方法。

考核是检查教学效果、促进学风建设的重要环节。职业学校的考核，不仅仅考核学生理论知识的掌握程度，更重要的是考核学生的实际操作能力。所以，应根据课程教学实际，不断创新考核方法，把过程性考核和终结性考核有机结合起来，注重学生的发展。不断改革评价方法，实行学生自评、同学互评、教师评价、企业评价、社会评价等评价方法。

（7）课程动态调整。

学校应建立专业课程动态调整的机制，定期与行业、企业进行磋商，建立教师定期到企业实践的制度，让教师了解生产、管理、服务第一线对技能型人才的要求，逐步形成根据企业及社会需求，以及新技术、新工艺发展的实际情况，主动调整课程内容的机制。[1]

3. 课程建设的目标

通过建设，初步形成以工作过程为导向，以职业岗位能力为核心的课程体系，带动学校课程建设和教学改革，推进教师专业素质发展，达到全面提高教学质量和人才培养水平的目的。[2] 一般来说，课程建设要分类进行，即普通课程建设、重点课程建设和精品课程建设。

普通课程可以是一个专业的所有课程，其建设的目标是合格课程，这是任何一门课程建设的底线要求。

重点课程一般指通过学校合格验收准备申报校级精品课程的一些课程，其建设的目标为校级精品课程。

精品课程建设主要针对已经是校级精品课程并准备申报省市级精品课程的一些课

---

[1] 广州市教育局：《关于进一步深化中等职业教育课程改革的意见》，http：//www.gzedu.gov.cn/gov/GZ04/200812/t20081222＿3640.html，2017-02-22。

[2] 《衡水科技工程学校精品课程建设实施方案》，http：//max.book118.com/html/2014/0227/6173116.shtm，2017-02-22。

程,其建设的目标为省市级精品课程。

4. 课程建设的任务与周期

课程建设应按照先必修后选修、优先专业技能课程和专业拓展课程的原则进行,分类分批进行精品课程的建设。职业学校一般要求在3年内全部课程达到合格以上。重点课程和精品课程的建设周期一般为2年,各学校可以参照省市精品课程的建设周期来确定。课程建设中期要进行检查,建设期满要进行评估验收。

5. 课程建设的组织实施

课程建设一般由学校、系(部)两级组织实施,学校负责组建课程建设专家组(应有行业企业专家成员),制订课程建设的计划与实施方案,负责普通课程、重点课程和精品课程的立项、检查、验收与管理工作。系(部)负责具体的课程建设的组织与实施工作,如课程立项、如何建设、如何运行、如何带动其他课程的建设等具体的工作。

一个专业的课程建设往往以课程组的形式进行,实行课程负责人制度,人员一般以2~4人为主。为集中精力搞好课程建设,提高建设质量,成员一般不应参加两门以上的课程立项。重点课程和精品课程负责人应具有丰富的教学经验,教学效果显著,承担和组织该门课程的理论和实践教学,并形成相对稳定、结构合理的课程教学团队。[①]

6. 课程建设的一般程序

课程建设的一般分为申请立项、开展建设、中期检查、评估验收四个阶段。

(1)申请立项。

课程建设立项一般安排在年初。普通课程建设不受限制,一个专业重点课程立项一般不超过4门。普通课程、重点课程立项经系(部)课程建设领导小组审定后报教务部门备案。一个专业精品课程立项原则上不超过2门,经系(部)课程建设领导小组初审、校评估专家组审定后以学校文件的形式公布立项。

(2)开展建设。

课程组人员按照学校课程建设实施方案和评估方案的要求开展建设,职业学校一般会给予一定的资金支持,有些合作的企业也会给予一定的支持。

(3)中期检查。

时间一般安排在建设中期进行。

普通课程、重点课程的中期检查一般由系(部)课程建设领导小组负责,精品课程的中期检查由学校组织的课程建设评估专家组负责,教务部门主要负责中期检查工作的组织和协调工作。

---

① 《关于印发宁波市中等职业学校精品课程建设实施办法的通知》,http://www.nbedu.gov.cn/zwgk/article/show_article.asp?ArticleID=41949,2017-02-22。

中期检查的主要内容有：建设进度、建设内容、初步特色、相关成果、经费开支情况、存在的问题以及今后的建设安排等，要求形成自评报告，并提供相关的材料佐证。

校、系(部)课程建设评估组对提交的材料进行评议，并提出明确的检查意见和整改要求，及时反馈给系(部)、专业负责人和课程负责人。

(4)评估验收。

所有课程立项在建设期满后均需接受评估验收。课程组应做好自评工作，并提交有关自评材料。

普通课程、重点课程的评估验收由系(部)负责组织实施，报教务部门备案。校级精品课程应在系(部)初审后向学校申请验收，学校组织课程评估专家组按照评估标准和要求对其进行评估验收，公布验收结果。

普通课程和精品课程的验收等级一般分为"合格"和"不合格"两种，重点课程的验收等级一般分为"优秀""合格""不合格"三种。

验收为"优秀"的重点课程可以申报校级精品课程，校级精品课程可以申报省市精品课程。验收不合格的课程，应限期整改，整改不力的，取消建设立项。

(二)课程建设的保障措施

1. 加强课程建设工作的领导

各市、县教育局和中等职业学校要加强对课程建设工作的领导，统筹规划，积极推进。结合各地学校的实际情况，选择若干个重点专业开展精品课程建设试验，以精品课程建设带动其他课程建设。

2. 加强师资队伍建设

充分发挥各级职业教育师资培训基地的作用，建立教师定期轮训制度，坚持教师到企业和其他用人单位进行实践制度，提高教师的专业能力、实践能力和教育教学能力，努力形成具有"双师"素质的师资队伍。重视对教师进行现代职业教育课程理论和教学理论的培训工作，提高教师参与课程建设的能力。职业学校要建立以校本课程研究与开发为核心的教研制度，提高教研活动的实效性，提升教师的创新能力。

3. 加强实训中心的规划与建设

实训中心的规划建设要创设利于学生职业能力形成的职业氛围，通过真实生产场景的再现，或实际生产过程的模拟，营造与专业教学内容相匹配的企业氛围，创设有利于理论与实践、学习与工作一体化的新课程实施的教学环境。要积极与企业合作建设校外实训基地，拓宽学生实训的渠道。①

---

① 广州市教育局：《关于进一步深化中等职业教育课程改革的意见》，http://www.gzedu.gov.cn/gov/GZ04/200812/t20081222_3640.html，2017-02-22。

4. 重视教科研机构对课程建设的指导

各级教科研机构及各专业教研会要高度重视课程建设工作，为各校开展课程建设提供指导，组织开展研讨与交流，促进精品课程建设成果的普及与推广。

5. 注重课程建设的经费投入

从一定意义上说，课程建设是一项工程，需要一定的经费资助，各县、市区教育局、有关学校要设立专项经费，保障精品课程建设工程的顺利进行。凡有精品课程立项的课程组，学校要在硬件建设、教科研项目、工作量计算等方面给予倾斜。对于建设成效突出的教师，在进修、晋职、岗位考核及选派学习等方面予以优先考虑。[①]

二、教材建设与选用

(一)制订教材建设规划

教材是体现教学内容和教学方法的知识载体，是进行教育教学的基本工具，是实现培养目标、培养创新型技能人才的重要保证。加强教材建设，是职业学校的重要工作。

教材建设规划一般分为以下内容。

1. 教材建设的成绩与问题

主要分析教材建设取得的成绩和问题，一般应从以下几方面进行分析：各系（部）对教材建设的重视程度；教材建设的体系是否完备、机制是否完善；教材的规范化、制度化建设情况；教材的选优率情况；精品教材建设的投入情况；教材建设与教学改革的衔接情况；校本教材的编写情况；是否还有不适应课程改革的教材出现等。

2. 教材建设的指导思想

认真贯彻落实教育部、省关于中等职业学校教学工作的文件精神，紧密结合中等职业教育改革和发展的形势，把教材建设切实作为专业建设的主要组成部分。要以深化教学内容和课程体系改革、全面提高教育教学质量、培养学生的创新能力和实践能力为重点，做好教材建设的规划、引进、立项、编写和质量认证工作，创新教材建设的机制和方法，实施精品战略，加强教材选用管理，鼓励校本教材开发，力争选用和开发出适用性强、质量较高的教材。基础课程教材坚持以应用为目的、以必须够用为度的理念，专业课程教材体现针对性和实用性，注重专业、课程、教材、技能培养的有机统一和优化，建立适应人才培养要求的教材体系。

---

① 《衡水科技工程学校精品课程建设实施方案》，http://max.book118.com/html/2014/0227/6173116.shtm，2017-02-22。

3. 教材建设的基本原则

(1)与教学改革同步原则。

教材是教学的主要依据,因此教材必须适应多样化的教学需要,适应关键能力培养的需要,适应教学内容和课程体系改革的需要,更好地为人才培养服务。

(2)先进性与适应性原则。

这一原则主要体现在教材选用方面,就是要严把教材选用质量关。要加强对各出版社出版教材的研究和评价,优先选用《中等职业学校教学用书目录》中推荐的国家、省规划教材和优秀教材。

(3)突出特色原则。

这一原则主要体现在教材编写方面,尤其是专业课程教材,理论知识以必须够用为度,突出实践技能的应用和培养,形成教材编写特色。注重文字教材与电子教材的协调发展,做好实物教材与电子软件教材的规划与开发。

(4)导向性和创新性原则。

这一原则主要体现在教材规划立项方面。要加强教师教材规划立项的指导和管理,引入竞争机制,使教材建设更好地反映行业企业发展的最新成果,体现教学改革和专业发展的成果,更好地为人才培养服务。

4. 教材建设的目标

(1)教材建设的总体目标。

以教材选优为基础,以推动校本教材建设为抓手,以精品教材建设为重点,完善教材建设管理制度,构建适应中等职业学校人才培养要求的教材体系。

(2)教材建设的具体目标。

第一,优先选用《中等职业学校教学用书目录》中推荐的国家、省规划教材和优秀教材,若目录中未涵盖,也要优先选用国家、省规划教材。优秀教材的选用率一般应达到90%以上,使用近三年的教材要达到80%以上。

第二,鼓励教师自编体现专业发展特色的教材,对尚无统编教材的专业应大力扶持。编写的门数应视专业的发展情况、教师素质、与企业合作的程度等情况来定。自编教材应与国家教材、地方教材紧密配合,并经省教材审定委员会审定,力争列入国家和省规划教材、精品教材。

第三,开发实践实训教材。根据专业实践实训设备建设情况及教学要求,着眼于学生实践技能的培养,开发适宜的实践实训教材。开发的门数应视实训设备建设情况、教师素质、与企业合作的程度等情况来定。

第四,开发电子教材和网络教材。鼓励教师应用多媒体技术开发与文字教材相匹配的电子教材,提高学生学习的兴趣。开发的门数应视学校设备建设情况、教师素质、与企业合作的程度等情况来定。

5. 教材建设的主要措施

(1)健全教材管理机构,明确职责分工。

学校教材建设委员会主要负责学校教材建设规划、指导、评审和评估工作,主要包括:检查教材规划的落实情况;审议教材编写、出版及资助立项计划;审议教材质量跟踪调查和教材检查评估工作结果;评选、推荐优秀教材等。

教务处具体负责教材建设管理工作。包括:制订学校教材建设规划并组织实施;组织自编教材的立项评审工作;组织优秀教材的评选、推荐工作;组织选用教材的质量跟踪调查,组织教材选用工作的检查;组织教材评估工作;负责全校选用的各类教材的采购供应工作,提供有关教材信息,统计各类教材使用情况的分类数据等。①

系(部)负责本专业的教材建设工作。包括:制订本系(部)教材建设规划并组织实施;组织系(部)自编教材的立项申请和初审工作;提出并审定本系(部)每学期的教材使用计划。

(2)加大经费投入力度,支持编写高质量教材。

学校应加大对教材建设的经费投入,支持编写和出版确有专业特色、确属专业教学需要的教材,支持编写有特色的实践课程教材以及指导书,尤其要大力支持编写、出版各级精品教材和国家、省规划教材,支持编写有特色的电子教材和网络教材。

(3)建立有效的激励机制,调动教师编写教材的积极性。

应将教材建设与教学改革及科学研究紧密结合起来,在成果奖励、专业技术职务评聘、岗位聘任等方面给予倾斜,建立激励机制,充分调动教师编写优质、特色教材的积极性。②

(4)实行教材评估制度,确保教材选用和编写质量。

教材评估是教材建设的重要环节,为保证优秀教材进入课堂,需要对使用的教材进行专家、同行、学生的评价调查,进一步掌握教材使用情况,及时发现、解决存在的问题,以保证教材的选用和编写质量。

(二)选用专业教材

教材是教学内容的重要载体,关系到中等职业教育质量和学生素质发展,教材的选用具有很强的政策性和科学性。

1. 规范教材选用工作

中等职业学校要按照教育部和省教育厅有关教材选用的精神和中等职业学校教学用书推荐目录,高度重视教材选用工作,加强领导,明确职责,规范程序,确保选用高质量的教材。使用和选用教材,应充分听取专业教研组及任课教师的意见,并由分

---

① 汪芳:《独立学院教材管理初探》,载《教育教学论坛》,2011(5):101。
② 潘娟:《成人高校教材建设探析》,载《北京宣武红旗业余大学学报》,2012(3)。

管校长审核。一般应优先使用国家规划教材、教育行政部门公布的统编教材及行业规范教材。如无上述教材时，可选用与课程标准要求基本相符的其他正式出版教材，或按课程标准要求自编的校本教材（讲义）。同时，学校还应建立教材使用意见的反馈制度。①

2. 加强教材选用的指导、管理与检查工作

各县市区教育局要按照教育部和省教育厅有关文件精神及要求，加强对国家规划的德育课、文化基础课教材的使用指导和教材选用的管理和监督工作，把教材使用工作作为教育督导和教学质量检查评估的重要内容。职业教育研究机构要加强教材使用调查和跟踪研究工作，为教育行政部门的教材管理提供咨询，为职业学校的教学工作提供服务。

3. 组织教师编写有特色的校本教材

建立校本教材建设激励机制，根据专业培养目标和行业发展的需要，有目标、有计划地组织教师开发校本教材（讲义），作为统编教材的补充。校本教材的内容要及时反映社会经济发展和职业岗位的变化，体现学校专业特色，适应和满足职业教育教学改革与发展的需求；校本教材的呈现方式应充分体现任务引领型课程的特点；要积极探索开发数字化教材。

三、改革专业教学方法和手段

（一）改革专业教学方法

职业教育有其自身的特点，随着时代的发展，职业教育的教学模式也在不断演进，所以，职业教育教学方法也会随着教学改革的不断深入而有所更新。普通教育的许多教学方法，如讲授法、问答法在职业教育领域也广泛使用，但职业教育有其自身特有的教学方法，如学徒训练法、任务教学法、项目教学法、问题解决教学法、案例教学法、情境教学法、引导文教学法、理实一体化教学法等。这几种教学方法在前几章已经论述，这里不再赘述。改革专业教学方法要遵循以下原则。

1. 教学方法的改革要与学生的心理发展水平和知识水平相适应

教学方法很先进，但若不适应学生的心理发展水平和知识水平，这种方法也不会起到多大作用。所以，在教学过程中，教师要多关注学情，关注学生的需要，以学生为本选用和创设适宜的教学方法。

2. 教学方法的改革要与教学目标和教学内容相适应

实际上，不同的教学方法有不同的特点，适用于不同的教学任务和教学内容。例

---

① 《上海市中等职业学校教学管理工作指导意见》，http：//www.docin.com/p-752673103.html，2017-02-25。

如：学徒训练法主要用于操作技能的训练；任务教学法用于实践性较强的课程，通过训练操作技能建构理论知识；项目教学法在于发展学生完整的职业能力；情境教学法基于情境，可以说是现场教学、角色扮演、模拟教学等多种教学法的运用；理实一体化教学法重在理论教学与实践教学融为一体，将实践技能培养贯穿各个教学环节。在实际教学中，关键在于根据不同的教学目标、教学内容选用合适的教学方法，提高教学效率。

3. 教学方法的改革要与教学环境和教学条件相适应

如果专业的设施和设备不完备，学生无法进行操作技能的训练，那么，与训练相关的教学方法就无法使用。但教学条件也是一个不断完善的过程，在实际教学过程中，教师要想方设法，不断优化和完善教学条件，为教学方法的多样化实施创设条件。

(二)改革专业教学手段

1. 教学手段选择的依据

(1)教学信息。

教学过程是教育信息传播的过程，教学传播过程的影响因素主要有教师、教学信息、媒体、学生，而且这几种因素都在相互影响。任何教学活动都需要对教学目标、教学资源、教学内容、教学方法和媒体等进行选择，使整个教学传播系统处于良性运转状态，发挥最佳的功能。选择具体的教学目标，并对所选择的教学内容进行分解，确定每个知识点应达到的水平，是选择和应用教学手段的基础。

(2)教学媒体。

不同的媒体会对学生产生不同的影响。教学媒体是教学内容的载体，是教学内容的表现形式，是师生之间传递信息的工具，如实物、口头语言、图表、图像及动画等。教学媒体往往要通过一定的物质手段来实现，如书本、板书、投影仪、录像及计算机等。[①]

在教学过程中，选择媒体时要考虑教学资源的质量、权威性、可靠性和鲜活性，能准确地呈现信息内容，符合学生的学习经验和知识水平。

(3)传播环境。

不同的教学媒体需要不同的传播环境，而传播的时机、速率等也会影响传播效果。所以，使用媒体，首先要做好设计，要对信息材料的配置、信息内容、信息量、刺激强度等进行合理的配置，以达到最佳的传播效果。

(4)学生。

学生的知识水平、认知类型、经验积累、兴趣爱好、性格特点等都会影响教学传

---

① 黄艳芳：《职业教育课程与教学论》，226 页，北京，北京师范大学出版社，2013。

播的效果。所以，要依据学生的这些特点选择合适的教学手段。

（5）教学策略。

选择教学手段时还需要考虑教师的教学策略。一般来说，大多学生会对不同媒体有不同程度的情感投入，所以，教学中教师如何控制教学活动、师生互动的程度如何等都要与不同教学媒体发挥的作用协调。

2. 教学手段的更新和利用

（1）学校要重视教学设施设备的投入。

随着教育技术的发展，新的技术设备不断涌现，如互联网技术、摄录像一体的摄录系统、激光电视程序教学系统、仿真实验实训系统、学生反映分析器等。有的还带有自动装置，如幻灯机自动换片、无线遥控、录像机定时录制、录音机自动选择节目等。现代化的教学手段融声音、光色、情景于一体，能有效提高学生的学习兴趣，培养学生的综合能力，提高教学效率。所以，学校要重视教学设施设备的投入和引进。

（2）充分发挥现有设备的效能。

当前，有些职业学校还没有增添现代化教学设备的能力，所以教师尤其是专业课教师要充分发挥各自的主观能动性，结合教学改革的需要，能动地创造条件，使现有的教学设备发挥最大效益。

（3）注重教师教学的主导作用。

教学是师生间的双边活动，学生是学习的主体，教师的作用在于指导、帮助，主要起主导作用。现代化教学手段运用地如何，主要看教师对教学媒体的使用是否得当，教师制作的软件是否与课程标准、教学内容相一致，教师的操作、解说是否熟练和确切等。所以，教学中不能忽视教师的主导作用。

四、改革专业教学内容和课程体系

（一）改革课程内容与课程体系的指导思想

认真贯彻执行党的教育方针，以国家、部委及省政府文件精神为指导，积极进行教育思想、培养方向、课程体系、课程内容、教育方法等方面的改革，强化学生的实践能力、创新能力和综合素质，全面提高教育教学质量，培养面向21世纪适应经济社会发展的高素质的中等技能人才。

（二）改革专业教学内容

1. 突出教学内容的前沿性

教学内容的前沿性指教学内容应能充分反映行业企业科技发展的最新成果，能够适应行业企业发展的需要。要根据行业技术发展的实际和市场的需求，不断完善教学内容，删除陈旧知识，及时将新材料、新技术、新工艺等新的知识引进课堂。这就要求教师要积极参与企业实践，及时主动地补充新知识、新技术、新结构、新工艺方面的内容。

2. 注重教学内容的实用性

教学内容的实用性是指知识和技能的实用价值。根据中等职业教育培养目标的要求，教学内容中的基本理论应以"必需、够用"为度，对于实用性较强的内容重点讲授并加强技能操作训练，使学生牢牢掌握实用性知识，并培养和提高其实际操作能力和创新能力。①

3. 强化教学内容的整合性

专业理论以"必需、够用"为度，不强求专业理论知识的系统性和完整性，所以在教学中，要按照职业岗位工作的任务和专业发展变化的需要，精选出适用、实用的专业理论知识进行综合性的重组和优化，加强横向和纵向的整合，突出教学内容的针对性和简洁性，提高学生学习的时效性。

(三)改革专业课程体系

1. 课程体系改革的目标

(1)突出专业课程的职业定向性。以职业能力培养为核心，注重知识、技能、素质与职业岗位要求的契合。

(2)注重知识和技能的结合。基础理论以应用为目的，以必需、够用为度；专业知识强调针对性和实用性，注重学生实践能力和创新能力的培养。

(3)强化学生职业能力训练。加强实训基地建设，构建学生技能训练平台，强化学生能力培养，结合职业资格证书制度，使每个学生都能获得"双证书"。

(4)构建模块化、弹性化的课程体系。随着社会的发展，行业企业和社会对技能型人才规格的需求也在不断变化。所以，课程体系也需根据社会对人才的要求不断完善。以能力培养为主线构建模块化、弹性化的课程体系是必然要求。

2. 课程体系改革的主要内容

(1)基于工作过程重新设计课程体系。

课程体系设计是一个系统工程。一个专业的课程体系包含了设置哪些类型的课程及其比例关系，课程标准的制订、教材的开发、质量评价等，关于如何设计专业课程方案已在第一章和本章进行了介绍，这里不再赘述。

(2)实现课程结构的综合化和模块化。

要基于工作领域、工作任务的分析将相关课程适当综合和优化，构建人才合理的知识结构和智能结构，培养更多技能型和创新型人才。公共必修课程，要根据国家的

---

① 张启森、顾明珠：《改革人才培养模式，提高教育教学质量》，载《江苏教育研究》，2014(8)。

相关规定开设；适当拓宽专业基础课；强化专业核心课程和实践教学；根据需要开设选修课程。

(3)建立以素质为基础、以能力为中心人才培养模式。

依据行业企业生产的实际和特点，以素质为基础、以能力为中心，理论教学体系与实践教学体系相互融合的人才培养模式。①

(4)注重实训课程体系的建设。

加强校企合作，重视实训基地建设，以校内、外实验、实训基地为平台，科学、合理安排实验、实训内容，把学习环境与工作环境有机结合起来，注重培养学生的实践能力。

(5)建立新的质量评价体系。

新的课程体系应以岗位需要为考试、考核内容，主要包括综合素质和行业岗位需求的知识和能力。评价体系可由若干模块组成：在技能考核上，结合国家职业工种技能鉴定的教学要求，确定某一专业的技能考核内容，要求学生毕业时获得"双证"。在改革考试、考核方法上，要改变传统的答卷考试、考核方法，采取答卷与口试、理论考试与操作考试、答辩和现场测试相结合等多种方式。对基础课程，重点考核学生对知识的接受程度和理解能力；对专业课程，重点考核学生分析问题、解决问题的能力和实际操作能力。②

第五节　实训基地建设

实训基地建设是专业建设的重要内容，中等职业学校的培养目标是生产和服务第一线的中等技能型人才，注重学生的实践能力和创新能力，加强实训基地建设，是提升学生实践技能的重要保障。

一、实训基地的类型

实训基地根据其承担主体不同，可划分为校内实训基地、企业内实训基地和公共实训基地。

(一)校内实训基地

校内实训基地是由各职业学校自己建立的、拥有产权并主要为自己服务的实训基地。经费来源于政府财政拨款、学校办学经费或者是企业、社会团体的资助等。虽然

---

① 王振宏：《高职院校建筑工程管理课程体系改革的探讨》，载《管理观察》，2008(11)。
② 王莹：《基于能力本位的高等职业教育人才培养模式探索》，硕士学位论文，山东师范大学，2006。

有些学校已向社会开放实训中心,但主要还是为本校学生实训服务。也有些实训中心虽然建在学校,但产权属于政府,面向本区域所有职业学校开放,这种实训中心实质上属于公共实训基地。

(二)企业内实训基地

企业内实训基地是指企业建立的用于职业学校实践教学的基地,是由职业学校和企业协商建立的。这种实训基地通常没有专门的实训场地和设备,而是和企业的生产场地和设备融合在一起。企业实训基地的建立有效地弥补了校内实训基地建设的不足。[①]

(三)公共实训基地

公共实训基地是指政府投资建立的面向社会公共开放的实训基地,是为各职业学校提供实训服务的公共平台。可以单独建立,也可以依附职业学校和企业建立。

二、制订实训基地总体规划

(一)调查专业现有建设条件

制订实训基地总体规划的第一步是对专业现有建设条件的调查,通过对调查结果的分析,可以为选择合适的实训基地类型提供依据。调查的主要内容为:(1)该专业的特点、专业发展基本情况,如是否为省、市、学校重点专业,应该建设什么类型的实训基地等;(2)建设校内实训基地的可行性;(3)建设企业内实训基地的可行性;(4)有无公共实训基地等。调查分析应注重对建设三种实训基地类型的优劣势的描述,做出建设类型的可行性分析。

(二)选择合适的实训基地类型

制订实训基地总体规划的第二步是根据学校办学定位、财力物力、专业发展情况及上述调查分析等为专业选择合适的实训基地类型和优先建设级别。如某专业不具备建设企业内实训基地和选择公共实训基地的条件,但目前筹措的资金比较充足,就可以考虑建设校内实训基地。

(三)制订实习基地建设规划书

制订实训基地总体规划的第三步是开展实习基地建设规划书的制订工作。该规划书是对职业学校所有专业实训基地建设的一个总体规划,其主要内容包括:(1)实训基地建设的指导思想;(2)实训基地建设的目标与项目,要说明建成后达到的总体目标,实训基地总体构成,校内外实训基地的数量,重点建设的实训基地,设施设备总值、规模,实训基地建设的时间规划等;(3)实训基地建设的原则,如职业性原则、适应性

[①] 赵文炳:《校企合作模式下高职院校课程开发研究》,载《职教通讯》,2011(14)。

原则、先进性原则、生产性原则、共享性原则、开放性原则等；(4)实训基地建设的保障措施，包括组织保障、经费保障、企业支持、师资保障等；(5)实训基地建设的预期效益，阐述建成后可能取得的教学效果、经济效益和社会效益。

三、校内实训基地的建设

校内实训基地的建设一般应按以下程序进行：基础调研→确定实训内容→选择实训项目→确定实训设备→规划实训场地。①

(一)基础调研

在基础调研阶段，要搜集与所建专业类别密切相关的基本信息，如专业设置与办学规模、实际工作情境调查、资金投入情况调查等，以获得该地区行业发展趋势，人才需求分析，专业设置的合理性分析，该专业目前生产项目与内容、场所环境与设备使用，资金投入等方面的情况。

(二)确定实训内容

基于岗位专业能力分析确定实训内容。实训内容的选择应与就业岗位相对接，内容设置要以具体的岗位为蓝本，主要考虑实务操作的内容。

(三)选择实训项目

内容确定下来，就要考虑选择什么样的实训项目。第一，实训项目要覆盖实训内容，要保证该专业核心的技能都能够得到训练。第二，实训项目要尽量与生产项目相一致，保证生产工艺、生产过程的仿真性。第三，合理安排实训的单一项目和综合项目，以强化学生的实践操作能力。

(四)确定实训设备

接下来就要考虑配备什么样的实训设备，设备数量多少合适，设备标准的配置。设备数量要基于学生的班数、人数。总而言之，要保证每个学生都能得到充分的训练。设备的配置标准一要体现行业的要求和标准，二要满足教学的功能需求。

(五)规划实训场地

基于实训内容、实训项目、实训设备、各个实训室的划分与环境布置情况等，进行实训场地规划。规划时要注意反映企业的实际操作环境，方便各个实训岗位的协调运作，还需要为专业的发展留有一定空间。

四、企业内实训基地的建设

在企业内建立实训基地，就需要通过各种渠道如政府、行业协会、团体组织、毕

---

① 石伟平、匡瑛：《中等职业学校专业建设与课程开发》，150—152页，北京，高等教育出版社，2012。

业生等与企业建立联系。选择合适的企业建立企业内实训基地。

(一)进行企业调查分析

进行企业调查，需要了解企业的基本情况，如所属行业、企业规模、企业性质、效益情况、合作情况等；有无与职业学校合作的意愿，如能否提供实训场所、兼职教师，能否合作指导学生的学习尤其是技能学习，是否愿意提供实训仪器设备，能否接收学生就业或推荐学生就业等；企业所能覆盖的岗位群；企业所能提供的岗位项目；企业所能容纳的学生数量；企业及周边的生活设施等。通过调查，职业学校就可以基本明确能否在该企业建立实训基地。

(二)签订校企双方合作协议

接下来就是签订合作协议，明确双方的责、权、利关系。协议内容主要包括实训时间安排、实训内容、实训要求、实习报酬、安全责任、突发事件的处理等。

(三)保障企业内实训基地的运行

在实际工作中，企业内实训基地的管理和运行也很重要。职业学校要针对每个实训基地的特点制订适切的实训方案，还要建立良好的合作保证措施，如组织保障、制度保障、资金保障等，严格学生实训管理。另外，还要与企业进行深度的合作，如与企业共同制订专业教学计划、参与人才培养的全过程等，以充分发挥企业内实训基地的作用，激发校企双方合作的积极性，提高人才培养的质量。

第十一章　沟通能力与团队合作

日本教育家木下百合子曾经说过："没有沟通就不可能有教学。"①教育是一个分工协调与团队合作的过程，教育的有序运转离不开教师、学生及家长的参与和建构，即互动。可以说，教师的沟通能力与团队合作能力在某种程度上决定着教育的成败。

第一节　实现有效沟通的能力

一、有效进行人际沟通的能力

教师与其他群体之间的沟通虽然经常发生，但这些沟通不一定全部是有效沟通，有效沟通必须具备两个必要条件：第一，信息发送者要能够清晰地表达信息的内涵，以保证信息接收者能够确切理解；第二，信息发送者要重视信息接收者的反应并能根据其反应及时修正信息的内容与传递方式，免除不必要的误解。只有同时符合这两个条件，教师的沟通才可能是有效沟通。教师要符合这两个条件，需要具备一定的人际沟通能力。

（一）口齿流利、表达清晰、逻辑性较强、富有感染力

语言，是实现人际沟通的最基本、最重要的方式。沟通，首先是一门说的艺术。沟通效果如何，一定与语言的组织、说话的方式、表述的分寸，以及说话人的态度、情感有着密切关系。口齿流利、表达清晰、逻辑性较强、富有感染力是教师沟通过程中必备的基本素质之一。口齿流利、表达清晰，意味着信息传递者话语得体恰当，可以将信息准确地传递给信息接收者，使信息接收者能够确切理解并对信息进行有效分析；逻辑性较强、富有感染力，意味着信息传递者思路清晰，能有效地收集信息，做

---

① 杨锋：《浅谈教育教学中的沟通障碍与对策》，载《天津职业院校联合学报》，2013(10)。

出逻辑的分析和判断，并以一种独特、真诚、富有感染力的言语魅力释放信息，增强沟通效果。

(二) 表情自然、体态大方、雅观得体、协调适度

除了语言，人际沟通的另一种重要方式就是体态语。体态语是通过表达者的表情、目光、手势、服饰等配合有声语言传递信息、交流思想的辅助工具，是一种诉诸听众视觉的伴随语言。现代神经生理学的研究表明，在人际交往时，人大脑的左半球接收对方的口头语言，即逻辑信号，而大脑的右半球接收体态语言，即形象信号。由此可见，表达者在运用口语讲说的同时也运用体态语予以配合。[①] 眼睛是心灵的窗户，在所有体态语中，目光语是一种更复杂、更富于表现力的语言。运用不同的目光语，传递的信息也不一样。一般情况下，执着的目光是为人正直、奋发向上的表现，无神的目光是无能为力或不求上进的表现。手势语是表达者运用手指、手掌、拳头的动作变化来辅助有声语言的一种体态语，在整个体态语中，手势语的使用频率非常频繁。如用手掌击头表示后悔或痛苦，双掌合抱表示祈求，紧握拳头表示情绪激动等；再如，体态语中，点头表示同意，摇头表示否定，昂首表示骄傲，低头表示屈服等。在教学中，教师的微笑、亲和的表情，会对学生产生很大的影响。总之，准确得体、自然雅观、协调适度的体态语言是教师有效沟通必备的一种素质与能力，"过"与"不及"都不能实现有效沟通。

(三) 与学生、家长和同事建立长期有效的沟通渠道

掌握了有效沟通的两大法宝：语言和体态，教师还要与学生、家长和同事建立长期有效的沟通渠道。例如，教师与学生的沟通渠道有多种，正式的沟通渠道有校刊、校网、学生评估管理表、学生调查问卷等，非正式沟通渠道如通过中间人如班干部来转告等。教师的工作离不开家长的理解与支持，家长对孩子在学校学习情况的了解又离不开教师的反映。教师与家长的沟通方式非常多。如采用以家庭为背景的强化方式，也就是教师把学生在学校的状况传达给家长，让家长实施奖罚，增强教育合力。在美国，家长和教师之间有"家长教师联合会""校务委员会"等许多成功的沟通平台，值得国内教师借鉴。

二、有效沟通的障碍

造成教师有效沟通的障碍主要来自以下四个方面。

(一) 发送者的障碍

信息发送者在沟通的过程中，处于关键而重要的位置。信息传递者因个人的气质、

[①] 李元授：《人际沟通训练》，77—78页，上海，华中科技大学出版社，2014(05)。

兴趣、影响力、知识经验局限性等影响到信息的发送，可能造成信息传送目的不明、表达不清，或者过滤不当、编码错误等。以教师为例，如教师在与家长、学生、同事沟通时，违背了语言的运用规律（如读音错误），就极有可能传递给对方一个完全相反的信息，造成信息沟通障碍；再如，假若教师心理失调、情绪不稳定等，也有可能使信息接收者收获到错误或不当信息，影响双方之间的有效沟通。

（二）接收者的障碍

信息接收者的情绪、知觉水平、注意力、倾向等个性特征也会影响沟通效果，主要表现为三种障碍。首先，兴趣障碍。如果学生、家长、同事对教师所发出的信息不感兴趣，就会分散接收的注意力，甚至视而不见、充耳不闻，从而影响信息的接收，使沟通不能达到预期的效果。其次，方式障碍。这里指学生、家长、同事接收信息的方式，假若学生喜欢倾听，教师却让他看文字，那么学生会越看越没激情，从而影响学生信息接收的效果。再次，情绪障碍。学生、家长、同事，对信息的接收程度与他的情绪有密切的关系。学生如果情绪好，即使是自己不感兴趣的信息，也会乐于接受。学生如果情绪不好，即使自己平时感兴趣的信息也会产生抗拒心理。所以，教师在与学生、家长、同事沟通时，必须要注意他们的情绪状态与兴趣特点，同时要注意沟通方式。

（三）信息本身的障碍

信息大致有两类，一种是认知性信息，另一种是情感性信息，这两种不同性质的信息都有可能在沟通中产生障碍。认知性信息是以知识、经验、问题、观念的传达为主。在沟通时，信息的内容如果是认知性的，那么信息传递者和信息接受者双方的受教育程度和专长等背景就要相似，不能差异过大，否则，就会产生沟通障碍。如教师与学生在探讨某一问题时，这个问题必须是学生有所了解的，这样他们才会有共同语言，才会有进一步沟通的愿望，如果这个问题学生从未涉及过，那么这个问题就超越了学生的认知范畴，沟通障碍就必将出现。情感性信息是以态度、情绪、感情、动机的宣示为主。在沟通时，信息的内容如果是情感性的，那么信息传递者和信息接收者双方的世界观、价值观和人生观就不能差别过大，否则，就会产生冲突，不利于有效沟通的实现。

（四）传递渠道的障碍

凡是沟通，必然有一定的信息传递渠道，沟通媒介选择不当时，不利于重要信息的传递；信息传递形式过多或单一也会使信息接收者不易理解；传递信息渠道过长，还容易使信息传递不及时而"整容"或"失真"。[①] 具体表现为如下三种障碍。第一，距离

---

① 杨锋：《浅谈教育教学中的沟通障碍与对策》，载《天津职业院校联合学报》，2013(10)。

障碍。这里所说的距离，主要指空间距离，在沟通时，如果是口头沟通，空间距离就不能过远。要消除空间距离障碍，可以通过两种方法，一是缩短距离，二是改善信息交流工具。缩短距离一方面指缩短物理距离，尽可能与沟通对象面对面，另一方面指缩短心理距离，运用各种媒介表情达意（如送贺年卡）。改善信息交流工具，指的是通过电子邮件、微信、微博等现代手段多渠道克服空间距离障碍。例如：教师在上课时，如果教室过大，就需要配备扩音器，或教师走到学生中间去。第二，噪声障碍，如果教师在与学生、家长和同事沟通时，周围环境不好，噪声较大，也会产生沟通障碍，这也是为什么教师找学生谈话时要找一个僻静场所的原因。第三，层级障碍。所谓层级障碍，就是信息在传递的过程中，经历的层级过多，传递不及时，容易使信息失真，影响沟通效果。

三、提升教师有效沟通的策略

（一）平等对话

人的角色地位不同，态度也会不同。如学生与学生之间的交流，会比较自然放松，但当学生面对教师时，就会表现出紧张、自卑等情绪。尤其在应试教育的压力下，许多教师容易出现急功近利的心态与行为，对学习成绩优异的学生充满期待，对学习成绩不好的学生则漠不关心，把教育变成了教训。教师对学生的这种不公正态度不但会使学生成绩下降，也会影响学生的道德品质。皮格马利翁效应就说明了这种现象，皮格马利翁效应又称教师期待效应或罗森塔尔效应，指人们基于某种情景的知觉而形成的期望或预言，会使该情景产生适应这一期望或预言的效应。著名教育家陶行知先生提醒教师要做到"有教无类"，他说："你的教鞭下有瓦特，你的冷眼里有牛顿，你的讥笑中有爱迪生。你别忙着把他们赶跑。"[1]因此教师在教学过程中要用公平的教育理念对话每个学生。对于差生，要多途径了解并发现他们的特长，给予肯定和支持，多进行沟通，让他们减轻压力，快乐的学习。

（二）适应对方

在人际沟通中，只有适应对方，与对方保持风格上的一致，才能接近对方进而与对方实现有效沟通。因而，在沟通之前需要做好准备工作。(1)正确看待自己的地位，调整好自己的心态与情绪，尊重沟通对象，营造良好的沟通氛围。如果教师仍然秉持着传统教育中"教师中心"的理念与学生相处，必将有损师生关系。(2)尽量熟悉对方的性格与特点，选择合适的沟通方式。对待和蔼型的人，教师要尽量放慢语速，表示谦和，不断地赞赏对方，说话不给对方压力，尽量营造友好的氛围。(3)对待表达型的

---

[1] 杨锋：《浅谈教育教学中的沟通障碍与对策》，载《天津职业院校联合学报》，2013(10)。

人，教师要热情、直率，尽量给对方说话的时间，并适时地给以称赞，更为需要注意的是不能打断对方的谈话，做一个合格的倾听者。(4)对待支配性的人，不要有过多的寒暄，直入主题，不要挑战对方的权威，要和对方有强烈的目光接触，但不要流露过多感情。比如教师在和家长沟通时，对于放任不管型的家长要动之以情，改变其冷淡的态度，让他们主动参与对孩子的教育活动。(5)对权威型的家长要晓之以理，让其平等对待孩子，消除误解化解冲突。(6)对溺爱型的家长要耐心热情，启发家长实事求是地反映学生情况，让信息更真实准确。总之，教师与不同的人交往，必须要努力适应对方、尊重对方。

(三)积极倾听

沟通的有效性在很大程度上不是取决于你在说什么，而是取决于你是否倾听。美国早期著名科学家富兰克林曾说："与人交谈取得成功的重要秘诀，就是多听，永远不要不懂装懂。倾听表现出对说话人的尊重和关心，显示出平易近人的工作作风。不喜欢倾听的人，实际上就是把自己与他人隔绝开了，阻塞了沟通渠道，没有人会自动让他了解什么情况的。"一般来说，人们都希望自己在说话时能有一个积极的倾听者，教师在和学生交流时，一定要在充分接纳学生的基础上，认真地、耐心地、关注性地去倾听，全身心地去感知学生在倾诉时所表达出的语言信息和非语言信息。学生具有很强的个性差异，有的学生内向羞涩，有的学生外向活泼，有的学生自卑怯懦，有的学生自信满满，但无论面对哪种类型的学生，教师都不能先入为主进行价值评判。要做到积极倾听，教师需要掌握几个沟通技巧。第一，适当的社交距离。事实证明，师生之间面对面的沟通形式效果最好，对学生的影响更大。面对面时，距离保持在一般的社交距离(0.5～1.5米)即可。因为教师距离学生太近，会让学生有压力，太远又有距离感。第二，适度的反应。在倾听时，教师要有适度的参与反应。既可以用"噢""嗯""是的""然后呢"之类的言语性反应，也可以是点头、注视、微笑等非言语性反应。教师要对学生表达的信息给予无条件的尊重和接纳，要能挖掘出学生潜意识里真正想表达的东西，从而对信息做出更完整深入的判断。但要注意反应时点头的使用频率不能过高，目光要柔和。第三，诚恳的询问。在学生倾诉的过程中，对于学生没有表达清楚的部分，或者学生欲言又止、吞吞吐吐的地方，教师要根据实际情况诚恳询问，注意学生的信息反馈，在不轻易打断学生的前提下，将学生的顾虑复述出来，"你的意思是不是……"只有及时查证，才能对学生提供可行的帮助和建议，学生才会感到被重视，增强倾诉的信心。

第二节　进行团队合作的能力

1994年，斯蒂芬·罗宾斯首次提出了"团队"的概念，随后，关于"团队合作"的理念风靡全球。"团队合作指的是一群有能力、有信念的人在特定的团队中，为了一个共同的目标相互支持合作奋斗的过程。它可以调动团队成员的所有资源和才智，并且会自动地驱除所有不和谐和不公正现象，同时会给予那些诚心、大公无私的奉献者适当的回报。如果团队合作是出于自觉自愿，它必将会产生一股强大而且持久的力量。"[①]教师团队，是由若干具有互补知识、技能的教师，在教育教学行为上有共同目标和规范，教师之间相互协作、沟通所组成的正式群体。[②] 教师团队合作是建立在教师团队的基础之上，以知识交往为前提，以教育实践为载体，以共同学习、研究、研讨为形式，在团体情境中通过相互沟通与交流，最终实现整体成长的合作活动方式。团队合作可以支持和帮助教师改进和完善自身的教学科研实践，并以此为平台，提高教师素质和教育教学水平，促进教师的专业发展。[③] 为此，教师必须具有进行团队合作的能力。

一、与团队成员和谐相处的能力

与团队成员和谐相处的能力主要表现在四个方面：尊重他人的能力、欣赏他人的能力、宽容他人的能力、信任他人的能力。

（一）尊重他人的能力

尊重是一种态度，没有地位之差和资历之别，任何人都有获取他人尊重的愿望与要求。团队是由不同的个体组成的，每一个团队成员首先是一个追求自我发展和实现的自然人，然后才是一个从事工作、有着职业分工的职业人。虽然团队中的每一个人都有着不同的生长环境、教育环境及不同的价值观，但他们都有一种被尊重的需要，而不论其资历深浅、能力强弱。教师要与团队成员和谐相处，就必须要学会尊重他人，尊重他人包括尊重他人的个性和人格，尊重他人的兴趣和需要，尊重他人的态度和意见，尊重他人的成就和发展等；如对于教师而言，不能要求同事和学生做他自己不愿意做或没有做过的事情。当我们不能加班时，就没有权力要求我们的团队成员去加班。只有团队中的每一个成员都能做到尊重他人的意见，尊重他人的能力，尊重他人对团队做出的贡献，这个团队才会得到最大的发展，而这个团队中的成员也才会取得最大的成功。

[①] 《团队合作》，http：//baike.so.com/doc/5383897-5620299.html，2017-06-09。
[②] 周蒙：《中职教师团队合作的现实意义及实现路径》，载《职教论坛》，2016(18)。
[③] 朱正平：《基于团队合作的教师专业发展》，载《职业技术教育》，2009(7)。

(二)欣赏他人的能力

欣赏的第一层含义就是善于发现他人的优点,能主动寻找团队成员的积极品质,然后,向他人学习这些品质,并努力克服和纠正自身的缺点。这是培养团队合作能力的第一步。欣赏的第二层含义是保持适度的谦虚,适度的谦虚可以帮助我们正视自己的不足,发现他人的长处,从而赢得他人的喜爱与好感。法国哲学家罗西法古曾说过:"如果你要得到仇人,就表现得比你的仇人优越;如果你要得到朋友,就要让你的朋友表现得比你优越。"当我们让身边的朋友和同事表现得比我们优秀时,他们就会有一种被肯定的感觉,就会拉近彼此之间的心理距离,这是团队合作顺利进行的重要砝码。但是,当我们表现得比朋友、同事优秀得多时,他们就会产生一种自卑感,彼此之间要深入交流与沟通就会难上加难。所以,要与团队成员和谐相处,就必须学会发现他人的优点,谦虚谨慎,只有这样,团队合作才会取得巨大成功。

(三)宽容他人的能力

雨果曾经说过:"世界上最宽阔的是海洋,比海洋更宽阔的是天空,而比天空更宽阔的则是人的心灵。"这句话的适用范围非常广泛,即使在人际关系错综复杂的职场之上,宽容仍是获取信任、取得成功的捷径。在团队合作中,宽容是最好的润滑剂,它能消除团队成员之间的分歧和猜疑,使团队成员能够互相尊重、彼此包容、和谐相处、安心工作。团队工作离不开成员的交流与沟通,如果某位团队成员固执己见,拒绝听取他人意见,团队的效率就大打折扣。为此,对待团队成员时一定要抱着宽容的心态,如讨论问题的时候对事不对人,即使他人犯了错误,也要本着大家共同进步的目的去帮对方改正,而不是一味斥责对方。同时也要经常反省,检查自己的缺点,敢于承认缺点,请大家帮忙改进,这是团队合作有效进行的主要方法。

(四)信任他人的能力

高效团队的一个重要特征就是团队成员之间相互信任。"信任是一种激励,信任更是一种力量。团队成员在承受压力和困惑时,要相互信赖,就像荡离了秋千的空中飞人一样,他必须知道在绳的另一端有人在抓着他;团队成员在面临危机与挑战时,也要相互信任,就像合作猎捕猛兽的猎人一样,必须不存私心,共同行动。否则,到最后,这个团队以及这个团队的成员只会一事无成、毫无建树。"[①]信任他人,意味着信任他人的品格、个性、特点和工作能力,不能轻易怀疑对方,当我们对对方充满信任和期待时,这种信任和期待就会被对方所感知,可以在团队内部创造高度互信的互动氛围,使团队成员乐于付出。

---

① 《团队协作能力》,http://baike.so.com/doc/5570694-5785906.html,2017-08-15。

二、协调解决与团队其他成员矛盾的能力

有效的团队合作必须允许不同声音、观点、风格的表达，但这些不同的声音、观点、风格不可避免地会产生冲突。大家站的角度不一样，利益不一致，那么出现矛盾是必然的。当教师与团队其他成员发生矛盾时，必须要具有协调矛盾的能力。这种协调能力主要体现在两个方面：能够主动分析与团队其他成员产生矛盾的原因；提出有效解决与团队其他成员之间矛盾的办法。

（一）主动分析与团队其他成员产生矛盾的原因

当教师与其他团队成员发生矛盾与冲突时，必须要能够快速主动地分析矛盾产生的原因，冲突的持续存在与发酵会严重影响团队的有效合作。华中科技大学管理学院博士后涂平晖（2004年）认为，团队合作中产生冲突的主要原因有："第一，沟通偏差。沟通是人们分享信息、思想和情感的任何过程。这种过程不仅包括口头语言和书面语言，也包含形体语言、个人的习气和方式、物质环境等，即赋予信息含义的任何东西。我们知道，不良沟通是冲突产生的原因，但并非所有冲突都是由不良沟通所引起的。实际上，沟通过少或过多都会增加冲突潜在的可能性。第二，文化差异。文化差异是构成人际冲突的另一个重要的原因。人的出身、受教育的程度、生活或工作的环境、社会政治制度、习俗差异等都是造成文化差异的原因。文化背景是沟通者长期的文化沉淀，也是沟通者较稳定的价值取向、思维模式、心理结构的总和。由于它们已经转变为我们精神的核心部分而为我们自动保持，是思考、行为的内在依据，因此，通常人们体会不到文化对沟通的影响。实际上文化影响着每一个人的沟通过程，影响着沟通的每一个环节。当不同文化发生碰撞、交融时，人们往往能发现这种影响。第三，角色差异。每个人在社会生活中都会有一个特定的角色位置。不同角色位置上的人，其思想观念和行为方式也会有所不同。如果固守自己的角色，不注重对其他角色观念、角色行为的理解，就会导致角色与角色之间的冲突。第四，心理差异。心理差异指交往双方的情绪和态度。它包含两个方面的内涵：其一是沟通者的心情、情绪，在处于兴奋、激动状态与处于悲伤、焦虑状态下，沟通者的沟通意愿与沟通行为是截然不同的，后者往往沟通意愿不强烈，思维也处于抑制和混乱状态。其二是沟通者对对方的态度。如果沟通双方彼此敌视或关系淡漠，沟通过程则常由于偏见而出现误差，双方都较难准确理解对方思想和行为。"[①]

（二）提出有效解决与团队其他成员之间矛盾的办法

涂平晖在分析原因的基础上指出，有效解决矛盾的办法主要有："第一，竞争方

---

① 涂平晖：《人际冲突及其解决方法》，载《长江论坛》，2004(3)。

法。即一个人在冲突中寻求自我利益的满足，而不考虑他人的影响。其具体方式为：沟通双方都十分明白双方利益的界限，而且双方在沟通中相互攻击；沟通双方都是从自己的角度讨论问题；争论的重点放在解决方法而不是去协调理解对方的价值观；沟通双方对问题持短期观点。第二，回避方法。对自己的需求与他人的需求都漠不关心，即运用逃避的方式来处理冲突。其具体方式为：试图忽略冲突，回避其他人与自己有不同的意见这一事实。第三，迁就方法。这是一种向对方让步的做法，即高度关注对方的需求，忽视自己的需求。其具体方式为：愿意牺牲自己的目标而使对方达到目标；尽管自己不同意，但还是支持对方的意见；原谅对方的违规行为并允许他继续这样做。第四，妥协方法。冲突双方都放弃自身的部分利益，以便在一定程度上满足对方的部分需求，即双方都有所坚持，也有所退让，并接受一种双方都达不到彻底满足的解决方法。其具体方式为：在沟通中相互妥协或采取折中的方案；给冲突的另一方提供不合理的补偿；无法沟通而求助于第三方或仲裁人；求助于现有的制度。第五，合作方法。指的是冲突双方均希望满足两方利益，并寻求相互收益的结果。其具体方式为：在合作中，双方的意图是坦率澄清差异并找到解决问题的办法，而不是迁就不同的观点；在沟通中，双方都充分运用自己的能力和创造性去解决问题，而不是为了击败对方，最终结果是双方的需要都得到了满足。"[1]他还认为，前三种处理冲突的方式效果不佳。它们可能进一步加剧冲突，或者使问题隐藏起来，得不到解决。后两种处理冲突的方法就比较有效，但是不完全适用于所有处理冲突的情况。

三、进行有效团队管理的能力

(一)分析和掌握团队成员的能力特点

准确的角色定位，是团队建设的重要砝码。任何一位管理者，在管理自己的团队时，首先需要对每个成员做出一个准确的定位：弄清楚他们是谁？具有什么样的能力和特点？成员的不同能力，赋予他们的工作任务也是不同的。许多团队合作的失败都是因为组织者和管理者对成员定位不准、不足、不对导致的。所以，管理者必须要分析和掌握团队成员的能力特点。美国教育家、心理学家霍华德·加德纳提出的多元智力理论认为，每个人都在不同程度上拥有九种基本智力(语言智力、数理逻辑智力、音乐智力、空间智力、身体运动智力、人际交往智力、自然观察智力、内省智力和存在智力)，智力之间的不同组合表现出个体间的智力差异。如建筑师及雕塑家的空间感(空间智能)比较强、运动员和芭蕾舞演员的体力(身体运动智力)较强、公关的人际交往智力较强、作家的内省智力较强等。在一个团队中，每一位成员的能力特点也是不

---

[1] 涂平晖：《人际冲突及其解决方法》，载《长江论坛》，2004(3)。

一样的,从而表现出不同的行为模式。教师在组织一个团队,如组织一个学生团队去完成某一课题任务时,必须要清楚每个学生的能力特点。俗话说:"尺有所短,寸有所长。"如果全部都是将军,谁来打仗?反过来,如果全部都是士兵,谁来指挥?在团队中,成员一旦出现角色模糊、角色超载、角色冲突、角色错位、角色缺位等现象,会使成员之间角色不清、互相推诿,最终将会降低团队效率。

(二)根据团队成员的能力特点对工作进行合理分工

英国团队管理专家马里谛斯·贝尔宾(Meredith Belbin)观察与分析成功团队发现,每一个团队的组成人员都包含三大类、九种不同的角色,依据成员所表现出来的个性及行为特征所划分,分别担任活动执行、创意发想与流程管理等各个面向的活动,当团队中具备了这九种角色时,其组织活动就运行良好。此理论有助于主管在建构团队时,确保每个职位的逻辑性与完整性;并让成员分析自我能力与特质,找出自己在团队中的定位,以及该加强哪部分的能力。以下为三种不同的角色类型,每种角色未必只能由一人担任,可以一人分饰多角,必要时甚至进行角色转换。透过这九种角色去规划和寻找组员,能让团队的构成更多元、合理,成员各司其职。

(1)行动导向型:负责执行团队任务活动。
(2)人际导向型:负责协调团队内外部人际关系。
(3)谋略导向型:负责发想创意与提供专家智慧。

图 11-1 团队成员角色①

(三)提供团队成员交流沟通的平台

根据学校发展需求有目的地健全团队的沟通渠道,对团队沟通效率的提高具有重要意

---

① 《团队中九种角色的合理分工》,http://www.360doc.com/content/13/0506/16/1117434_283410185.shtml,2017-07-21。

义。团队负责人要充分考虑团队的职业特点和成员心理结构，结合正式沟通和非正式沟通的优缺点，设计一套包含正式沟通和非正式沟通的平台，以使团队合作能够有效实现。

目前，大多数职业学校的团队沟通主要还是采取传统的正式沟通方式，如汇报、会议等。但这些沟通方式不能反映团队成员的心理结构及需求层次的变化，从而使得团队成员的精神需求（如自我价值的实现和对团队的归属感、集体荣誉感和参与感）不能得到充分满足，所以，教师可以多采用非正式沟通渠道。在非正式沟通渠道方面，教师可以采用郊游、联谊会、聚会等形式来促进团队成员之间的沟通与交流。这些渠道属于一种有计划、有团队的活动，易于被教师所控制，从而可以大大减少信息失真和扭曲的可能性。

同时随着社会科学技术的进步，团队在沟通时也可以把电子网络技术引入进来。如，一些学校和教师相继都在网站设立了论坛、BBS公告等多种非正式的沟通渠道，或者建立微信群、微博等。电子网络因其快速、准确的特点，极大地提高了团队沟通的效率。

（四）营造严谨愉快的工作氛围

一个团队的工作氛围往往很大因素受到团队领导者的性格、工作方式、沟通方式等的影响。假如管理者的性格外向活泼，那么这个团队会因为这位领导者的存在，而使工作氛围变得轻松。因为这样的领导者，往往有激情、健谈、富有创造性和想象力，这样的性格特征使得这类管理者喜欢组织"非正式"的聚会活动，使同事间交流充分，知己知彼，让大家的心理安全感增加很多。在这样的领导带领下，轻松愉悦的工作氛围就比较容易实现。如果管理者的性格内敛，追求完美，那么工作氛围就比较严肃，因为这样的领导者，往往要求细致严谨，若想在这样的环境下营造轻松愉悦的氛围，简单一点的方法，就是领导者尽量减少或避免与成员正面交流；若是避免不了，则沟通多以轻松话题为佳；此外，要注意调整自己的沟通方式，特别是面对众多团队成员时最好能以表扬、认可的内容为主，若要批评成员，则最好能选择独立房间或地点单独批评指点，这些情况同样适合教师团队。

要营造严谨愉快的工作氛围，还要做好如下三点：第一，增加团队成员的团队认同感，如在一个教师组建的学生团队中，教师可以给学生过生日来提升学生对团队的认同感；第二，平时多一点激励机制，提倡"只奖不罚"的原则。即使团队成员行为有过失，也主要以提醒和自我反省为主；第三，在团队中提倡习惯性地"赞美、夸奖、表扬"。人总是喜欢被认可的，这一点在著名的马斯洛的需要层次理论中有明确提出。既然被认可、被赞扬是人类的基本需求，那么教师平日就应该让学生等团队成员的这一需求得以满足。当大家都养成了这样的一种夸奖别人的习惯时，良好的工作氛围自然就会形成。